Prólogo de Nelson Castro

PERIODISMO DE INVESTIGACION
Fuentes, Técnicas e Informes

Gustavo Martínez Pandiani

Compilador

Entrevistas a:

Daniel Santoro

Juan Miceli

Román Letjman

Miriam Lewin

Rolando Graña

Colección Comunicación & Cultura

PERIODISMO DE INVESTIGACIÓN

GUSTAVO MARTÍNEZ PANDIANI

(compilador)

PERIODISMO DE INVESTIGACIÓN

Fuentes, Técnicas e Informes

Periodismo de investigación. Fuentes, Técnicas e Informes
Gustavo Martínez Pandiani (comp.)

Diseño de tapa: Federico Di Giacomo
Interior: Mónica Deleis

Mitre-Salvay Soluciones Gráficas
Heredia 2952 - Sarandí, Buenos Aires

Martínez Pandiani, Gustavo
  Periodismo de investigación : fuentes, técnicas e informes. - 1a ed. - Buenos Aires :
Ugerman, 2004.
  244 p. ; 22x15 cm. – (Comunicación y cultura / dirigida por. Gustavo Martínez
  Pandiani)

  1. Investigación Periodística. I. Título
  CDD 070.4

Compilador

Dr. Gustavo Martínez Pandiani

Nació en Avellaneda, provincia de Buenos Aires, en 1966. A los 22 años, se graduó como Licenciado en Ciencia Política en la Universidad del Salvador con diploma de honor y medalla de oro.

Poco después recibió su título de Abogado en la Universidad de Buenos Aires, también con diploma de honor, e ingresó por concurso público al Instituto del Servicio Exterior de la Nación. Como diplomático de carrera, ha representado a la Argentina en diversos cargos consulares y misiones en el extranjero.

Obtuvo un Master in Public Administration (MPA) con especialización en comunicación política en Harvard University, en la que fue seleccionado "Edward S. Mason Fellow" por la prestigiosa John F. Kennedy School of Government.

Asimismo, recibió un Master in Business Administration (MBA) con especialización en marketing estratégico en Georgia State University, donde fue distinguido como mejor alumno extranjero 1995.

Es conferencista, consultor en comunicación y entrenador mediático (*media coach*) del "Programa de formación de jóvenes líderes" de la Unidad para la Promoción de la Democracia de la OEA, y profesor titular de las cátedras Diplomacia y Medios (ISEN) e Historia de las Campañas Políticas (USAL). Colabora habitualmente como columnista en diversos medios de prensa nacionales e internacionales.

Fundador y presidente de la Asociación Argentina de Marketing Político (AAMP), es además autor de los exitosos libros *Marketing Político. Campañas, Medios y Estrategias Electorales* (tercera edición) con prólogo de Dick Morris y *Homo Zapping. Política, Mentiras y Video* con prólogo de Carlos Ulanovsky.

En la actualidad, con 37 años de edad, es decano de la Facultad de Ciencias de la Educación y de la Comunicación Social de la Universidad del Salvador (Buenos Aires, Argentina), en la que diseñó la primera Maestría en Periodismo de Investigación (MPI) que se dicta en América latina.

Equipo de trabajo

Daniel Alberto Sinopoli

Nació en Buenos Aires en 1962. Es Licenciado y Profesor en Periodismo y Doctor en Ciencias de la Comunicación Social por la Universidad del Salvador. Es director y profesor titular de la Licenciatura en Periodismo y del Doctorado en Ciencias de la Comunicación Social de la Universidad del Salvador. Es también coordinador y profesor titular del Departamento de Humanidades de la Universidad Caece (sede Mar del Plata), y profesor titular de la Universidad Argentina de la Empresa. En 1998 fue profesor visitante de la Facultad de Medios de Comunicación de la Pontificia Universidad Católica de Río Grande del Sur (Porto Alegre, Brasil). Investigador y experto consultor en temas de deontología periodística y evaluación de comunicaciones estratégicas. Es autor de los libros *Opinión pública y consumos culturales. Reconocimiento de las estrategias persuasivas* (Editorial Docencia, Buenos Aires, 1998), *Suelen decir que cada vez se lee menos* (Editorial TS, Buenos Aires, 2004, en coautoría), y colaborador en *La entrevista radial* (Ediciones La Crujía, Buenos Aires, 2004). Ha publicado numerosos artículos y ensayos. En la actualidad, es director de la Maestría en Periodismo de Investigación de la Universidad del Salvador.

Sergio Elguezábal

Nació en Buenos Aires en 1961. Es Periodista y Locutor Nacional. Participó en seminarios de perfeccionamiento en la BBC de Londres y en Radio y Televisión Española. Inició su carrera profesional en LS1 Radio Municipal y en 1984 se incorporó a Radio Continental. En 1987 ingresó en Canal 13 como presentador de noticias en *Desayuno*. Recorrió el país con el "Telemóvil" enviando crónicas de provincias para *Telenoche*, en cuyos equipos trabaja desde 1990. Condujo *3.60 Todo para Ver* desde su inicio en 1991 hasta 1993. Produjo y remitió notas desde Egipto, Japón, la ex Unión Soviética y las Islas Bermudas. En 1994, formó parte de la creación del primer Equipo de Investigación fijo de los noticieros de televisión en la Argentina, *Telenoche Investiga*. En 1999 presentó el noticiero *De 7 a 9* en el canal de cable Todo Noticias. Conduce *TN Ecología* desde 1995 y participa en *Telenoche Especial*. En la actualidad, es profesor titular de Técnicas Avanzadas de Investigación Periodística en la Maestría en Periodismo de Investigación de la Universidad del Salvador.

Alfredo Torre

Nació en Bahía Blanca en 1950. Es Licenciado en Ciencias de la Información y Profesor en Ciencias de la Comunicación Social por la Universidad Nacional de La Plata. Asimismo, ha realizado cursos de perfeccionamiento a nivel de posgrado. En 1975 ingresó como jefe de Trabajos Prácticos en la Escuela Superior de Periodismo de la UNLP, en la que fue profesor titular de Teoría y Técnicas de Periodismo Impreso III entre 1980 y 1991. Desde 1992, es profesor titular del Taller de Periodismo de Investigación de dicha casa de estudios. Además, se ha desempeñado como docente de maestría en la Universidad Pompeu Fabra de Barcelona. Conferencista e investigador en el campo del periodismo de precisión e indagación, es autor de numerosos ensayos, entre los que se destacan *La negociación periodística* y *El proceso de investigación*. En la actualidad, es profesor titular del Seminario de Integración de Estudios II de la Maestría en Periodismo de Investigación de la Universidad del Salvador.

Jorge Urien Berri

Nació en Buenos Aires en 1954. Estudió Filosofía en la Universidad de Buenos Aires. Colaboró con reseñas de libros de Literatura y Filosofía en la revista *Criterio*, en los suplementos literarios de *Clarín*, *La Nación* y *La Prensa*, y en las revistas del Pen Club Argentino y del Pen Club Internacional. Trabajó en la agencia de noticias Inter Press Service y colaboró con semanarios del Uruguay. Ingresó como redactor en *La Nación* en enero de 1984 y, desde octubre de ese año, integra la sección Notas de Investigación. Ha realizado investigaciones periodísticas sobre el asesinato del soldado Omar Carrasco en Neuquén, el contrabando de armas a Croacia y Ecuador, las voladuras de la AMIA y de Río Tercero, y la muerte de Lourdes Di Natale, la ex secretaria de Emir Yoma. En 1995 publicó con el periodista Dante Marín el libro *El último colimba. El caso Carrasco y la Justicia arrodillada* (Editorial Planeta). En la actualidad, es profesor titular de Análisis y Evaluación de Fuentes de Información en la Maestría en Periodismo de Investigación de la Universidad del Salvador.

Analía Eliades

Nació en La Plata en 1967. Es Licenciada en Comunicación Social y Abogada por la Universidad Nacional de La Plata. Desde sus tiempos de estudiante se desempeñó como periodista en diversos medios en la ciudad de La Plata y sus alrededores. Se especializó en Derechos Humanos y Libertad de Expresión en la Universidad Complutense de Madrid. Trabajó como abogada en UNICEF y en organismos públicos municipales, provinciales y nacionales. Ha participado en encuentros, jornadas y congresos en el país y en el exterior sobre derecho a la información. Desde 1992 se desempeña como docente en la Facultad de Periodismo y Comunicación Social de la Universidad Nacional de La Plata. En la actualidad, es profesora titular de Régimen Jurídico de la Investigación Periodística en la Maestría en Periodismo de Investigación de la Universidad del Salvador.

Gerardo Young

Nació en Buenos Aires en 1961. Estudió Periodismo en Taller Escuela Agencia y Derecho en la Universidad de Buenos Aires. Inició su carrera periodística en *Diario Popular* y, al poco tiempo, se incorporó a *Clarín* como colaborador de la segunda sección dominical. En 1994 pasó a trabajar a la sección Policiales y, en 1997, se incorporó a la primera sección del matutino. Posteriormente, fue uno de los periodistas convocados para formar el Equipo de Investigación de *Clarín*. En ese marco, publica periódicamente importantes investigaciones sobre temas de relevancia nacional. Asimismo, realizó diversos trabajos para televisión y fue uno de los ganadores del premio de la Fundación Nuevo Periodismo Iberoamericano por su investigación para Internet sobre el movimiento piquetero. En la actualidad, es profesor invitado de Documentación y Presentación de Informes en la Maestría en Periodismo de Investigación de la Universidad del Salvador.

Ana Laura García Luna

Nació en Mendoza en 1978. Es Licenciada en Periodismo por la Universidad del Salvador. Comenzó su trabajo en los medios como pasante del diario *Clarín* y formó parte de diversas producciones independientes en radio y gráfica. Desde hace tres años, está al frente de la cátedra Técnica de la Comunicación en el Instituto Católico de Estudios Sociales. En la actualidad, es profesora de Documentación e Investigación Periodística en la Licenciatura en Periodismo de la Universidad del Salvador.

Pilar Alfaro

Nació en Buenos Aires en 1974. Es Licenciada y Profesora en Periodismo por la Universidad del Salvador. Asimismo, realizó cursos de posgrado en el país. En 1992 desarrolló diversos proyectos del área de la comunicación social en el nivel de la escuela media. En 1999 participó en la investigación periodística del libro *Sombras de Hitler* (Editorial Sudamericana). Fue redactora de *Salud.com* (Estados Unidos) y del sitio de Internet de la cadena televisiva *Univision* (Estados Unidos). En la actualidad, se desempeña en el periódico *Acción* y es corresponsal en Buenos Aires de medios de España y de Brasil.

Ana Clara Parodi

Nació en Mar del Plata en 1976. Es Licenciada en Periodismo por la Universidad del Salvador, en la que presentó su tesis de grado "Las investigaciones televisivas y las atribuciones de la Justicia. El caso Telenoche Investiga". En 1999 obtuvo una beca del gobierno del País Vasco por su trabajo de investigación "La presencia de la arquitectura vasca en Mar del Plata". Fue colaboradora de la revista *Master Wine*. En la actualidad, se desempeña en el área de comunicación interna de un importante laboratorio multinacional.

Entrevistadores

Ariel Pérez Guzmán

Nació en la ciudad de Buenos Aires en 1984. Está cursando el tercer año de la Licenciatura y el Profesorado en Periodismo en la Universidad del Salvador. Fue redactor de la sección de política y economía de *RCR.info*, periódico local del partido de Avellaneda.

María Victoria Gabás

Nació en la ciudad de Buenos Aires en 1981. Está cursando el tercer año de la Licenciatura en Periodismo en la Universidad del Salvador. Condujo y realizó la producción general del programa de radio *7 Continentes* en FM Cadena Sol (89.5) y fue columnista en el programa de radio *Buenos Aires Mix* en FM Llama (104.3). Actualmente, es coordinadora del taller de radio del Colegio Hans Christian Andersen y productora periodística del programa *Sostienen los Chicos* en FM Palermo (94.7).

Florencia Codagnone

Nació en la ciudad de Buenos Aires en 1982. Está cursando el quinto año de la Licenciatura en Periodismo en la Universidad del Salvador. Se desempeñó como agente de prensa de la revista web *La mala palabra*. Ha realizado cortos documentales como "Hasta el desgarro" y "Rotas Cadenas". Participó de seminarios de comunicación y talleres literarios. Como estudiante del secundario recibió numerosos premios por méritos personales y sobresaliente actuación.

Patricia Ortiz

Nació en la ciudad de Buenos Aires en 1961. Está cursando el segundo año de la Maestría en Periodismo de Investigación de la Universidad del Salvador. Es periodista y realizó cursos de relato breve, novela y guión de cine en la Escuela de Letras de Madrid. Es columnista del diario *El Tribuno de Salta* y *Nexo*, revista de cultura y espectáculos de Salta y San Salvador de Jujuy. Colaboró en la investigación para el libro *Nicolás Guillén, "El último caminante"*. Actualmente, colabora en la revista de comercio exterior *Cargo Report*, en el diario *El Cronista*, en la revista *Grupo Recoletos de Madrid* y en el programa *Sin pecado concebida* de FM La Isla.

Luciana Carra (fotoperiodismo)

Nació en la ciudad de La Plata en 1980. Comenzó su formación en el área de la fotografía en blanco y negro, y continuó sus estudios en la Escuela de Fotografía Creativa Andy Goldstein de la ciudad de Buenos Aires. Está cursando el cuarto año de la Licenciatura en Periodismo en la Universidad del Salvador y desarrolla diversos proyectos fotográficos.

A mis hijas, Tathiana, Delfina y Catalina,

y la bebé en camino;

a mi esposa, Sandra;

a mis padres.

Índice

El Periodismo de Investigación se ha abierto camino como una verdadera especialidad dentro de la profesión. En realidad, constituye casi una definición tautológica. Todo el periodismo basa su accionar en la investigación. Sin embargo, con este rótulo, se ha venido a denominar a una tarea que demanda del periodista un accionar detectivesco.

Sin duda que el gran hito del Periodismo de Investigación lo constituyó el caso Watergate, en el cual los ya míticos periodistas del *Washington Post*, Carl Bernstein y Bob Woodward, desenmascararon una maniobra política destinada a espiar al contrincante electoral del presidente Richard Nixon –el candidato demócrata George McGovern– en la elección presidencial de 1972. Esta investigación tuvo tal repercusión que, finalmente, forzó la renuncia de Nixon en agosto de 1974. Al respecto, hay que hacer una aclaración muy importante: la renuncia se produjo porque el Poder Judicial, ante la fuerza de las evidencias presentadas a lo largo de la investigación periodística, actuó de manera firme para promover las acciones correspondientes, que confirmaron los datos que se habían ido denunciando en las páginas del *Post*.

Está claro, desde entonces, cuál es el objetivo y la potencialidad de esta tarea de investigación periodística. Ese objetivo está dado por el carácter de interés público de los casos a investigar, así como también por el correlato judicial que debería seguir a la tarea periodística.

En la Argentina, en muchos casos, esos dos presupuestos no se han respetado. Es decir, que en diversas ocasiones el periodismo de investigación ni se dedicó a temas de real interés público ni la Justicia acompañó como debía muchas, muy buenas, investigaciones periodísticas sobre hechos de real interés público.

Hay otros factores que también cabe mencionar en relación con la tarea del periodista de investigación. Uno de ellos, fundamental, es el de la ética. El otro, asimismo esencial, es el del chequeo de las fuentes. En el campo de la ética, nunca será suficiente todo lo que se insista sobre los límites del accionar del periodista de investigación. Sobre todo porque, a partir de los nuevos recursos que da la tecnología, siendo tal vez el de mayor impacto el de la cámara oculta, es muy importante saber hasta dónde llegar. La licitud del uso de esta herramienta constituye uno de los temas de mayor importancia para la investigación periodística. Una cámara oculta que nos permite acceder a un hecho de corrupción que involucra a funcionarios públicos puede ser aceptada como válida. Una cámara oculta que se mete entre las sábanas de una persona, no. Entre estos dos extremos hay muchas situaciones grises que deben analizarse muy cuidadosamente para no violar normas éticas fundamentales para el ejercicio de la profesión.

Este libro está destinado a ser una muy buena referencia para todos los estudiantes de periodismo, así como también para los nuevos profesionales que deseen adentrarse en un campo apasionante, de enorme atractivo para el periodista y de gran trascendencia para la sociedad, cuando se desarrolla conforme a pautas claras y bien definidas, de técnicas periodísticas y criterios éticos.

NELSON CASTRO
Periodista

Fuentes, técnicas e informes de investigación periodística

*Por Gustavo Martínez Pandiani**

El objetivo de este libro es presentar una visión integral y actualizada de un género comunicacional que, en las últimas décadas, se ha destacado singularmente entre las diversas orientaciones del "cuarto poder": el Periodismo de Investigación.

A fuerza de pacientes pesquisas y resonantes denuncias, esta valiente especialidad se ha ganado un lugar preponderante entre las más influyentes subespecies de la labor periodística contemporánea. De hecho, los hombres de prensa dedicados a descubrir verdades ocultas y desenmascarar prácticas corruptas son hoy considerados en numerosas naciones como "perros guardianes" del sistema democrático y republicano. Si bien es cierto que por definición todo periodismo es de investigación, a partir del ya legendario caso "Watergate" en los Estados Unidos y de sus paralelos en otros países, un número reducido de profesionales se ha lanzado de lleno al peculiar terreno de las "fuentes, técnicas e informes" de la investigación periodística.

De este modo, las naturales inclinaciones indagatorias del cuarto poder se ordenan y sistematizan en un conjunto de principios y procedimientos que las transforman en un respetada especialidad periodística con eje en tres dimensiones: cómo obtener los datos (fuentes), cómo procesar la información recogida (técnicas) y cómo presentar los resultados (informes). Precisamente, esta tríada metodológica del Periodismo de Investigación constituye la guía rectora utilizada en la elaboración del presente texto.

Luego de referirse al origen del género y su evolución histórica, el capítulo 1 –a cargo de Ana Laura García Luna– expone los conceptos generales de una disciplina que, a pesar de su reciente desarrollo, ya exhibe significativos logros. Un breve repaso por su definición, ca-

---

* Decano de la Facultad de Ciencias de la Educación y de la Comunicación Social de la USAL.

racterísticas distintivas, perfil profesional, objeto y factores condicionantes sirve de introducción a la materia, con referencias específicas a su versión latinoamericana.

El capítulo 2, elaborado por Alfredo Torre, aborda con singular minuciosidad los diversos pasos que integran el proceso de la investigación periodística. En este contexto, se desarrollan aspectos centrales tales como la búsqueda del tema y de sus antecedentes, la formulación del problema, la indagación preliminar, la estructuración del proyecto, los planteos hipotéticos, la documentación y las fuentes especializadas, la validación y comprobación de los datos, y la producción del informe investigativo final.

Por su parte, el capítulo 3 escrito por Jorge Urien Berri se entrega de lleno al estudio del caso argentino. Se analiza aquí la gran necesidad política y jurídica que en la actualidad posee el país de contar con un Periodismo de Investigación consolidado. Después de referirse puntualmente a los casos "AMIA", "Contrabando de armas a Croacia y Ecuador" y "Río Tercero", pasa revista a los desafíos presentes y futuros que enfrentan los investigadores vernáculos, a quienes despide con una oportuna batería de valiosos consejos profesionales.

El capítulo 4, desarrollado por Ana Clara Parodi, hace foco en las diversas funciones y disfunciones que presenta el ejercicio del Periodismo de Investigación. En primer término, aborda los constructivos roles sociopolíticos que la especialidad ha asumido en casi todo el mundo, entre ellos los de vigilar al Gobierno, proteger los derechos individuales e informar al público. Posteriormente, advierte sobre los serios riesgos derivados de la deformación televisiva del género y su desaconsejable debilidad por la "justicia mediática".

La incorporación del capítulo 5 de Pilar Alfaro ofrece un análisis pormenorizado del primer integrante de la mencionada tríada metodológica del Periodismo de Investigación: las fuentes. Temas muy sensibles tales como el manejo del secreto periodístico, la confidencialidad y el derecho a la información son enfocados, en forma simultánea, desde sus perspectivas jurídica, profesional y moral.

El capítulo 6, cuya autoría corresponde a Sergio Elguezábal, avanza de plano hacia el segundo eslabón de la cadena práctica de la investigación periodística: las técnicas. Con especial énfasis en la televisión, revisa con espíritu crítico y profesionalidad los criterios aplicados por el periodismo a la hora de seleccionar la información, priorizar los temas y utilizar novedosas herramientas tecnológicas. Respecto de este último asunto, repasa las condiciones de aceptabilidad del recurso de la "cámara oculta" con un fuerte sentido ético.

Por su parte, el capítulo 7 escrito por Gerardo Young se dirige fundamentalmente a la etapa final de la tarea investigativa: los informes. Con epicentro en la presentación de reportes de investigación en los medios gráficos, esta sección resalta la relevancia que posee, junto con la elección del enfoque, el tema y el título, la estructuración del texto. En este aspecto, luego de recurrir a sendas ilustraciones de los casos "Erman González" y "del Marco Naón", concluye que la clave del buen informe periodístico radica, antes que nada, en "pensar en el lector" en el momento de escribir.

La inclusión del capítulo 8, cuya autora es Analía Eliades, responde a la necesidad de dotar al libro de un trabajo de gran rigurosidad técnica sobre la cuestión del derecho a la intimidad y la privacidad en el régimen jurídico argentino, y su particular conexión con la labor del Periodismo de Investigación. Para ello, se reconstruye el concepto de intimidad como valor legal y mediático, y se encara una exhaustiva revisión del derecho a la privacidad en la Constitución Nacional, los tratados internacionales, los Códigos Penal y Civil, las leyes especiales y la Jurisprudencia local.

El capítulo 9 de Daniel Sinopoli aporta, junto con una enumeración crítica de las más difundidas faltas del periodismo actual (enciclopedismo, fragmentación, verborragia, banalización y sensacionalismo, entre otras), un explícito llamado a profesionalizar la tarea de los medios de comunicación. Desde una interesante perspectiva deontológica, ofrece asimismo un modelo profesional del periodismo cuyo fin esencial es el de propender a la formación y a la educación de la sociedad.

Por su parte, el capítulo 10 contiene los valiosos testimonios de los más reconocidos periodistas de investigación de la Argentina. En esta sección de entrevistas, la obra reúne a Daniel Santoro, Juan Miceli, Román Letjman, Miriam Lewin y Rolando Graña. Una serie de conversaciones y fotografías exclusivas conforman un enriquecedor legado al estudio aplicado de la disciplina.

Finalmente el epílogo, a cargo del compilador del texto, intenta cerrar el recorrido con una reflexión franca sobre la vinculación entre Periodismo de Investigación y democracia. Después de poner de relieve los indiscutibles beneficios que este género periodístico otorga a la lucha contra la corrupción pública y privada, plantea una serie de preocupaciones relacionadas con las graves consecuencias que puede acarrear una distorsionada y abusiva asunción de funciones impropias por parte del cuarto poder. En este punto, el dilema de la "mediatización de la Justicia" y sus eventuales efectos negativos en la institucionalidad democrática ocupan un lugar preponderante.

Es menester destacar que este proyecto editorial ha sido posible gracias al aporte de un gran Equipo de Trabajo anclado en el novedoso programa de Maestría en Periodismo de Investigación (MPI) de la Universidad del Salvador. Este variado grupo de autores estuvo compuesto a la vez por reconocidos investigadores periodísticos tales como Jorge Urien Berri, Sergio Elguezábal y Gerardo Young, prestigiosos catedráticos como Daniel Sinopoli, Alfredo Torre y Analía Eliades, y destacadas jóvenes profesionales como Ana Laura García Luna, Pilar Alfaro y Ana Clara Parodi. Asimismo, participó de la sección de entrevistas un prometedor seleccionado de estudiantes de la carrera de periodismo de la USAL, integrado por Ariel Pérez Guzmán, María Victoria Gabás, Florencia Codagnone, Patricia Ortiz, Alejandro Cúpula y Luciana Carra.

Como director del proyecto "Periodismo de Investigación. Fuentes, técnicas e informes" y como decano de la Facultad de Ciencias de la Educación y de la Comunicación Social que los agrupa, hago llegar a todos ellos mis sinceras felicitaciones y profundo agradecimiento.

Capítulo 1

Conceptos generales del Periodismo de Investigación

*Por Ana Laura García Luna**

John Stuart Mill ha dicho que "revelar al mundo algo que le interesa profundamente y que hasta entonces ignoraba, demostrarle que ha sido engañado en algún punto vital para sus intereses temporales o espirituales, es el mayor servicio que un ser humano puede prestar a sus semejantes". Bajo esta premisa, el presente capítulo recorre los conceptos generales que definen y caracterizan al Periodismo de Investigación y, en particular, su origen y desarrollo histórico.

Origen y evolución de la disciplina

Resulta difícil situar históricamente los comienzos de la disciplina que hoy denominamos Periodismo de Investigación. No obstante, existe cierto consenso respecto de los motivos que generaron su aparición. Entre ellos, el surgimiento de nuevas necesidades informativas del público y la irrupción de la radio y la televisión generaron en la prensa la inquietud por "dar algo más" al lector. En efecto, la inmediatez de la radio dejaba al periódico en un nivel inferior de prestación y los reporteros vieron en la investigación la oportunidad de paliar esta situación. La clave radicaba entonces en lograr que el lector se informara a través del periódico sobre los aspectos de fondo de cada tema.

El periodista Fran Casal, en su escrito *Evolución histórica del periodismo de investigación*,[1] ubica el nacimiento de esta especialidad periodística en la llamada "Época dorada de los *Muckrackers*" (husmeadores de basura). Este término, peyorativamente utilizado para re-

---

* Profesora de Documentación e Investigación Periodística de la Licenciatura en Periodismo de la USAL.

[1] Casal, Fran, *Evolución histórica del periodismo de investigación*, en la siguiente dirección: http://personales.ya.com/fcasal/archivos/historiaPdI.txt.

ferirse a los críticos estadounidenses de finales del siglo XIX, proviene de una novela del siglo XVII escrita por John Bunyan bajo el título de *Pilgrim's Progress* (Progreso de los peregrinos). En esta obra, Bunyan habla del hombre que "prefiere rastrear en la inmundicia antes que hablar de cosas nobles". A comienzos del siglo XX, el trabajo de estos pioneros investigadores ayudó a sacar a la luz pública situaciones dignas de los tiempos de la esclavitud en América.

En términos estrictamente periodísticos, el sarcástico mote de *muckrakers* se debe al presidente norteamericano Theodore Roosevelt, quien así denominó a renombrados escritores tales como Samuel Hopkins Adams, Charles E. Russel o Upton Sinclair. En aquel momento, los "husmeadores de basura" solían escribir para revistas de bajo precio como *American Magazine* y *Colliers* y se ganaron el apoyo del público tras la edición del libro de Upton Sinclair, *The Jungle*. Sin embargo, esta moda terminó pronto. La falta de apoyo continuado de los lectores hizo desaparecer esta práctica hacia 1912.

La diferencia básica que existe entre los *muckrakers* y los periodistas de investigación contemporáneos radica en que los primeros practicaban un "periodismo de reivindicación" que los impulsaba a tomar posturas políticas sumamente marcadas. Si bien en la actualidad el Periodismo de Investigación sigue basándose primordialmente en remover basura –aunque ésta sea ahora basura electrónica–, no todos los periodistas de investigación son *muckrakers*. En rigor, sus trabajos mezclan la exposición descriptiva de los hechos con la demanda de reforma social y, en algunos casos, con la toma de cierta posición política.

En su esfuerzo por establecer los orígenes del Periodismo de Investigación, otro grupo de historiadores pasa por alto esta época lejana y ubica el comienzo puntual de la disciplina en el célebre "caso Watergate" de 1972. El memorable trabajo de los periodistas de *The Washington Post* es considerado por muchos "el espejo que mejor ha mostrado cómo la actividad periodística puede ofrecer a la democracia y a la sociedad un efectivo sistema de rendición de cuentas de los funcionarios públicos". En esa ocasión, la prensa descubrió un claro caso de abuso de poder y, lo que comenzó como una pequeña historia, terminó con la renuncia del presidente de los Estados Unidos, Richard Nixon. De hecho, el "paradigma Watergate" sentó un precedente esencial en la historia de la investigación periodística toda vez que logró demostrar que los reiterados intentos gubernamentales por ocultar la verdad no fueron suficientes. A través de una cuidadosa y prolongada investigación, la prensa alertó a la justicia para que ésta reclamara, al entonces presidente, los documentos que el Ejecutivo se negaba a entregar argumentando cierto privilegio constitucional.

En el caso de la Argentina, suele citarse la publicación en 1957 del libro *Operación Masacre*, del escritor Rodolfo Walsh, como el hito que representa la consolidación del Periodismo de Investigación en su versión vernácula. En efecto, dicha obra puede ser concebida como una verdadera y minuciosa investigación periodística. En ella, Walsh narra en tono de *thriller* y de manera testimonial los sangrientos crímenes cometidos durante el gobierno de facto. La hipótesis del libro es explícita y el periodista-escritor utiliza diferentes fuentes para demostrarla: declaraciones de los sobrevivientes, familiares de las víctimas y oficiales de la policía, documentos oficiales, expedientes, telegramas y el *Libro de Locutores de Radio del Estado*, entre otros. Merced a esta legendaria investigación quedó documentada la brutal masacre llevada a cabo el 9 de junio de 1956 durante la dictadura de Aramburu.

Definición y características distintivas

Para algunos autores hablar de periodismo supone, inevitablemente, hablar de investigación, ya que toda actividad periodística encierra consigo el deseo por develar la verdad. Desde este punto de vista, todo periodismo es "de investigación". En tal sentido, el periodista Eduardo San Martín sostiene que "...el periodismo consiste, fundamentalmente, en la transmisión de información; la obtención de ésta por el agente que debe transmitirla implicaría en todo caso una averiguación y comprobación de datos y, por consiguiente, realizar una tarea que no puede denominarse de otra manera que investigación".[2]

Según el propio San Martín, en términos generales existe un conjunto de características que permite definir con más precisión al Periodismo de Investigación, a saber:

- Tiene menos que ver con la forma de presentación o elaboración de una noticia y más que ver con la forma en que se ob-

---

[2] San Martín, Eduardo, *El periodismo de investigación: garantía de supervivencia de la prensa escrita*, Aula Municipal de Cultura, Madrid, 1994, p. 1.

tiene la información que da base a ese artículo, reportaje o crónica. Ello significa que la información obtenida según las técnicas de la investigación periodística puede adoptar cualquier forma de presentación, pero sólo podrá ser considerada producto del Periodismo de Investigación si se ajusta a determinadas formas de obtención de datos.

- Es siempre impulsado por el periodista. Es él quien provoca la información, el que da los pasos necesarios para la obtención de los datos requeridos para completarla, el que los busca y los contrasta, y nunca se limita a ser el mero receptor de una información que le viene desde fuera.
- Va más allá del puro dato anecdótico, rutinario, casual y no se detiene, como ocurre en numerosas ocasiones, en la recepción de información interesada.
- Parte de la sospecha de que en determinada información faltan datos fundamentales para que el lector pueda hacerse una idea completa y veraz de un acontecimiento o de una serie de acontecimientos.[3]

A partir de estas características básicas se puede inferir que el objetivo principal del Periodismo de Investigación es develar una verdad que, por su gravedad e importancia, algunas personas o sectores intentan mantener oculta. En definitiva, como afirma el especialista Pepe Rodríguez: "...el periodista de investigación, utilizando técnicas habituales de la profesión u otras específicas y/o atribuibles a profesiones ajenas a la suya (abogado, historiador, detective, etc.), elabora una información producto de un número indeterminado de fuentes, atribuibles o no, y de un análisis personal de datos, contrastados con mayor o menor eficacia, que lo conducen a comunicar una noticia sobre una realidad, que por su configuración y naturaleza, estaba destinada a permanecer oculta durante un período de tiempo indefinido (...) El periodista investigador comunica una información que, sin su explícita intervención, nunca o muy difícilmente hubiese podido aflorar...".[4]

[3] San Martín, Eduardo, ob. cit., pp. 2-3.
[4] Rodríguez, Pepe, *Periodismo de Investigación. Técnicas y Estrategias,* Editorial Paidós, 1994, p. 23.

Perfil del periodista de investigación

De acuerdo con el experto William Gaines, el periodista de investigación es, por lo general, "...uno de los de mayor experiencia dentro del personal de un diario. Él sabe cómo se supone que trabaja el gobierno y puede juzgar si realmente lo está haciendo como debiera. Además, ha creado una red de personas que son fuentes de información y que pueden confiar en que él no revelará sus identidades. Asimismo, sabe dónde se llevan registros públicos, entiende los documentos y es experto en entrevistar y acertado en juzgar el comportamiento humano...".[5]

En rigor, un buen investigador periodístico se caracteriza por su escepticismo crítico y su paciencia sin fin, así como por una marcada indignación ante el desafuero, cuando considera que cierta situación es injusta o abusiva. Por otra parte, el citado escritor y docente Pepe Rodríguez enumera las capacidades fundamentales que debe poseer un periodista que se dedica a la investigación:

- *Capacidad de observación*: se trata de una desarrollada habilidad para descubrir importante información no verbal a través de un minucioso escrutinio de los datos recogidos.
- *Capacidad retentiva*: es la cualidad que asegura al investigador periodístico recordar con exactitud la información observada, aun en aquellos casos en que no le es posible grabar o tomar notas.
- *Capacidad de memorización visual*: este atributo resulta sumamente útil para el periodista que indaga, pues le permite recordar imágenes, documentos y escenas que apenas son observables por unos instantes.
- *Capacidad de planificación y previsión*: esta idoneidad de planeamiento estratégico rentabiliza el esfuerzo y agiliza el trabajo investigativo. Casi siempre, la previsión ahorra disgustos, tiempo y problemas.
- *Capacidad de improvisación*: la habilidad de repentización es, junto con el sentido común, una munición muy eficaz para el progreso de la investigación periodística.

[5] Gaines, William, *Periodismo investigativo,* TM Editores, Colombia, 1996, pp. 1-2.

- *Capacidad de discreción*: la tendencia al bajo perfil y un refinado sentido de reserva profesional son necesarios para evitar filtraciones y desviaciones.
- *Capacidad cognitiva*: se trata de la cualidad de poseer una buena base de conocimientos generales, no sólo referidos a campos científicos específicos, sino también ligados a diversos ámbitos artísticos, laborales o sociales.

En definitiva, el periodista de investigación debe ser, ante todo, un ferviente y desinteresado cruzado que busca "descubrir la verdad" y darla a conocer para beneficio de la sociedad. En tal sentido, el padre del periodismo de precisión, Philip Meyer, sintetiza que para los periodistas "...hubo un tiempo en que todo lo que hacía falta era amor a la verdad, vigor físico y cierta gracia literaria (...) Todavía el periodista necesita esos recursos, pero ya han dejado de ser suficientes. El mundo se ha vuelto tan complicado que el periodista tiene que ser alguien que investiga y no sólo transmite, un organizador y no sólo un intérprete, alguien que reúne y hace accesibles los hechos...".[6]

Objeto y fuentes de la investigación periodística

En principio, no hay límites respecto de la agenda temática que puede ser objeto de una investigación periodística. Lo esencial es que se trate de hechos eminentemente públicos, por cuanto puedan afectar a gran parte de la sociedad, ya sea de manera directa o indirecta. De hecho, aquellos temas que sólo afectan a un pequeño número de personas no suele generar un trabajo de investigación. Generalmente, son objeto habitual de investigación periodística temas tales como la corrupción gubernamental, los actos abusivos contra el consumidor, las acciones fraudulentas de empresas, y las conductas personales que no se condicen con la responsabilidad del funcionario público, entre otros.[7]

---

[6] Meyer, Philip, *Periodismo de precisión*, Editorial Bosh Comunicación, 1993, p. 25.

[7] Larronda, Antonio y Solari, Pablo, *Periodismo de Investigación* (XXI), en http://www.chasque.net/frontpage/relacion/0109/periodismo.htm#comunicacion.

No obstante, la profesora Montserrat Quesada establece tres grandes grupos temáticos que pueden generar un trabajo de Periodismo de Investigación, a saber:

- Investigaciones históricas que hacen referencia a temas pasados y que no tienen una incidencia directa en los intereses actuales del público lector.
- Investigaciones sobre temas actuales que reúnen los trabajos periodísticos sobre hechos recientes.
- Investigaciones sobre temas históricos con repercusiones actuales. Es decir, aquellos trabajos que profundizan sobre hechos pasados cuyo conocimiento público puede repercutir directamente en una situación actual.[8]

Respecto de las fuentes, existen diferentes vías para detectar potenciales hechos a investigar. Entre ellas se destacan las informaciones de procedencia institucional (de entes públicos o privados), las informaciones de carácter oficioso (informantes y confidentes), los actos públicos y privados, y las publicaciones y archivos. Para el periodista investigador es fundamental recurrir a distintos tipos de fuentes para argumentar y demostrar su hipótesis. En efecto, el éxito de su labor depende en buena medida de la calidad y veracidad de sus recursos informativos.

En sentido estricto, se entiende por fuente todo medio o elemento que aporta datos para una investigación, sea éste un documento, una persona, un expediente o un viejo archivo. En la concepción del catedrático Pepe Rodríguez: "...fuente es toda persona que, de un modo voluntario y activo, facilita algún tipo de información a un periodista (...) También se considera fuente a todo depósito de información de cualquier tipo que sea accesible y consultable por parte del periodista...".[9]

Existen numerosos criterios para clasificar las fuentes informativas más habituales del Periodismo de Investigación. El esquema propuesto por Pepe Rodríguez permite establecer dos tipos principales: las fuentes objetivas de los hechos y las fuentes subjetivas del investigador.

---

[8] Quesada, Montserrat, citada en *Periodismo de investigación. Teoría y práctica,* Caminos, Marcet J. M., Editorial Síntesis, Madrid, 1998, p. 23.
[9] Rodríguez, Pepe, ob. cit., p. 67.

Dentro de las primeras (fuentes vinculadas con el hecho a investigar) se incluyen:

- *Fuentes implicadas*: son aquellas personas que, en un sentido u otro, tienen algo que ver con los hechos en vías de investigación, ya sea como afectados, protagonistas o testigos.
- *Fuentes ajenas*: son aquellas personas que no tienen una relación directa con los hechos investigados pero que, por la naturaleza del acontecimiento analizado o por su propia calificación humana y/o profesional, pueden aportar datos de interés técnico o noticiable para el periodista.

Por su parte, las segundas (fuentes vinculadas con el periodista que investiga) incluyen:

- *Fuentes oficiales*: son aquellas personas que se caracterizan por facilitar información más o menos institucionalizada y asumir su paternidad. El valor de sus comunicaciones es notable para el informador, pero más bien relativo para el investigador.
- *Fuentes oficiosas*: son aquellas personas que suministran información más singularizada y original, cuya paternidad no suelen asumir. A su vez, las fuentes oficiosas se dividen en:
  - *Informantes*: son los que mantienen una relación ocasional y unidireccional con el periodista. Ello significa que el flujo comunicativo es monolítico y en una sola dirección (de la fuente hacia el periodista). Son un recurso inesperado y, en ocasiones, de enorme rentabilidad informativa. Su credibilidad siempre debe ser sometida a juicio crítico.
  - *Confidentes*: son los que mantienen una relación habitual y bidireccional con el periodista, producto de un trato personal y duradero en el tiempo. En este caso, la comunicación es de doble vía y se basa en la confianza y la credibilidad recíprocas. Son un recurso muy utilizado para confirmar la veracidad de los eslabones de la cadena informativa.[10]

---

[10] Ídem, pp. 97-99.

Factores condicionantes de la investigación periodística

Existen en el Periodismo de Investigación ciertos elementos que condicionan y ponen límites a la tarea del hombre de prensa que indaga más allá de la superficie. Está claro que dichos obstáculos afectan su labor de distinto modo, si se trata de periodistas que trabajan en relación de dependencia o de *free-lancers* (independientes). Entre los principales factores condicionantes de la investigación periodística se destacan:[11]

- *Recursos de investigación disponibles*: contar o no con los medios técnicos, económicos y humanos necesarios determina en gran medida el nivel de profundidad al que arribará la investigación. Un inconveniente adicional al momento de buscar financiación para un proyecto de investigación periodística suele ser que, además de la difícil tarea de encontrar la empresa idónea, no resulta fácil demostrar la relevancia de una pista que, en determinado momento, es poco más que un rumor, una confidencia o algún indicio documental.

- *Relación laboral con la empresa periodística*: cada medio de comunicación tiene sus peculiaridades ideológicas, estructurales, económicas y formales. Todos estos sesgos pueden filtrar o impedir prometedoras investigaciones o, al menos, pueden mutilarlas de forma considerable. Al respecto, la profesora Montserrat Quesada argumenta: "...la inmensa mayoría de los periódicos del mundo carecen de una independencia económica real que les permita librarse de todas las ataduras y compromisos...".[12] Por ejemplo, los medios no pueden prescindir de la publicidad de determinadas empresas o del auspicio de determinados sectores, por lo que muchas investigaciones periodísticas quedan truncas para evitar futuros problemas financieros.

- *Tiempo disponible*: el factor tiempo es crucial a la hora de realizar una investigación periodística seria. Este elemento suele producir gran fricción entre el periodista y sus jefes. Es reco-

[11] Ídem, pp. 35-38.
[12] Quesada, Montserrat, *Periodismo de investigación o el derecho a denunciar*, CIMS, Barcelona, 1997, p. 90.

mendable no ceder a la necesidad de publicación precipitada si con ello se arriesga sacar a luz hechos insuficientemente contrastados o probados. Si la investigación aún no está suficientemente chequeada, es preferible no publicarla y evitar así poner en riesgo su credibilidad. En general, la primicia no se lleva muy bien con el Periodismo de Investigación.

- *Objetivo de investigación*: la dinámica que rodea la selección del tema o caso a investigar varía según el fondo de la cuestión, los personajes involucrados, el riesgo que se pueda correr, las posibilidades de lograr información, su costo, su factibilidad, etc. En ocasiones, puede ocurrir también que la empresa periodística no esté dispuesta a invertir los recursos necesarios para el desarrollo del tema a investigar seleccionado.

- *Personalidad del periodista*: las circunstancias personales y familiares que rodean al hombre de prensa son siempre contrapesos clave a la hora de plantearse el inicio de una investigación. De hecho, el pacto implícito existente entre vida privada y vida profesional, y entre seguridad y riesgo, determina muchas veces el futuro de un proyecto de Periodismo de Investigación.

- *Capacidad técnica del investigador*: se trata de un elemento decisivo para determinar la viabilidad de una investigación en particular. El manejo que se posea de los campos técnicos de la investigación periodística (fondo temático y conocimientos culturales, científicos, tecnológicos e idiomáticos, entre otros) condiciona de modo esencial la rentabilidad informativa que finalmente se obtendrá de la indagación.

- *Ideología del periodista*: la axiología política, social o religiosa del investigador puede sesgar sus análisis, inclinaciones y conclusiones. Algunos creen que se es mejor investigador cuanto más cerca se esté de no creer en nada o, en todo caso, cuando se está en condiciones de poder distanciarse de las propias afinidades hasta el punto de estar dispuesto a denunciarlas, si ello fuese requerido por la evidencia de una investigación.[13]

---

[13] Rodríguez, Pepe, ob. cit., pp. 38-40.

En el caso particular del Periodismo de Investigación latinoamericano, a la lista de condicionantes ya descriptos se agrega una serie de obstáculos adicionales derivados de las peculiares realidades políticas, jurídicas y culturales de la región. En tal sentido, el periodista Gerardo Albarrán de Alba advierte sobre la falta de un abordaje sistemático de la disciplina por parte de las universidades de América latina. En consecuencia, de acuerdo con el experto, "...el Periodismo de Investigación latinoamericano sigue nutriéndose del trabajo en solitario de reporteros ejemplares como los argentinos Rodolfo Walsh y Horacio Verbitsky, el peruano Gustavo Gorriti, o el mexicano Manuel Buendía...".[14]

En casi toda la región, la inestabilidad democrática de los países expone a los investigadores periodísticos a situaciones de alto riesgo para su integridad profesional y física. En 1977, durante la dictadura militar, Walsh fue asesinado. En 1984, Buendía fue asesinado por un policía. Por su parte, Verbitsky y Gorriti debieron padecer el exilio para salvar sus vidas. Entre enero de 1999 y mayo de 2001, un total de diecisiete periodistas latinoamericanos fueron asesinados: nueve en Colombia, tres en México y uno en la Argentina, Brasil, Guatemala, Haití y Uruguay.

Más aún, la labor del investigador periodístico latinoamericano está sujeta a fuertes condicionantes jurídicos toda vez que las legislaciones civiles y penales de sus respectivos países suelen tratar como "delitos de prensa" a la calumnia, la injuria, la difamación u otras figuras francamente represivas, tales como el desacato, el arresto domiciliario, la suspensión de la licencia profesional y la censura legal. Adicionalmente, en algunos casos se instrumenta cierta restricción profesional mediante la colegiación obligatoria o iniciativas similares. Como si ello fuera poco, los periodistas de América latina se ven sometidos a presiones de influyentes grupos de poder que suelen manifestarse de forma violenta mediante amenazas, secuestros, atentados y asesinatos. Como dice Albarrán de Alba: "...la práctica de la autocensura entre los periodistas latinoamericanos es, con más frecuencia de lo que se cree, consecuencia directa de los riesgos personales que éstos enfrentan...".[15]

---

[14] Albarrán de Alba, Gerardo, *Diferencias en el periodismo de investigación en Estados Unidos y Latinoamérica,* Sala de Prensa, N° 32, Año III, vol. 2, enero de 2001, en la siguiente dirección: http://www.saladeprensa.org/art229.htm.
[15] Ídem, p. 3.

Asimismo, es notable en la región la carencia o debilidad de los regímenes jurídicos reguladores del acceso a la información pública.

No obstante, estos fuertes condicionantes y serias amenazas no han impedido a los periodistas latinoamericanos poner en práctica un conjunto de recursos investigativos heterodoxos que, en muchos casos, han permitido develar impresionantes casos de corrupción y nexos ilegales o ilegítimos entre diversas esferas de poder político y económico.

Capítulo 2

Pasos del proceso de investigación periodística

*Por Alfredo Torre**

No existen recetas para hacer Periodismo de Investigación. En tal caso, podemos referirnos a una serie de pasos de casi imprescindible realización, llevados a cabo con una lógica secuencial que no siempre deberá ser respetada. En efecto, difícilmente pueda orientarse un trabajo sin la formulación de un objetivo claro y preciso para, con posterioridad, formular una hipótesis de trabajo. Pero es probable que pueda enunciarse una serie de explicaciones provisionales a los que llamaremos planteos hipotéticos, a fin de evaluar cuál es más consistente y a partir de ahí plantear un objetivo de proyecto. Todos estos pasos son construcciones que hacemos en nuestra mente para demostrar aquello que consideramos que se oculta en forma deliberada ante los ojos de la opinión pública, debido a que podría verse afectada negativamente.

Pero antes de avanzar en este asunto, dediquemos unas líneas al periodista investigador. ¿Quién no estaría en condiciones de hacer Periodismo de Investigación? Claramente, ni los dogmáticos ni los escépticos. Tanto los que son capaces de creer en algo sin cuestionárselo y muchas veces basándose en el principio de "autoridad" (lo dijo el funcionario, el científico, el centenario matutino, etc.), como los que entienden que jamás alguien puede llegar a la verdad. En esto mucho tiene que ver la formación de cada uno. Si nunca nos hemos cuestionado nada en la vida, difícilmente estemos capacitados para asomarnos críticamente a la realidad. Sería imperdonable quedar expuestos a dar por verdadero aquello que otros han armado para que lo incorporemos de ese modo.

En este sentido, somos defensores a ultranza de la formación universitaria de periodistas. Pero, atención, para saber hacer un copete y una volanta no es necesario emprender estudios superiores ni tampoco es requisito recitar a Habermas o a Martín-Barbero. La formación

* Profesor de la Maestría en Periodismo de Investigación de la USAL.

en las universidades debería, en principio, fomentar la apertura mental hacia el conocimiento y una metodología de trabajo –común a las ciencias sociales– que permita ordenar y orientar el proceso de indagación. Sacar un periodista de un sociólogo es posible; al revés, no. Además, el periodista que haga Periodismo de Investigación debe ser una persona culta. Cultivada e informada. Se nos ocurre pensar en que deberían existir algunos requisitos mínimos para garantizar una adecuada formación. Intentemos lo siguiente como un posible ejercicio cotidiano: a) lectura lineal, transversal y/u orientada, de no menos de tres periódicos por día, en sus versiones digitales o de papel; b) no menos de dos revistas de actualidad por semana; c) no menos de dos libros mensuales, uno de ellos relacionado con investigaciones periodísticas. A este entrenamiento se le deberá sumar la capacitación en un idioma extranjero (preferentemente inglés), el manejo de las herramientas informáticas que sirvan para el procesamiento de textos, cruzamiento de información de bases de datos y rastreos por Internet, sin descuidar el archivo personal sobre el principio de intereses temáticos particulares y un regular ejercicio aeróbico semanal. Estamos pensando en quien, y sobre todas las cosas (en esto la universidad ayuda y mucho), cuenta con valores éticos inquebrantables. Dicho sea de paso, cualquier renunciamiento en tal sentido sería un viaje sin retorno. Quien piense en utilizar una investigación para presionar, sobornar o sacar algún tipo de provecho, estará condenado a realizar de ahí en más las acciones más miserables.

Es probable que lo dicho resulte exagerado, especialmente para los estudiantes de las carreras de periodismo. Pero estamos hablando de la formación de excelencia de periodistas dedicados a la investigación. Y aún creemos que nos hemos quedado algo cortos. Los avances de las tecnologías en materia de comunicación e información han abierto nuevos espacios en donde se requieren profesionales con otras habilidades y destrezas. Nos referimos al periodismo en formato multimedia. No estamos lejos de que, así como una generación de periodistas debió pasar traumáticamente de la máquina de escribir a la PC (y no pocos quedaron en el camino), ahora se requiera del conocimiento en el manejo de cámaras digitales u otros instrumentos que permitan una presentación más compleja y elaborada del material a informar.

De todas maneras, esto resultaría absolutamente innecesario si el periodista contara con otras no menos importantes cualidades para emprender esta modalidad profesional. Las detallamos:

- Curiosidad, el deseo de saber, de averiguar, de inquirir;
- interés en darles importancia a las cosas que entienda, justifique y valore puedan ser de incumbencia pública, y
- pasión en la búsqueda de la verdad.

Sumemos a lo antedicho el ser permeables y abiertos para permitir ser atravesados por la realidad inmediata o remota. Señaladas estas cualidades básicas, es momento de emprender un detallado recorrido por los principales pasos que constituyen el complejo proceso de investigación periodística.

Búsqueda de temas de investigación

En apariencia, éste es uno de los pasos más difíciles de resolver. Sin embargo, son muchos los recursos a los que puede echarse mano, independientemente de los que cada uno posea, para obtener información a través de fuentes diversas. Citaremos algunos de los que consideramos más efectivos:

- A través de una detenida lectura de los medios locales o regionales se podrá observar que en ciertos asuntos tratados quedan un sinnúmero de datos por interrelacionar o situaciones por resolver, fuentes consultadas que pueden saber más de lo que se ha publicado, aristas en las que –profundizando aún más– es probable que aparezcan otras cuestiones no abordadas. Tampoco hay que desechar el contenido de las publicidades y de los avisos clasificados. Muchas historias se pueden esconder detrás de las promesas de un crédito fácil o de la obtención de ganancias espectaculares a través de un empleo.
- Hay un conocimiento dinámico instalado en el tejido social que merece ser explorado en forma exhaustiva. La gente común, en su diario vivir y a través de su trabajo, estudio, vínculos permanentes o circunstanciales, etc., registra una cantidad ilimitada de información que puede contener –muchas veces– la potencial semilla de una investigación. Podríamos preguntar a personas de distintos ámbitos: "¿qué cree usted que el perio-

dismo debería indagar dentro de su campo laboral o en la ciudad en la que vive?". Por supuesto, no faltarán las respuestas sin datos ni fundamentos, movilizadas únicamente por el plano emocional.

- Otro recurso proviene del conocimiento acerca de las instituciones y su funcionamiento. En principio, la idea no es conocer qué anda mal en ellas (aunque tampoco es despreciable hacerlo), sino cómo deberían funcionar correctamente. Veamos los siguientes ejemplos:

  a) La legislación correspondiente a un territorio dado establece un régimen de licitación para la compra de bienes de capital e insumos en los organismos oficiales. Esto es lo que –en principio– un periodista debería saber: ¿todos los llamados y procedimientos de adjudicación se realizan de acuerdo con la ley?

  b) Existen códigos de procedimiento para la construcción de edificios de propiedad horizontal. Pregunta: ¿qué esconde el levantamiento de éstos en zonas residenciales no habilitadas por la comuna?

- Una modalidad más para relevar temas y que pocas veces es tenida en cuenta es la lectura de publicaciones de circulación limitada. Por ejemplo, las correspondientes a asociaciones profesionales o de defensa del consumidor, grupos empresarios, entidades deportivas u organizaciones no gubernamentales de diverso tipo. En general, éstas abordan problemáticas específicas del sector. No obstante, en muchos casos algunas de ellas también pueden afectar el interés público y contener el germen de otras cuestiones de mayor trascendencia.

- El imprescindible conocimiento de investigaciones realizadas por otros que han contado con el apoyo logístico (recursos, tiempo disponible, etc.) de las empresas periodísticas en las que trabajan puede resultar un elemento disparador fundamental. En tal sentido, recomendamos revisar las síntesis y repercusiones de los trabajos llevados a cabo por *Telenoche Investiga* en Canal 13 (http://www.telenoche.com.ar/investiga/default.htm), por cuanto nos pueden dar ideas para llevar a cabo similares propuestas en el ámbito y a la escala que podamos.

- Otra de las habituales formas de acercarse a determinados temas es mantener contacto con personas dispuestas a hablar, ya sea por interés personal o por interés cívico. Con respecto al primer caso, algunas de las motivaciones más frecuentes son: desahogar resentimientos ("me maltrató y ahora tienen que saber cómo es realmente"), cobrar venganza ("porque me echaron del trabajo, contaré todo lo que sé de la empresa") o alardear de lo mucho que se sabe acerca de algo. En todos los casos habrá que ser muy cuidadosos con los datos y pruebas que nos aportan, por cuanto todo –generalmente– está teñido de un fuerte componente subjetivo. La segunda cuestión se refiere a las denuncias formuladas por los ciudadanos a los medios para que éstos las investiguen, con el espíritu de que se haga justicia o se muevan ciertos resortes de la administración estatal para modificar un estado de cosas que funciona irregularmente.

En tal sentido, recomendamos hacer el siguiente ejercicio: supongamos que a la redacción de un medio llega una persona que dice conocer que en el organismo nacional en el que trabaja desde hace algo más de dos meses "alguno de muy alta jerarquía estaría envuelto en un caso de corrupción sin precedentes". No puede precisar quién es exactamente, pero señala que "seguro que es gente muy allegada al gobierno". Asimismo, calcula que el supuesto fraude debe de representar una cantidad muy importante de dinero. Las razones que aduce tener para formular la denuncia es su interés en que no se siga robando la plata de los contribuyentes.

Ahora bien, hagamos un exhaustivo listado de las preguntas que le formularíamos al informante respecto de sí mismo (¿es quien dice ser, cómo pudo enterarse alguien que lleva trabajando sólo dos meses de un hecho tan trascendente?), de la institución a la que pertenece y del hecho que denuncia. También elaboremos lógicas lucubraciones generadoras de interrogantes; por ejemplo: "si ante la pregunta sobre si tiene militancia sindical contesta... entonces le preguntaría...".

- Las obras literarias o el mismo cine suelen ser también recursos a considerar. Situaciones de ficción pueden tener su correlato en la realidad, o nos ofrecen elementos para imaginar hechos que posiblemente después podamos corroborar empíricamente.

- Otra estrategia más para conseguir temas consiste en hacer un listado de sucesos genéricos a partir de hechos conocidos (lavado de dinero a través de fundaciones inexistentes, pruebas plantadas para involucrar a alguien, etc.) o investigaciones realizadas por los medios. Por ejemplo, si tomamos el listado diario sobre los actos de corrupción publicados en Iberoamérica que provee gratuitamente "Periodistas Frente a la Corrupción" a través de su lista (http://www.cipe.org/pfc; pfc@probidad.org), podríamos establecer frente a esta selección de noticias si tienen su correlato en los ámbitos en que frecuentemente nos movemos.

- Revisar investigaciones llevadas a cabo en el pasado y que hayan tenido una importante repercusión en la opinión pública para luego desaparecer, también debería tenerse en cuenta. En este caso, convendría preguntarse: ¿qué pasó a partir de la difusión de... sobre lo cual nunca más se dijo algo? Posiblemente se hayan mantenido hasta el presente las mismas irregularidades después de la tormenta mediática, debido a nuevos ocultamientos o falta de intervención (por algún motivo que habría que estudiar) de quienes en aquel momento o aún hoy deberían tomar intervención para corregir o sancionar.

- Detectar situaciones "alegales" en organizaciones o sistemas que posibiliten, mediante el vacío legal, la realización de hechos por lo menos cuestionables.

- Por último, señalaremos otras posibles formas de encontrarnos con cuestiones a investigar: a través del rumor (voz que corre entre el público), de la filtración (divulgar de manera oculta o a escondidas información secreta o confidencial), de la infidencia (violación de la confianza y la fe debida a otro) o de la confidencia (revelación secreta o noticia reservada).

Pero, sin duda, la mejor estrategia que un estudiante de periodismo o novel periodista puede seguir para sortear este paso inicial del proceso indagatorio es mantenerse alerta y en estado constante de búsqueda. Este entrenamiento sólo es efectivo si se lo acompaña con el hábito de exposición diaria a los medios de difusión (de periódicos, especialmente) y el diálogo constante con todos los actores sociales posibles. A nadie que viva desinformado, distraído, desconectado del mundo o aislado, la realidad lo llama para anunciarle todo lo que hay aún por investigar.

Búsqueda de antecedentes

Lamentablemente, es bastante común encontrarse con presentaciones de proyectos de investigación periodística en los que se ha ignorado la existencia de antecedentes documentales básicos sobre la temática elegida, el conocimiento acerca de los resultados obtenidos y las técnicas utilizadas. Parece haber un principio básico de supuesta originalidad. Por consiguiente, no se consultan archivos, no se tienen en cuenta ciertas bases de datos ni posibles medios en los que se haya publicado algo similar. La búsqueda de trabajos de variado tipo (notas periodísticas, libros, grabaciones, videos, Internet) es una tarea que desde ningún punto de vista se puede soslayar.

En ocasiones, hay un temor a encontrar trabajos similares a los que tenemos en mente. Pues, si verdaderamente existieran, en nada deberían modificar nuestro interés. Muchos podrán actualizarse, o los mismos problemas ser investigados en contextos y de maneras diferentes. Debe quedar claro que no existen los temas agotados. Algunos podrán ser más o menos recurrentes que otros, pero a ninguno se lo podrá considerar como definitivamente acabado. Fijar las distintas aristas por donde abordar una misma cuestión y cómo hacerlo es un desafío intelectual que debería constituirse en un entrenamiento permanente. Aquí el ejemplo, variando el nivel de complejidad podría ser la *violencia en el fútbol* (barrabravas extorsionarían a la dirigencia para no generar hechos de violencia a cambio de beneficios, como entradas, viajes, etc.; barrabravas recibirían dinero de funcionarios para producir hechos violentos que opaquen en los medios los asuntos políticos controversiales; barrabravas negociarían su comportamiento con la policía para justificar una mayor presencia numérica de su grupo en los estadios).

Formulación del problema

¿Qué es un problema en el campo de la investigación periodística? En principio, un conflicto, una cuestión a aclarar no necesariamente determinada por el nivel de dificultad para hacerlo. Es también lo que no se conoce o lo que se conoce en forma distorsionada acerca de la realidad. Definir el tema nos posibilitará acercarnos al planteo más general (la existencia de mafias en el otorgamiento de licitaciones), mientras que precisar el problema nos ayudará a definir lo que creemos o nos han contado que sucede, quiénes serían los que participan, dónde, cuándo, por qué y para qué (cuatro grandes empresas recolectoras de residuos se estarían repartiendo, con la colaboración de funcionarios desleales, las licitaciones en todo el territorio nacional para entorpecer el ingreso al negocio de otras más pequeñas). La definición clara y precisa del problema nos ayudará a operativizar la idea que tenemos acerca del tema escogido.

Indagación preliminar

En este paso se define la viabilidad del proyecto, y es uno de los puntos más críticos en el arranque de la investigación.

Aquí estaremos:

- Evaluando la consistencia de las pistas. Esto es: poner a prueba la verdad o falsedad de los datos que nos han aportado o hemos conseguido por nuestra propia cuenta. Consiste en cuestionarnos, por ejemplo, si aquello de lo que tomamos conocimiento es así o ha sido "inventado" o "armado" para que creamos su existencia a partir de cómo se nos presentó. Pregunta a definir en esta primera aproximación: ¿quién y por qué se beneficia o se perjudica con esta investigación? Nos referimos a los actores involucrados o allegados, directa o indirectamente, con el problema. Su respuesta puede encerrar los posibles intereses que se juegan en todo hecho que se pretenda ocultar.
- Considerando la existencia de una posible historia en donde exista un hecho o una secuencia de hechos a investigar, con actores sociales involucrados de muy diversa forma e interesados en que lo realizado por ellos no tome estado público para no verse comprometidos o sancionados.
- Constatando la validez de documentos. Como ejemplo basta señalar la posibilidad de producir "originales" a partir de las nuevas tecnologías. Todo lo que parezca en principio como auténtico o que despierte dudas debe ser rigurosamente chequea-

do. Una grabación se puede reeditar a conveniencia. Con un buen *scanner* y algunos programas no muy sofisticados se logran productos más "fieles" que los verdaderos.

- Determinando la existencia de fuentes dispuestas a dar testimonio sobre la cuestión investigada. Por miedo o por desconfianza es probable que nos encontremos aquí con una barrera infranqueable. Posiblemente tengamos evidencias o pistas muy sólidas, pero de nada valdrán –en algunos casos– si no contamos con testigos dispuestos a brindar su relato.

- Localizando antecedentes. El hecho que investigamos, ¿se ha producido por primera vez? ¿Se conocen otros de características similares que hayan acontecido anteriormente en el mismo lugar? ¿Quiénes de los que aparentemente participaron se han visto involucrados en cuestiones parecidas?

- Calculando el tiempo previsible y los recursos necesarios. Se ha dicho infinidad de veces que en el Periodismo de Investigación no existen tiempos acotados de trabajo ni urgencias en la entrega de informes. Es cierto. Ahora bien, ¿cuántos medios en el mundo cuentan con profesionales o equipos de investigación que se dediquen en forma exclusiva a hacer Periodismo de Investigación? En general, los periodistas deben pensar en función de las posibilidades que le brinda el espacio "libre" que le deja su tarea rutinaria, a un costo a veces muy alto cuando también ocupa (y mal) aquél que debería destinar a compromisos familiares, por ejemplo. Pero más allá de esto, una mínima planificación del tiempo que insumirán tareas como revisar archivos o realizar entrevistas debe de considerarse, para negociar cuando corresponda con la empresa, de acuerdo con sus prioridades. Del mismo modo, deberá hacerse un estimado de los costos que demandará la investigación: viajes, tecnología, etc.

- Analizando las dificultades. Ahora es el momento de evaluar si los pasos mencionados precedentemente han sido sorteados con éxito para considerar la viabilidad de llevar la investigación a cabo. En caso de realizar el trabajo en equipo, también se deberá considerar la confianza y el profesionalismo de quienes acompañarán el proceso indagatorio, además de su posible involucramiento con el problema, y cómo podría jugar de antemano el vínculo emocional e ideológico.

- Pensando en los destinatarios. La pregunta es: ¿a quién le podría interesar el resultado de la investigación, además de a los actores involucrados? ¿Esto va en contra de los intereses del público?

Estructuración del proyecto

Sobre la base de los buenos resultados obtenidos en la investigación preliminar, estaríamos en condiciones de hacer un boceto de investigación; es decir, pensar con método el proceso. Ya hemos planteado el tema y el problema. Vayamos ahora por el siguiente paso fundamental: la definición del objetivo.

Un proverbio dice que todos los caminos llevan a ninguna parte cuando no sabemos adónde ir. O lo que es lo mismo: qué pensamos hacer. Sin ánimo de generalizar o de simplificar podríamos decir que un gran objetivo sería demostrar de manera irrefutable que alguien ha hecho algo que ha ocultado y que ese algo está en contra de los intereses de la gente.

La definición de un objetivo de trabajo, a partir de un claro y preciso planteamiento del problema, es uno de los pasos que habitualmente presentan mayor dificultad en cuanto a su correcta formulación. En general, se tiende a confundir objetivo (lo que se espera demostrar) con intención (lo que se pretende lograr, como pretensión asociada a las repercusiones que pudiera tener la difusión del caso investigado). Veamos: "denunciar", "hacer tomar conciencia a la población", "despertar el interés de la clase política", son intenciones, no objetivos de un proyecto de investigación. Mucho menos lo es "dar a conocer algo oculto" o simplemente "informar", porque ambas acciones hacen a la esencia misma de la práctica profesional. "Demostrar la existencia de un acto irregular", "determinar el nombre y la participación de los verdaderos responsables de un hecho atribuido a otros", "precisar las auténticas razones de un comportamiento ilegal, más allá de las apariencias", esos sí son objetivos. Es decir, el objetivo orienta todo el proceso de investigación: la elaboración de hipótesis (tentativa de explicación provisional hasta su comprobación empírica) y la elección de técnicas de indagación (documentación en archivos, entrevista, observación, entre otras), sin que ello signifique que no pueda ser reformulado tantas veces como sea necesario. Por esta razón, los objetivos deben ser claros, precisos y operativos (por ejemplo, intentar "demostrar que la corrupción generalizada de un gobierno es producto del desmoronamiento de ciertos valores del Occidente cristiano", posiblemente no esté mal como enunciado y hasta puede que tenga su lógica; pero no es claro [¿qué se entiende por corrupción generalizada?], ni preciso[¿a qué ciertos valores del occidente cristiano se refiere?], ni operativo [¿cómo se demuestra semejante generalización?]). Como señala Catalina Wainerman en *La trastienda de la investigación*: "...cuanto menor la experiencia [del investigador] más difícil es aceptar que no se puede estudiar todo ['el mundo y sus contornos', acostumbro decir en mis primeras clases] y que hay que acotar; también que la que uno planea no es la última investigación de la vida, que habrá tiempo y ocasión de perseguir las preocupaciones en investigaciones futuras...".

Planteos hipotéticos

Como habíamos señalado, el proceso de investigación no es de carácter lineal con secuencias de orden riguroso. Por consiguiente, tratar de dar alguna definición acerca de lo que creemos está sucediendo, está presente desde el inicio de nuestra labor. Las suposiciones, los prejuicios (juicios anteriores a la comprobación) o las sospechas deben ser considerados como borradores de hipótesis, entendidos como un planteo que requiere de ciertas características para ser considerados como tal. Serían en tal caso aproximaciones o primeras tentativas de explicación. A medida que vayamos obteniendo más información en la investigación preliminar, iremos desechando los planteos menos consistentes.

Formulación de la hipótesis

No todas las investigaciones requieren de la formulación de hipótesis de trabajo. Una indagación descriptiva no necesitaría de ellas. Si decimos "del material recibido en la redacción en forma anónima, el que parece fue hurtado a quien lo mantenía oculto, se desprende la existencia de una defraudación que posteriormente fue confirmada", está claro que no hemos prenunciado la existencia de nada, salvo la posibilidad de un supuesto hurto.

Pero, ¿qué es una hipótesis? La hipótesis es una tentativa de explicación mediante una suposición o conjetura verosímil (que tiene apariencia de verdadera), destinada a ser probada a través de la comprobación. La función de las hipótesis en la investigación es sugerir explicaciones a ciertos hechos y orientar la investigación de otros. Estas explicaciones provisionales surgen a partir del previo conocimiento del fenómeno a indagar. La utilidad de las mismas radica en que:

- Ofrecen una explicación provisional que indica una posibilidad de resolución del problema, aunque sea susceptible de comprobarse, rechazarse o abandonarse por otra mejor en la fase ejecutiva de la investigación;
- introducen coordinación en el análisis (no se prueban hechos aislados sino relaciones entre sí);
- orientan la elección de los datos, y
- guían la labor de investigación.

Los requisitos, para que sean utilizables, consisten en:

- Que sean conceptualmente claras;
- que tengan referencia empírica, ello es en la experiencia, en la realidad, en los hechos;
- que sean no-valorativas, pues lo "bueno", lo "malo", etc., resulta indemostrable;
- que sean específicas, comprensibles en la explicación de sus implicaciones, y
- que estén relacionadas con un cuerpo teórico o cuerpo de ideas interrelacionadas alrededor de un objeto de estudio.

Respecto de la cuestión de la valoración, cabe decir que si se decide utilizar términos de discutible demostración, se debe recurrir a lo que se denomina definición operacional, es decir, los alcances que ese término tiene para quien lo enuncia. Por ejemplo, si se considera que un hecho determinado es producto de una "mala" administración, debe quedar muy claro a qué nos referimos con ello. En relación con las precauciones en el uso de las hipótesis, debe tenerse en cuenta:

- Incluir todas las pruebas independientemente de que ellas puedan utilizarse para comprobar o rechazar hipótesis;

- admitir la posibilidad de alternativas o reformulación de la hipótesis de acuerdo con la obtención de mejores datos, y
- no atarse dogmáticamente a la demostración de la hipótesis a cualquier precio. Lo peor que a un investigador le puede suceder es que se "enamore" de su hipótesis de trabajo y sólo se detenga en aquellas cuestiones que ayuden a su confirmación.

En cuanto a su importancia dentro del proyecto, podemos distinguir diferentes tipos de hipótesis:

- *Hipótesis directriz*: es la que guía el trabajo de investigación y guarda una absoluta correspondencia con su objetivo. Se presume con alto grado de certeza, debido a los resultados obtenidos en la investigación preliminar, que alguien (quién) hizo algo (qué: descripción del proceso) de determinada manera (cómo: descripción del *modus operandi*), en un lugar y tiempo determinados.
- *Hipótesis principal*: deriva de la directriz y se formula a los efectos de ampliar o indagar más profundamente algunos de sus aspectos. Se presume con cierto grado de certeza que lo antedicho sería posible porque (explicación de todo el fenómeno) alguien colaboró, existió un motivo para hacerlo, algo se quiso lograr y se dieron situaciones facilitadoras.
- *Hipótesis secundarias*: pueden ser o no derivadas de las principales y dan explicación sobre aspectos no troncales de la investigación, pero que merecen mencionarse para tener una apreciación más ajustada de los hechos y sus relaciones. Generalmente promueven otras investigaciones, por cuanto se hacen cargo de cuestiones no completamente resueltas dentro de las indagaciones que les dan origen. Se presume con algún grado de certeza que existen ramificaciones u otras personas implicadas en el hecho en cuestión (presunción anunciada pero no comprobada).

En cuanto a su posicionamiento dentro de la investigación, podemos distinguir diferentes tipos de hipótesis:

- *Hipótesis ante-facto*: introducen una explicación antes de la observación. Es el caso más común en cuanto orienta y precede al descubrimiento.

- *Hipótesis post-facto*: se deduce de la observación de un fenómeno o de un hecho. Ordena los hechos observados.

Cualidades de las hipótesis

Como quedó enunciado anteriormente, no toda conjetura, suposición o prejuicio (juicio anterior para dar una explicación provisional) de los hechos constituye una hipótesis, o por lo menos una hipótesis bien formulada. Es necesario que posea una serie de cualidades o condiciones:

- *Generalidad y especificidad*: se trata de dos cualidades que deben complementarse en un prudente equilibrio que se denomina "nivel óptimo de generalización". Esto quiere decir que no debe ser formulada en forma muy amplia o general, o muy estrecha y particular. Una exagerada amplitud impide su sometimiento a la verificación empírica y agranda la investigación hacia límites insospechados. Obviamente, formulada de esta manera, queda automáticamente desfasada del objetivo de la investigación que orienta el rumbo de aquello que se quiere indagar. De la misma forma, una explicación demasiado estrecha del problema lo simplificaría o reduciría arbitrariamente.
- *Referencia empírica, comprobabilidad y refutabilidad*: las afirmaciones (o negaciones) deben pasar el examen de la experiencia; esto es, deben tener una referencia empírica. Una hipótesis sin esa referencia constituye un juicio de valor. Desde el punto de vista lógico, no es la verificabilidad lo que da valor a una hipótesis, sino la refutabilidad, es decir, la posibilidad de ser puesta bajo un esfuerzo de refutación y salir sin contradicciones.
- *Referencia a un campo de teoría*: es posible diseñar una investigación y formular una hipótesis sin que ésta se relacione con un marco teórico en forma explícita. Pero esta falta de inserción consciente no ayuda a la construcción de un cuerpo de análisis. Por el contrario, una hipótesis aislada produce generalmente confusión respecto de la orientación de aquello que

se está estudiando.

- *Operacionalidad*: no hay posibilidad de comprobar una hipótesis si no es operacional. Esta condición exige, ante todo, que esté formulada claramente y sin ambigüedades, de modo que a partir de ella se puede efectuar la deducción. La operacionalidad implica la posibilidad de utilizar técnicas adecuadas.

Ejemplo de hipótesis en proceso de investigación

Tema:

Mercado negro de medicamentos en la Ciudad de Buenos Aires.

Problema:

El mercado negro de medicamentos, que en la Argentina mueve alrededor de 700 millones de dólares anuales sobre un meganegocio de 3.600 millones, además de representar un perjuicio económico para el país, lo es para con aquellas personas que consumen remedios cuya elaboración y manipulación escapan a todo control profesional y/o gubernamental. Por ejemplo, el caso de Oscar Lava, quien falleció tras ingerir un medicamento contra el Mal de Parkinson, falsificado.

Objetivo:

Demostrar la existencia en la Ciudad de Buenos Aires, fuera del círculo farmacéutico, de una red de comercialización de medicamentos, entre los que se encontrarían algunos de dudosa procedencia.

Hipótesis directriz:

Comerciantes inescrupulosos, principalmente de polirrubros y pequeños supermercados, estarían vendiendo en forma ilícita medicamentos, incluso algunos de dudosa procedencia, adquiridos a distribuidores mayoristas y/o particulares que también operarían al margen de la ley.

Hipótesis principales:

a) Los comerciantes, aun teniendo conocimiento de la ilegalidad que constituye vender medicamentos fuera de las farmacias, pero amparados en la falta de controles oficiales, estarían dando respuesta a una demanda sostenida de remedios por parte de las personas que no pueden acceder a ellos, debido a los altos costos que representan las unidades salidas de los laboratorios.

b) Distribuidoras mayoristas estarían vendiendo bajo otra denominación en las facturas (rubro golosinas, por ejemplo) medicamentos cuya manipulación escapa a todo control profesional.

c) Particulares estarían comprando en laboratorios clandestinos de países limítrofes y vendiendo en el comercio minorista, medicamentos de gran demanda o de altos costos en el mercado farmacéutico.

Hipótesis secundarias:

a) Vastos sectores de la sociedad que han visto perder significativamente su poder adquisitivo, a partir del actual modelo económico, se han visto obligados a comprar medicamentos en circuitos ilegales, con el riesgo que ello representa para la salud.

b) Si es cierto que adulterando las facturas los distribuidores mayoristas pueden lavar la venta de medicamentos, es probable que también lo hagan con otros productos, incluso de procedencia ilegal.

c) La creciente desocupación en la Argentina ha llevado a que algunas personas hayan invertido indemnizaciones y/o pequeños capitales en la compraventa ilegal de medicamentos de laboratorios clandestinos de países limítrofes, ubicados principalmente en las cercanías de la triple frontera con Brasil y Paraguay.

Concordancia entre objetivo e hipótesis directriz:

Demostrar la existencia (en tal lugar) de una red ilegal de venta de medicamentos, compuesta por comerciantes inescrupulosos que los adquieren fuera del circuito farmacéutico (acotando así la investigación) a distribuidores que también operan al margen de la ley.

Las hipótesis principales intentan explicar, a través de:
– Falta de controles oficiales y profesionales.
– Demanda sostenida por personas que no pueden acceder a los medicamentos debido a su alto costo.

Y agregan datos:
– Ventas bajo otra denominación.
– Compra en laboratorios clandestinos de países limítrofes.

Las hipótesis secundarias pueden mencionar posibles consecuencias directamente vinculadas al problema:
– Riesgo para la salud.

En algunos casos contextualizan:
– Pérdida del poder adquisitivo a partir del actual modelo económico.
– Consecuencias de la desocupación.

Y, en general, abren nuevas investigaciones:
– Laboratorios clandestinos.
– Otras posibles ventas ilegales.

En definitiva, la necesidad de planteos rigurosos desde el punto de vista metodológico nos ayudará a evitar dispersión en la tarea y permitirá la construcción de un esquema mental ordenado y sin fisuras. Este proceso forma parte del ejercicio intelectual que todo periodista debe hacer a la hora de investigar.

Archivo y documentación

Más allá de lo expresado anteriormente respecto de la validez de los documentos que darían inicio a una investigación, aquí plantearemos como siguiente paso la consulta a archivos y registros públicos y privados, con los recaudos necesarios en cuanto a si son propiedad de parte interesada o no. Daniel Santoro, uno de los más prestigiosos periodistas de investigación argentinos, señala con humor en sus seminarios la "capacidad gluteocerebral" que todo buen periodista debe tener. Es cierto, horas revisando archivos para finalmente no encontrar nada no le produce gracia a nadie. Pero si aparece ese documento que prueba y compromete a quien sospechamos ha hecho algo irregular... ¿no justifica tanto esfuerzo?

En otro orden, debe de tenerse muy en claro qué es lo que se está buscando para solicitarlo con precisión. No es lo mismo pedir los balances de una compañía que puntualizar aquellos correspondientes a un determinado período o durante la gestión de tales directivos. Es bastante frecuente entre los estudiantes de periodismo sospechar el ocultamiento de información cuando ésta es denegada por quienes ponen excusas para no entregarla, sencillamente por no tomarse el trabajo de buscarla. De todas maneras, es cierto que existe una cultura del ocultamiento aunque los datos no comprometan a nadie.

Consulta a fuentes especializadas

Muchas veces los periodistas viven pisando el terreno de otras disciplinas en un intento de explicar determinados fenómenos. Así, con alguna frecuencia nos encontramos con seudopsicólogos, seudosociólogos o seudos de cualquier otra profesión. Para salvar este error, se deberá consultar a una fuente profesional calificada. Esto es, no bastará con que tenga un título habilitante o hable como funcionario de un colegio profesional. Se trata de personas que han investigado, analizado, reflexionado sobre determinadas cuestiones y por esta razón están autorizadas para hablar y ser consultadas. Estas fuentes técnicas ayudan a los periodistas a confirmar (o no) si su mirada sobre un asunto es correcta. No obstante, pueden existir distintas miradas sobre un problema de acuerdo con consideraciones ideológicas o incluso políticas, las que deberán hacerse notar en la medida de lo posible.

Por último, el análisis de la fuente especializada mencionada precedentemente podrá resultar en lecturas correctas cuando se trate de ciertos tecnicismos a los cuales no estamos habituados ni capacitados.

Validación del soporte documental

Se hace indispensable, siempre, el contraste visual o testimonial coincidente con los documentos originales. No es suficiente contar con una buena copia. Hoy, con sencillos programas de computación, hasta se puede lograr la elaboración de instrumentos probatorios de la existencia de extraterrestres. Por consiguiente, deben chequearse también los contenidos con las personas implicadas en los mismos: redactores, firmantes, etc. Hemos encontrado documentos "auténticos" en donde coincide el logo institucional con el presunto contenido y la firma del funcionario, pero la fecha de su emisión no coincidía con el período en que esa persona se hallaba en el cargo.

Análisis y comprobación de datos

Ésta es una de las etapas más críticas del proceso indagatorio. Aquí debemos preguntarnos: ¿se va confirmando lo enunciado en la hipótesis? ¿Hay que reformularla? ¿Hay que abandonar la investigación porque no se puede verificar *nada* de lo preanunciado? ¿Hay que reorientar en forma total o parcial la investigación de acuerdo con la información obtenida? Por su parte, la comprobación de datos puede hacerse de dos formas:

- *Documental*: las pruebas obtenidas, ¿son originales o fotocopias? ¿Cómo o de quién se obtuvieron?
- *Testimonial*: a través de fuentes con un aceptable grado de coincidencia respecto de lo enunciado en la hipótesis directriz (cómo cada uno tuvo conocimiento de los hechos). Las contradicciones también pueden ser motivo para analizar las razones por las cuales se producen y de qué manera juegan en la apreciación del fenómeno estudiado.

En todos los casos no debe existir ninguna duda acerca de la autenticidad y veracidad de las pruebas recogidas.

Entrevista con los principales implicados

¿Quién se perjudica y quién se beneficia con los resultados de esta investigación? Resolver este interrogante es de vital importancia. Por supuesto que el mayor perjudicado será el principal implicado y quienes lo hayan secundado por acción u omisión, con el costo que eso puede significar para las instituciones en que las irregularidades se hayan llevado a cabo. Pero muchas veces habrá también que tener en cuenta a quienes podrían salir favorecidos, además del cuerpo social, directa o indirectamente afectado. Asimismo, deberá asumirse el "efecto arrastre" una vez que se ha publicado el trabajo. Es decir, las consecuencias negativas que podrían sufrir quienes, sin estar vinculados al asunto indagado, pudieran ser víctimas de sus consecuencias.

Se llega a la instancia de las entrevistas una vez que se cuenta con todos los elementos y con todas las pruebas que documentan la participación de los autores principales y secundarios. Es importante en la entrevista dosificar la información que se ha obtenido, por cuanto lo que el periodista desconoce es la reacción que cada entrevistado tendrá frente a sus planteos y/o preguntas. Podrán negar acusaciones, aceptar y/o acceder a colaborar aportando más información, corregir, etc., con reacciones más serenas o más violentas.

Evaluación final de la investigación

En esta instancia, deberá revisarse si efectivamente se ha cumplido total o parcialmente con el objetivo de la investigación y si todos los datos han sido lo suficientemente contrastados y comprobados. Hacer esto no es sólo parte de una elemental conducta ética, sino una salvaguardia ante cualquier intento de acción legal contra el periodista investigador y su medio.

Producción del artículo investigativo

Vemos con bastante frecuencia en estudiantes de periodismo y periodistas novicios (y no tanto) la dificultad que se les presenta a la hora de elaborar el informe de una investigación. Es curioso observar que de indagaciones impecables en cuanto a su rigor y metodología, resulten trabajos impublicables. La falta de práctica puede ser una valedera razón, pero difícilmente se pueda decir algo claro cuando no se tiene un pensamiento claro, cuando no se ha hecho una valoración de lo trascendente en relación con lo relativamente importante. En tal sentido, hay una recomendación bastante simple: intentar hacer la descripción como si uno estuviera contando un hecho novedoso a un amigo, dando inmediata respuesta al interrogante "¿sabés de qué me enteré?". Es altamente probable que el resultado obtenido sea el inicio de la nota con el formato de pirámide invertida. Fabián Debesa, periodista de *Clarín*, comenta su propio método: "Al iniciar un trabajo de investigación, ya me estoy imaginando el título".

Finalmente, y en cuanto a la edición, podemos diferenciar entre una entrega única y otra seriada, de acuerdo con el material con que se cuente o a la renta extrainformativa que podría generar la dosificación de las presentaciones. A medida que el trabajo se vaya conociendo, pueden aparecer nuevas fuentes que, en el afán de no verse involucradas, amplíen la información o denuncien a otros que quizá no se tuvieron en cuenta o que servirán para ratificar lo que ya conocemos. Una última, breve pero importantísima recomendación: publicar los documentos probatorios. La fuerza de esas imágenes hará aún más creíble la exposición de lo acontecido.

Capítulo 3

Desafíos del Periodismo de Investigación en la Argentina

Por Jorge Urien Berri *

En todo el mundo el Periodismo de Investigación vive hoy uno de sus momentos más difíciles. Y sin embargo, nunca como ahora ha sido tan necesario en la Argentina.

El nuestro es un país de ficciones. Ficción ha sido buena parte de la historia que nos enseñaron y, peor aún, ficción es buena parte del presente que nos vienen entregando en las últimas décadas los gobiernos y la oposición, muchos fallos judiciales y, mal que nos pese, mucha información provista por los medios de difusión. A la ficción y al dibujo de la realidad contribuyen en la misma medida los silencios de la Justicia cuando no produce sentencias en casos importantes, y los silencios de varios medios de prensa en torno de problemas cruciales.

Si en todo crimen y delito subyace la necesidad de mantener o instaurar una mentira, las trampas judiciales y la complicidad de cierto periodismo elevan al cubo la mentira al oficializarla y matar la verdad. Corresponde a la historia desmontar el pasado mentiroso y explicar qué pretendía ocultar. Aplicada al presente, la tarea del Periodismo de Investigación es similar. Tiene la ventaja de que los protagonistas aún están entre nosotros y podemos interrogarlos y confrontar sus respuestas. Pero tiene la enorme desventaja de que los temas de investigación aún siguen desarrollándose. Están vivos y discurren, se modifican y sus actores procuran despistarnos. A muchos colegas, esta desventaja –la sensación de estar esculpiendo gelatina– nos resulta un acicate.

En uno y otro caso el trabajo con las fuentes también guarda similitudes y diferencias. Las del historiador son los documentos. También las del periodista, pero éste cuenta además con protagonistas y

* Periodista de *La Nación* y profesor de la Maestría en Periodismo de Investigación de la USAL.

testigos que a veces, por el hecho de brindar información, corren riesgos personales, laborales y judiciales, y en ocasiones ponen en peligro sus vidas. A diferencia del historiador, el periodista también corre riesgos, generalmente de demandas judiciales que debe dirimir la misma Justicia objeto de los cuestionamientos de la investigación periodística y que, de este modo, se erige en juez y parte.

Aunque existen casos en que la relación entre la Justicia y el Periodismo de Investigación resulta armónica y mutuamente provechosa, por lo general es un campo de conflicto. Una Justicia desprestigiada por su obsecuencia con los poderes políticos y económicos es la que investiga los mismos casos que el periodismo. Por eso no es casual que empecemos investigando el hecho y a poco de andar terminemos investigando la investigación judicial. No por placer, sino por necesidad y porque el desvío, el despiste o el encubrimiento judicial hace al hecho y a los poderes que se han puesto en marcha para mantenerlo impune. Aquello que la Justicia oculta o posterga suele brindarnos valiosos ángulos de abordaje.

Esta situación se agrava cuando importantes medios periodísticos adhieren a la historia oficial del caso en cuestión y callan los puntos de vista que se apartan de ella. Tenemos un ejemplo doloroso en las coberturas que los principales medios han hecho de la voladura de la AMIA y de su investigación judicial. En los diez años que transcurrieron desde el atentado, y a pesar de todas las falencias de la labor del juez federal a cargo —luego denunciado penalmente y apartado del expediente—, su versión fue la que predominó en la mayoría de los grandes medios.

De todos modos, hay que destacar que, al mismo tiempo, el Periodismo de Investigación era el que iba brindando de a poco, en notas periodísticas y en varios libros, los elementos que no sólo no encajaban en la historia oficial, sino que chocaban con ella o la refutaban. De no haber sido por esos trabajos, hoy la historia oficial del atentado se mantendría incólume. Incluso hubo dos periodistas judíos que debieron afrontar juicios iniciados por la DAIA debido a sus artículos, aunque la Justicia luego los sobreseyó.

Esto no significa que el investigador periodístico busque hacer justicia o reemplazar a la Justicia. El periodista informa, revela, descubre, profundiza, relaciona a partir de datos nuevos hechos conocidos que parecían independientes entre sí. La Justicia puede recoger estos nuevos aportes, o ignorarlos. Que la contundencia de las pruebas documentales y testimoniales que fundamentan una investigación periodística tenga la fuerza de una sentencia judicial no significa que lo sea, aunque así lo vivan quienes resultan comprometidos por las pruebas. En más de un caso los tribunales ignoraron esas pruebas para sobreseer, y luego, los involucrados querellaron a los periodistas con el sobreseimiento en la mano. Por eso es preciso tener en claro que estos dos caminos se cruzan pero no siempre corren paralelos, y que nuestro objetivo es informar a los lectores.

¿Debe sentirse frustrado el periodista ante esta especial y selectiva ceguera judicial? No. No en la Argentina. Y aunque no pueda evitar la sensación de frustración, su labor está cumplida si ha corrido un velo, si ha derrumbado una mentira o, por lo menos, le ha quebrado una pata. Su trabajo se refiere al presente y al pasado cercano, pero apunta al futuro. Durante ocho años la Justicia sostuvo, en contra de todas las pruebas e indicios que albergaba el expediente, que fue un simple accidente la explosión que en noviembre de 1995 voló parte de Río Tercero en un hecho que estaría vinculado con el contrabando de armas del Ejército a Croacia y Ecuador. Con esos elementos del sumario, y otros que brindaron los protagonistas y testigos, algunos medios investigaron con seriedad y en soledad la hipótesis del atentado que finalmente un peritaje oficial confirmó en 2003.

Problemas, dilemas y desafíos

Los problemas y dilemas son siempre desafíos. Y son numerosos los desafíos que hoy enfrenta el Periodismo de Investigación en la Argentina. En el periodismo argentino existe la misma corrupción e incompetencia que en el Congreso, en la Justicia, en la Policía y en las empresas privadas. También la misma honestidad y competencia. La sociedad es una, y el llamado cuarto poder está hecho de la misma sustancia humana que los otros tres.

Que no se hayan destapado grandes casos de corrupción periodística no significa que esto no pueda ocurrir en el futuro. La autocrítica periodística debe ser sincera y traducirse en hechos. Hace muy poco, *The New York Times* autocriticó su cobertura favorable a la invasión a Irak. Un redactor puede equivocarse, y también su editor, pero cuando las notas de varios redactores supervisadas por varios editores se publican en la tapa del diario, como ocurrió con las que apoyaban la invasión con información parcial o falsa, es difícil hablar de meros errores. En este sentido, la autocrítica parece parcial e hipócrita. Sin embargo, hay que reconocer que junto con esas notas, el mismo diario publicaba a columnistas que desenmascaraban las trampas del discurso oficial del gobierno de Bush Junior.

El peor enemigo del periodista no es la censura sino la autocensura. "No lo escribo porque no me lo publicarán", suele oírse con frecuencia. Y con frecuencia es sólo un pretexto para no afrontar riesgos. Resulta más fácil culpar al medio en el que uno trabaja que admitir la propia cobardía. Entre las acciones y actitudes profesionales que reclama el Periodismo de Investigación en la Argentina actual se destacan las siguientes:

- Privilegiar siempre la seguridad de la fuente, aun a costa de sacrificar la publicación de la información. Esto significa, primero, advertirle a la fuente los posibles riesgos que puede correr. Y segundo, no traicionar el *off the record* si éste fue acordado con la fuente. En la Argentina hay casos, como el del contrabando de armas, que cuentan con cerca de una decena de protagonistas y testigos que han sufrido muertes de causa sospechosa.
- Respetar la voluntad de la fuente. Si el juez cita al periodista a revelar su fuente, y ésta no está de acuerdo, el periodista debe respetar su decisión, por más que nuestra legislación sea ambigua sobre las garantías de la reserva de la fuente. El único capital de un periodista es su credibilidad, y ésta se demuestra tanto en sus trabajos como en la confianza que depositan en él las fuentes, confianza que nunca debe traicionarse.
- No "casarse" con las fuentes y chequear sus datos. En el caso AMIA a muchos colegas les resultaba más cómodo visitar el despacho del juez y bajar su verdad revelada que salir a la calle a buscar, por ejemplo, a los numerosos testigos que el juez nunca llamó a declarar.
- No subestimar al lector. Un defecto del periodista consiste en creerse más astuto que su público. Suele ser al revés. Por desgracia, muchos medios privilegian hoy los recursos gráficos como la diagramación y las fotos grandes en detrimento del texto con la idea de que así pueden competir con la televisión. No hay tal competencia. Los medios escritos brindan –o deberían

brindar– aquello que la televisión no puede o no quiere: profundidad, análisis y seguimiento de los temas.

- Considerar el seguimiento del caso investigado. La publicación de una primera nota de investigación suele abrirnos nuevas fuentes, pero ocurre con frecuencia que al mismo tiempo nos cierra fuentes anteriores. Habrá que tener esto en cuenta para elegir el momento de la publicación inicial, y qué elementos reservaremos para ulteriores notas.
- No aburrir al lector. Si el espacio lo permite, conviene narrar y poner en acción todo el material que se preste a este recurso literario, sin sacrificar rigor y veracidad.
- No forzar el fin de la investigación. Pocas veces se puede cerrar un caso con la perfección de un teorema matemático. La honestidad debe privar. Hay investigaciones con final abierto, que pueden cerrarse más adelante. Si existen puntos débiles en el material que recogimos, debemos consignarlos.

Por último, una pregunta frecuente: ¿por qué investigar, si en la Argentina un escándalo sucede a otro, lo reemplaza y lo sepulta? Porque, repetimos, nuestra función es informar y profundizar, como la del médico es curar pese a que las enfermedades persistan. Nos interesa qué hay detrás de lo aparente. Y a la sociedad también le interesa conocer el rostro detrás de la máscara, aunque al principio le repela descubrir que es el suyo.

Capítulo 4

Funciones y disfunciones del Periodismo de Investigación

*Por Ana Clara Parodi**

El Periodismo de Investigación encuentra antecedentes claros en el "periodismo militante" de los Estados Unidos, vertiente ésta ligada a movimientos laboristas y a escritores e intelectuales de izquierda radicados en ese país. Considerada desde hace varias décadas una disciplina autónoma por buena parte de las universidades estadounidenses dedicadas a la enseñanza del periodismo, la especialidad investigativa ha ganado presencia en los diarios y revistas latinoamericanos en los últimos veinte años. Aunque sin constituir todavía una práctica constante y generalizada, existen en América latina numerosos medios que desde hace tiempo mantienen equipos "especiales" de periodistas para ese fin.

Mientras en los Estados Unidos esta disciplina está sólidamente acreditada y reúne a cientos de periodistas en asociaciones profesionales, tales como *Investigative Reporters and Editors (IRE)*, el Periodismo de Investigación surge en la Argentina a partir de la profunda crisis que atraviesa el país en los últimos años. La necesidad del público en general de "ver" a los políticos corruptos juzgados y encarcelados los lleva a reclamar constantemente transparencia a sus gobernantes. Para ello, los ciudadanos de una nación democrática cuentan con derechos y prerrogativas por el sólo hecho de ser parte de ella. La libertad de expresión y el derecho a la información les permiten exigir el conocimiento de los hechos tal cual suceden.

Actualmente, el medio a través del cual la gente siente que puede expresar sus preocupaciones y frustraciones es la televisión. El público apunta contra los personajes más emblemáticos de la política y exige a través de la pantalla lo que considera "justicia". La televisión, por su parte, está dispuesta a proveérsela. De ahí el surgimiento y el éxito de audiencia de tantos programas de investigación periodística en el medio audiovisual local.

* Licenciada en Periodismo de la USAL.

Pero antes de analizar sus efectos, es menester comprender con claridad qué es el Periodismo de Investigación. Para ello, resulta útil recordar la definición propuesta por la experta Petra Secanella: "...entiendo por investigación periodística sistemática o profunda aquélla que es realizada por el periodista y no por la justicia, la policía o particulares interesados...".[16] En la misma línea, Secanella sostiene que es propio de una genuina investigación periodística que:

- la información recabada sea al resultado del trabajo del periodista, no que ésta sea elaborada por otros profesionales;
- el objeto de investigación sea razonablemente importante para un gran sector de la población;
- que los investigados intenten esconder estos datos al público.

Por otra parte, el periodista peruano Gustavo Gorriti afirma que "...el Periodismo de Investigación es simplemente periodismo que ha tenido (a veces) más tiempo para aplicar técnicas específicas de averiguación respecto a temas o realidades que se resisten a ser revelados. Sus principios son los de toda disciplina de investigación, desde la epidemiología a la paleontología. Pero sus reglas son las del periodismo en general. Sólo se distingue en la práctica de otras formas de periodismo por la aplicación más frecuente y relativamente especializada de las mencionadas técnicas de investigación...".[17]

En definitiva, podemos afirmar que todo periodismo supone investigación. El periodista que no investiga no es periodista. El periodista le debe a su público el relato de la verdad de los hechos tal cual fueron y no tal cual dicen que fueron. Todo periodista debe ir más allá de la versión para aproximarse lo más posible a la realidad. No es fácil hacerlo, pero el solo contraste primario de versiones, por rápido que sea, ya es un primer y a veces decisivo paso de una investigación. El periodista que no lo hace, que no duda de lo que le dicen, termina sirviendo, muchas veces sin darse cuenta, a los funcionarios o a sus relacionistas públicos que le presentan sus versiones como noticias.

La habitual tarea de "perro guardián" que el sistema democrático le asigna a la prensa se ve potenciada cuando hablamos de Periodismo

---

[16] Secanella, Petra, *Periodismo de Investigación*, Madrid, Tecnos, 1996, p. 28.
[17] Gorriti, Gustavo, "Verdades tácticas y estratégicas", en www.saladeprensa.org.

de Investigación. Consideramos que ninguna otra forma de periodismo cumple esta misión con más idoneidad. De ahí que el Periodismo de Investigación asuma el rol más delicado y difícil en su misión de defensa de la transparencia democrática, ya que debe sacar a la luz casos que a menudo se encuentran ocultos e invisibles por su propia naturaleza. En tal sentido, el escritor José Luis Martínez Albertos asegura que "...el papel del '*watch-dog*' se materializa justamente mediante la elaboración de los reportajes de investigación...".[18]

Funciones del Periodismo de Investigación

Aclarado el alcance del concepto y sus raíces, corresponde abordar las funciones que cumple el Periodismo de Investigación en las sociedades democráticas, así como el impacto que los medios masivos (en particular la televisión) producen en el sistema de administración de justicia. Desde una óptica "funcionalista", podemos decir que los medios de comunicación cumplen cinco funciones sociopolíticas centrales:

- Son vigías de la gestión del gobierno.
- Son canales de transmisión de la voluntad de los ciudadanos a los gobernantes.
- Son escudos de los derechos individuales contra los excesos de los funcionarios.
- Son creadores de condiciones para la discusión de los conflictos sociales y políticos.
- Son instrumentos de investigación e información.

Como vigías del funcionamiento del gobierno, los medios de comunicación cumplen con la tarea de controlarlo en nombre de los ciudadanos. El periodista aparece como el perro guardián que vigila cómo los gobernantes cumplen con el mandato que les fue conferido, que mantiene una mirada sobre las instituciones poderosas para prevenir abusos y que examina la rectitud del proceder de los funcionarios.

[18] Martínez Albertos, José Luis, *La noticia y los comunicadores sociales*, Madrid, Pirámide, 1978, p. 24.

Como canales de transmisión de la voluntad de los gobernados a sus gobernantes, los medios se convierten en verdaderos conductos por los cuales los ciudadanos pueden hacer escuchar sus reclamos y pedidos a las autoridades. En este sentido, los medios de comunicación son un espejo en el que los gobernantes pueden ver las preocupaciones y anhelos de los gobernados.

Como escudos de los derechos individuales contra los excesos de los funcionarios, los medios protegen a los ciudadanos al momento de denunciar cualquier abuso que los gobernantes hayan llevado o pretendan llevar adelante. En el marco de la crisis social, económica y política por la que atraviesa el país, estas denuncias se realizan cada vez más en la televisión, la que se transforma así en una máquina de vomitar denuncias, "escrachar" personalidades y destruir prestigios.

Como creadores de condiciones para la discusión de los conflictos sociales y políticos, los medios prestan su plataforma discursiva para la contraposición de posturas contradictorias sobre los distintos temas de la agenda pública. Es suficiente mirar cualquier programa de opinión de la tevé argentina para verificar que la discusión de los problemas sociales se ha trasladado a los medios masivos.

Como instrumentos de investigación e información, los medios brindan datos de interés público. Todo lo que sucede en el marco colectivo resulta interesante y puede convertirse en noticia, en especial si involucra a gente importante o influyente. Y todo lo que atañe al gobierno y sus actores se transforma en noticia.

En general, la posibilidad real de cumplir con estas funciones depende de la autonomía que tengan estos medios con respecto al Estado. Si las noticias son controladas por las autoridades gubernamentales, resulta imposible para los periodistas evaluar correctamente los hechos políticos. Por el contrario, si los medios están estructuralmente libres de frenos económicos, políticos, sociales y culturales, los hombres de prensa ejercen su rol en plenitud.

En las sociedades contemporáneas, el Periodismo de Investigación agrega información. Si los medios de comunicación de masas construyen la realidad social e inciden en lo que la opinión pública conoce, la investigación periodística colabora en esa tarea aportando nuevos temas para la agenda y ampliando el espectro de los acontecimientos noticiosos. La publicación de una investigación es un acontecimiento en sí misma y normalmente introduce, agrega o revive un tema de la agenda. De esta manera, no hace más que enriquecer el debate público, agregándole temas, aristas y argumentos. El debate público se potencia a través de la presentación de todas las partes, de todos los puntos de vista, de todas las caras de la moneda.

No obstante, en sociedades tan complejas como las actuales, esa cantidad de mensajes a veces aumenta la confusión del público y puede dar lugar a un deterioro en la calidad de la comunicación. Al respecto, el periodista uruguayo Darío Klein afirma que "...la simple presentación de versiones antagónicas de los hechos ya dejó de ser efectiva. Hoy, cada vez más, el poder político, social, privado y/o cultural tiende a inmunizarse contra la falsedad y la crítica. De ahí que los medios de comunicación independientes tengan la función de contestar las versiones promulgadas por el poder con la versión, contrastada y verificada, más cercana a la verdad...".[19] Coincidentemente, el autor Pepe Rodríguez sostiene que "...las sociedades modernas y los tiempos actuales exigen que la libertad de información y la crítica pública del poder no se construyan solamente a partir de simples opiniones de los más atrevidos. Es necesario que tales opiniones vayan respaldadas por la solidez de los hechos y, para ello, el trabajo de investigación es tarea ineludible...".[20]

En consecuencia, cada vez más especialistas consideran que sólo el Periodismo de Investigación logra efectivamente iluminar las zonas oscuras de la sociedad, conquistar el conocimiento a propósito de algo y reducir la incertidumbre. Así, además de controlar a las instituciones y enriquecer el debate público, la investigación periodística cuida a la propia democracia, denunciando a aquellos que subvierten las reglas del juego republicano. El tamaño de las sociedades modernas hace que éstas se conviertan en entramados cada vez más complejos que generan instituciones y gobiernos cada vez más inabarcables. Ante esta situación, el Periodismo de Investigación cumple la función de ayudar a los ciudadanos a participar en las decisiones que afectan sus vidas, llevándoles de la manera más clara posible una síntesis de la realidad que los rodea.

¿Cuál es, entonces, la relación existente entre Periodismo de Investigación y democracia? Es innegable que, si bien la democracia

---

[19] Klein, Darío, "El papel del periodismo de investigación en la sociedad democrática", en www.saladeprensa.org.

[20] Rodríguez, Pepe, ob. cit., p. 11.

necesita del Periodismo de Investigación, éste a su vez necesita de la democracia. La investigación que realizan los hombres de prensa colabora con la democratización de la sociedad pero, al mismo tiempo, requiere que esa sociedad sea pluralista y tolerante para permitir su existencia. Y si bien es cierto que el periodista sólo puede completar su actividad en una democracia, aun en este sistema enfrenta a menudo importantes trabas y limitaciones. Según el citado Darío Klein, para que el Periodismo de Investigación sea realmente posible en un país democrático, es necesario que las empresas periodísticas:

- estén dispuestas y en condiciones de apoyar empresarialmente esta actividad;
- destinen los recursos y el tiempo necesarios a los reporteros;
- gocen de la suficiente independencia política y económica para permitir una práctica periodística sin condicionamientos;
- tengan garantizados el libre acceso a registros públicos, la libertad de expresión y el secreto profesional.

Cuantos más elementos de los recién enumerados estén presentes, más garantías y facilidades tendrá la práctica de investigación en los medios de comunicación y más cerca del grado de democratización ideal se encontrará el sistema. Cierto es que uno de los principales obstáculos para que existan las condiciones ideales para el desarrollo del Periodismo de Investigación, y por lo tanto de la democracia, es el factor económico. De allí que debamos tener en cuenta que la inmensa mayoría de los periódicos del mundo carece de una independencia económica real que les permita librarse de todas las ataduras y compromisos.

Esta circunstancia implica que determinados grupos económicos o determinadas áreas de la sociedad (incluidas las empresas públicas que distribuyen publicidad oficial) pueden quedar fuera de la mirada inquisitiva de la investigación periodística. En estos casos, el medio reconoce que no puede prescindir de la publicidad de determinadas empresas y, ante el riesgo de perderla, no es capaz de llevar a cabo un proyecto que lo enfrente a esa fuente de ingresos. Refiriéndose al caso español, el experto Pepe Rodríguez argumenta que "...pasados los fogosos momentos de la transición de los años setenta, ninguna empresa coherente osa publicar investigaciones sobre los grupos financieros de los que depende o de las empresas que se anuncian en sus medios...".[21] Suele ocurrir también que, sin considerar los beneficios económicos que puede producir el Periodismo de Investigación, el medio simplemente no esté dispuesto a invertir los recursos necesarios para desarrollarlo. Sobre todo, que no esté dispuesto a apoyar el trabajo sin presiones y cierres diarios, a mediano o largo plazo, que requiere por definición esta disciplina.

En efecto, la vinculación entre Periodismo de Investigación y democracia es tan simbiótica y vital que el referido autor Darío Klein ha identificado cinco estadios en la evolución de una sociedad, de acuerdo con su grado de democratización y según la calidad del periodismo que en ella se practica, a saber:

- *Primera etapa*: está garantizada la libertad de prensa más elemental o básica, aquella que permite publicar y emitir noticias sin censura previa de ninguna autoridad estatal. No obstante, los medios y los periodistas están sometidos a todo tipo de presiones físicas, políticas y/o económicas, lo que impide la existencia de investigación periodística.
- *Segunda etapa*: los medios pueden comenzar a investigar, especialmente en casos de corrupción, aunque con ciertas limitaciones, como la de no investigar directamente al gobierno o a determinados grupos económicos o sociales poderosos. A pesar de la vigencia de cierta protección judicial del secreto profesional y una limitada independencia económica y política, el periodista se encuentra sometido a mecanismos gubernamentales de control implícito, no regulado, tales como la intimidación, la presión impositiva o la distribución de la publicidad oficial.
- *Tercera etapa*: la prensa logra autonomía financiera y política respecto del gobierno y es capaz de investigarlo libremente. Los tres poderes del Estado ofrecen la libertad suficiente para ser sometidos al escrutinio de la prensa pero aún subsisten determinados grupos o sectores que, por su poder, fundamentalmente económico, logran escapar a la lupa periodística.
- *Cuarta etapa*: el periodismo es capaz de llevar a cabo investigaciones que van más allá de lo político y que involucran a to-

---

[21] Rodríguez, Pepe, ob. cit., p. 37.

dos los estratos y sectores sociales, incluyendo a los propios medios de comunicación. El alto grado de independencia financiera, económica y política que alcanza la prensa le permite no estar condicionada por ningún sector social y/o económico.

- *Quinta etapa*: todos los estadios anteriores están garantizados y, además, la sociedad y la burocracia pública alcanzan niveles óptimos de transparencia, permitiendo el acceso público a la mayor cantidad de documentación e información oficial.

Obviamente, son muy pocos los países que en la práctica han logrado este estadio ideal de democracia y libertad de prensa. Ni siquiera la cuna del Periodismo de Investigación, Estados Unidos, es siempre un ejemplo de ello. En efecto, las funciones teóricas descriptas hasta aquí están acompañadas por lo general por una serie de disfunciones cuyas causas profundas residen en la propia naturaleza de los medios masivos de comunicación, o en su relación con el poder, el consumo y la lógica del espectáculo.

Disfunciones del Periodismo de Investigación

Teniendo en cuenta que las instituciones estatales y los medios masivos de comunicación han crecido en complejidad e influencia, resulta necesario reconsiderar la relación existente entre ellos. Ambos tienen una base de poder independiente que les otorgan los ciudadanos. Su interacción ocurre fundamentalmente en el sistema de comunicación política, espacio discursivo en el que ambos están implicados en la elaboración de mensajes. Aunque se necesitan mutuamente para cumplir sus funciones con eficacia, ambos tienen metas y misiones diferentes, cuando no conflictivas.

Para retener el apoyo de los ciudadanos, el gobierno busca influir sobre la información que llega al público. Robert Mc Closkey, quien fue *ombudsman* del prestigioso periódico *Washington Post*, asegura que "...colectivamente, el gobierno está intimidado por la prensa. Su más baja inclinación es desear que ella se marche y no interrumpa a los 'genios' en su trabajo. Por su parte, los periodistas suelen ver el mundo de un modo distinto de como lo hacen los políticos y quieren describir lo que observan sin interferencias. En general, el periodista desea más de lo que el funcionario está dispuesto a entregarle...".

Una de las disfunciones más graves que se observan en el papel que asume el Periodismo de Investigación, en particular en su versión televisiva, es su tendencia a asumir funciones que no le son propias. El académico Denis McQuail observa que "...los medios compiten con otras instituciones y ofrecen modos de alcanzar objetivos institucionales continuados. Otras instituciones resultan presionadas a adaptarse o responder de alguna manera, o a hacer su propio uso de los medios masivos. Al hacerlo, es factible que sufran alteraciones...".[22] Así aparece un fenómeno llamativo de nuestro tiempo: la asunción de funciones de una institución por parte de otra. El destacado sociólogo Bruce Cohen explica que "...esta transferencia puede ocurrir cuando una institución no logra satisfacer una necesidad o bien cuando una o más instituciones son capaces de satisfacer la misma necesidad pero una de ellas demuestra que puede hacerlo a un nivel superior...".[23]

Resulta evidente que, en la actualidad, un número creciente de ciudadanos recurre a los medios de comunicación social para encontrar soluciones a problemas que las instituciones estatales no logran resolver. Cuando los políticos, los funcionarios, los legisladores y los jueces ejercen mal sus funciones, o cuando sus falencias toman estado público, la gente comienza a desconfiar de ellos y afloran espacios institucionales vacíos. Esos espacios que van quedando desocupados por las debilidades de quienes conforman las instituciones gubernamentales, son ocupados por otros actores sociales, entre ellos la prensa.

De este modo, el espacio público es ocupado por los medios y los periodistas ingresan en terrenos ajenos. Un ejemplo claro de ello se da en la presente vinculación entre Justicia y medios de comunicación. En nuestros días, son los periodistas los que encaran investigaciones que la misma Justicia no es capaz de llevar adelante. Así aparecen frente a la sociedad cumpliendo un rol para el que no están preparados. Daniel Tognetti, conductor de *Puntodoc*, sostiene que "...estamos viviendo en un país que es materia de estudio en el

---

[22] McQuail, Denis, "Influencia y efectos de los medios masivos", en Curran, James, Michael Gurevitch y Janet Woollacof, *Sociedad y comunicación de masas*, México, Fondo de Cultura Económico, 1987, p. 95.
[23] Cohen, Bruce, *Introducción a la sociología*, Bogotá, McGraw Hill, 1980, p. 76.

mundo. Ello justifica este torneo de denuncias, en el que una vez por hora alguien está denunciando algo supergrave, cosa que en un país normal haría caer a un gobierno...".[24] De acuerdo con el periodista Santiago Pita Romero, este hecho "...coloca al periodista en una situación riesgosa, que exige una muy especial cautela para no salirse de la tarea propia del comunicador y caer en la omnipotencia que lo lleva a ocupar ante el público el rol de juez, investigador, consejero espiritual, etc...".[25]

En la televisión argentina actual es muy común ver cómo una investigación periodística acusa, juzga y "sentencia" al presunto culpable de un hecho ilícito. Claramente, la función del juez de impartir justicia queda a cargo del periodista que se ubica frente a la cámara. La pregunta que surge entonces es por qué los periodistas ingresan en un terreno que no les es propio y asumen tareas que tampoco les competen. La respuesta más frecuente es que la gente no se conforma con que la prensa le informe sobre lo que sucede, le exige más, le "exige justicia". La ciudadanía insiste en pedir que la prensa establezca una suerte de "fuerza mística autónoma para cubrir las carencias de las instituciones públicas y privadas".[26] Cada vez más, los ciudadanos confían en los medios informativos antes que en las instituciones estatales. Los periodistas parecen ser para la gente mucho más conocidos (y confiables) que sus vecinos y aún que sus parientes. De hecho, merced al eficiente simulacro de la pequeña pantalla, pasan a formar parte de su "intimidad". En tal sentido, Pita Romero afirma que "...no es extraño, entonces, que veamos al conductor de un noticiero o de un programa de opinión no limitarse a mostrar e interpretar los hechos sino emitir juicios de valor, no sólo juzgar sino, en ocasiones, juzgar a los propios jueces...".[27]

---

[24] Revista *Noticias*, 16 de marzo de 2002.
[25] Pita Romero, Santiago, "Nuevas cuestiones éticas", en Casaretto, Jorge y otros, *La Iglesia y la comunicación ante el tercer milenio: Primer Congreso de Comunicadores Católicos*, Buenos Aires, Paulinas, 1997, p. 161.
[26] Zegers Ariztía, Cristián, *El diario como institución*, Santiago de Chile, De Universitaria, 1988, p. 7.
[27] Pita Roméro, Sandiago, ob. cit., p. 161.

La televisión y los riesgos de una "justicia mediática"

Hoy la televisión ocupa la parte más importante del ocio o entretenimiento social. Con su inigualable capacidad de difusión, ha propiciado la ruptura de toda barrera espacio-temporal en la comunicación y ha extendido el radio de conocimiento y comprensión de la realidad. En palabras del español Jaime Barroso García: "...la televisión se presenta como el principal instrumento audiovisual y como el medio más idóneo para la comunicación icónica contemporánea...".[28]

De esta manera, la televisión se ha apoderado del lugar dominante entre los medios porque satisface como ningún otro el objetivo prioritario del telespectador, que no es el de comprender la importancia de un acontecimiento sino verlo con sus propios ojos. Y ella ha cambiado el concepto mismo de la *actualidad de la información*. En efecto, es ella la que construye la actualidad, provocando el *shock* emocional y condenando prácticamente a la indiferencia a los hechos que carecen de imágenes. En el nuevo orden de los medios, las palabras, los textos, no valen lo que las imágenes. Al respecto, el investigador Pierre Bourdieu sostiene que "...la TV incita a la dramatización, en un doble sentido: escenifica en imágenes un acontecimiento y exagera su importancia, su gravedad, así como su carácter dramático y trágico...".[29]

Asimismo, los periodistas llevan a cabo una selección preestablecida y luego elaboran lo que han seleccionado. En general, el principio de selección consiste en la búsqueda de lo sensacional, de lo espectacular. En palabras de Ignacio Ramonet, director de *Le Monde Diplomatique*: "...hay un efecto que produce la televisión: la *hiperemoción*. Es un mecanismo que vuelve verdadero aquello que provocó la emoción del telespectador; cuando el telespectador sólo puede tener certeza de la emoción que a él le provocaron unas imágenes acerca de las que no tiene medio de saber si son reales o falsas. Además, como mis lágrimas son verdaderas, yo creo que lo que he visto

---

[28] Barroso García, Jaime, *Introducción a la realización televisiva*, Madrid, Instituto Oficial de Radio y Televisión, 1989, p. 13.
[29] Bourdieu, Pierre, *Sobre la televisión*, Barcelona, Anagrama, 1997, p. 25.

es verdadero. Se crea así una confusión entre emoción y verdad contra la que es muy difícil precaverse...".[30]

Otro factor a tener en cuenta es que la televisión ha modificado el *tiempo de la información*. La optimización de los medios es ahora la instantaneidad (el tiempo real), el directo. Esto hace envejecer a la prensa diaria, forzosamente retrasada respecto de los acontecimientos y demasiado cerca, a la vez, de los hechos, para poder sacar con suficiente distancia todas las enseñanzas de lo que acaba de producirse.

Respecto del lenguaje televisivo, cabe señalar que la televisión es un medio de comunicación que trabaja con lenguajes múltiples y que moviliza, en sus bien diversos mensajes, multitud de códigos preexistentes. Esta heterogeneidad códica es una característica de todo discurso audiovisual y, por ello, es necesario renunciar a todo esfuerzo tendiente a identificar códigos y signos específicos del sistema semiótico televisivo. Por lo tanto, sólo tiene sentido hablar de la especificidad del lenguaje televisivo en términos ya no de especificidad códica o sígnica sino, tan sólo, de determinada combinación específica de códigos, heterogéneos e inespecíficos.

En cuanto a los contenidos de la televisión, pueden identificarse dos razones claras para que se haya multiplicado el número de programas periodísticos. Por un lado, la cantidad abrumadora de acontecimientos políticos y sociales que conmueven al país y producen cambios drásticos y cotidianos, promoviendo una avidez por las noticias que no existía hace tan sólo un par de años. Por otra parte, los programas periodísticos son relativamente baratos. Con dos capítulos de una tira de ficción se cubren los costos de un mes de programa periodístico. En tiempos de presupuestos raquíticos, los periodistas ofrecen *rating*, bajos costos y anunciantes, una fórmula milagrosa y salvadora. Y, justamente, esta fórmula cumple con la ley del canal privado de querer todo para sí: ser primero en audiencia, ser primero en facturación, ser primero en prestigio.

De hecho, la televisión no para de competir. Ésa es su naturaleza. Aún cuando lo que haya para repartir sea poco o nada (pocos avisadores, poco público). No hay idea, invitado, debate o investigación que se pueda hacer si no "rinde". Impera la mentalidad del *ra-*

---

[30] Ramonet, Ignacio, "Comunicación contra información", en www.saladeprensa.org.

ting. Cada productor mira las planillas de las mediciones de audiencia para ver cuánto "hizo" cada invitado. La televisión legitima la política y el *rating* legitima la televisión. Sin embargo, Carlos Elía, gerente de noticias de Canal 13, señala que "...si un programa periodístico vende publicidad o no, sólo depende de la calidad de su producto y no siempre del *rating*...".[31] Lo cierto es que la televisión cambia, denuncia, se transforma y en épocas de pobreza extrema también hay espacio para una sobredosis periodística. Así como hubo tiempo para los *reality shows*, los culebrones latinos, los *bloopers*, las cámaras cómplices y los llantos con puestas en escena, hoy es el tiempo de la información.

El Periodismo de Investigación avanza, denuncia y enjuicia mientras los empresarios y los políticos miran con desconfianza y hasta con pavor. En el gobierno encienden la televisión y rezan. Los dirigentes no entienden a los periodistas, no confían en ellos y los ven, en general, como venales, vanidosos y poco serios. Todos tienen pavor de ser objeto de una investigación periodística, no sólo los que tienen la conciencia sucia. Los demás saben que es difícil salir indemne de un juicio mediático. Al mismo tiempo, la información necesita sumar entretenimiento. Como afirma el citado Bourdieu: "...todos estos mecanismos se aúnan para producir un efecto global de despolitización o, más exactamente, de desencanto de la política...".[32] La búsqueda de la diversión, parámetro impuesto por el reinado del *rating*, hace perder el foco principal, se desvía la atención y la confusión aumenta. Como consecuencia, la existencia de más programas periodísticos no garantiza mayor comprensión de la realidad.

Investida de la autoridad que ya no tienen la Iglesia, los partidos políticos ni la propia escuela, la tevé hace sonar una especie de "voz de la verdad" que todo el mundo puede comprender, rápidamente. Sobre esta cuestión, dice Beatriz Sarlo: "...la televisión presenta a las estrellas y al público de las estrellas navegando en un mismo flujo cultural. Esta comunidad de sentidos refuerza un imaginario igualitarista y, al mismo tiempo, paternalista, toda vez que ella se funda en uno de los argumentos de confiabilidad del medio: frente a la opacidad creciente de otras instituciones, frente a la complejidad infernal de los

---

[31] Revista *Noticias*, 16 de marzo de 2002.
[32] Ob. cit., p. 132.

problemas públicos, la TV presenta lo que sucede tal como está sucediendo y en su escena las cosas parecen siempre más verdaderas...".[33]

De allí que el público recurra a la televisión para obtener aquello que las instituciones no le garantizan: justicia, atención, reparación. Es difícil afirmar que la televisión es más eficaz que las instituciones a la hora de asegurar esas demandas. Pero sin duda "parece" más eficaz, porque no debe atenerse a dilaciones, plazos, procedimientos formales que difieren o trasladen las necesidades. La escena televisiva es un frontón de pelota: el rebote puede no llegar a donde se desea, pero siempre hay algún rebote. La escena institucional, incluso la más perfeccionada, no tiene ni podría tener esta cualidad instantánea. La escena audiovisual vive del impulso, mientras que la escena estatal cumple adecuadamente sus funciones si procesa con eficacia los impulsos colectivos. La escena televisiva es rápida y parece transparente. La escena institucional es lenta y sus formas (precisamente las formas que hacen posible la existencia de instituciones) son complicadas, hasta la opacidad que engendra desesperanza.

De este modo, la televisión puede, paradójicamente, ocultar mostrando. Lo hace cuando muestra algo distinto de lo que tendría que mostrar si hiciera lo que se supone que ha de hacer, es decir, informar, y también cuando muestra lo que debe pero de tal forma que hace que pase inadvertido o que parezca insignificante, o lo elabora de tal modo que toma un sentido que no corresponde en absoluto a la realidad.

Cuando la justicia llega por tevé, estas distorsiones se acentúan. El material judicial es una mercadería apreciada por los medios de comunicación porque las noticias sobre procesos son baratas de obtener y las crónicas de los hechos criminales tienen una importante e histórica demanda del público. Pero recién en las últimas décadas se ha podido observar a cabalidad la intervención e influencia de la prensa en las cuestiones judiciales. En la Argentina actual se percibe una creciente interacción entre los medios de comunicación y la Justicia. La opinión académica generalizada sostiene que esta vinculación es anárquica y polémica, porque no está normativizada y apenas se ha iniciado su análisis como una cuestión trascendente de la época.[34]

---

[33] *Jueces y periodistas. Cómo se informa y cómo se juzga*, Buenos Aires, Fundación Poder Ciudadano, 1996.
[34] Sarlo, Beatriz, *Escenas de la vida posmoderna*, Buenos Aires, Ariel, 1994, p. 82.

Dos factores fundamentales inciden en la compleja convivencia entre televisión y Justicia en la Argentina. Uno de ellos es, justamente, el desarrollo del Periodismo de Investigación. El otro, la formación de los multimedios, es decir, el surgimiento de empresas de comunicaciones que son propietarias al mismo tiempo de, por lo menos, un medio gráfico, un canal (por aire o por cable) y una emisora de radio. Ambas cuestiones están ligadas porque todos estos conglomerados se han constituido a partir de medios gráficos (diarios o semanarios de interés general), que venían publicando investigaciones. En la era de los multimedia, a la televisión ya no le alcanza con tener a su público comprometido a la hora del noticiero y divertido a la hora del *talk show*. Además, necesita asegurarse su presencia para más adelante, mantenerlo atrapado, prometiéndole una cita con el suspenso. Y para ello, nada mejor que el Periodismo de Investigación.

Como explica Lucía Suárez, productora general de *Edición Plus* –el primer programa orgánico de investigación periodística del país–: "...nuestro proyecto se propuso tratar temas calientes, que mantuvieran atento al espectador, que lo sacudieran de su asiento...".[35] En efecto, la pequeña pantalla no se puede limitar a un locutor leyendo expedientes enteros, a menudo bajo secreto de sumario. En ella tampoco es posible ilustrar confidencias *off the record*. Ni traducir en imágenes la contextualización o el significado de un hecho. Ni mostrar en cámara los documentos que los periodistas gráficos obtienen con la condición de no revelar la fuente. Para hacer investigación, la televisión tiene que buscar equivalentes audiovisuales de los libros y, sobre todo, encontrar nuevos temas y hechos con personajes atractivos, pues la mayoría de los asuntos tratados por la investigación gráfica no son pasibles de un tratamiento televisivo. En este marco, los equipos de investigación periodística de los canales comienzan a ocuparse crecientemente de "revelar lo oculto"; ello es, de descubrir delitos y hallar culpables. Debe notarse asimismo que las innovaciones tecnológicas y de enfoque de Edición Plus se basaron en la experiencia de Suárez, una periodista argentina que había trabajado durante dieciocho años en la cadena estadounidense NBC. En 1992, año en que se inició el ciclo, la experimentada productora comentaba: "...yo sabía mucho de los temas que afectaban a la sociedad americana, pero no a la argenti-

---

[35] Camps, Sibila y Pazos, Luis, *Justicia y Televisión. La televisión dicta sentencia*, Buenos Aires, Perfil, 1999, p. 61.

na, de modo que busqué a periodistas que estuvieran al tanto de lo que estaba pasando...".[36]

Según el periodista colombiano Gabriel Jaime Pérez, que participó en el seminario organizado por la Fundación Konrad Adenauer bajo el título *Periodismo de Investigación en la lucha contra la corrupción*, "...toda buena investigación periodística debe ser fiscalizadora con respecto a cualquier tipo de delito. En este sentido, su misión es denunciar. Ahora bien, el periodista no debe confundir tal labor fiscalizadora con la propia de detectivismo policial...".[37] Por lo tanto, los métodos de averiguación de la verdad nunca deberán equivaler a los que suelen emplear los funcionarios de la fuerza pública y, en consecuencia, el periodista nunca deberá considerarse autorizado a quebrantar el secreto profesional que lo obliga a proteger la identidad de sus fuentes informativas. Tampoco debe violar los ámbitos de la vida privada de las personas en lo que respecta a su derecho a la intimidad. Debe ser imparcial en la búsqueda de la verdad, lo que implica no dejarse presionar por ningún compromiso partidista que lo induzca a ser remunerado –de cualquier forma que sea, no sólo la pecuniaria– por investigar a las personas o entidades de los partidos contrarios. Ha de ser libre e independiente con respecto a cualquier tipo de presión proveniente de los anunciantes que contribuyen a financiar mediante la publicidad el medio de comunicación para el que trabaja.

En definitiva, se trata de que los periodistas señalen irregularidades, hechos comprobables, sin convertirse en jueces o fiscales. Por ello su función es marcar defectos con la mayor precisión posible y endilgar responsabilidades políticas que, en todo caso, puedan servir para una condena moral. La Justicia tiene muchos y mejores métodos de investigación, desde el allanamiento hasta la indagatoria bajo juramento, para llegar a la verdad jurídica. A ella le corresponde la acusación y la sentencia, no a la prensa. El efecto buscado por el Periodismo de Investigación es poner los temas en el debate público, enriquecerlo, mejorar la calidad de la democracia y de la comunicación, vender periódicos y publicidad, derrotar a la competencia, pero nunca juzgar o condenar. Los periodistas sólo pueden indicar lo que necesita ser cambiado, y no pueden promulgar leyes ni alterar

---

[36] Ídem, p. 62

[37] *Periodismo de investigación en la lucha contra la corrupción*, Buenos Aires, Fundación Konrad Adenauer, 1996, p. 32.

las normativas. Tampoco pueden tomar al supuesto culpable, sentenciarlo y encerrarlo en una cárcel. Éstas son funciones que corresponden a otras instituciones.

A pesar de nuestra sincera defensa del Periodismo de Investigación, como una tarea que tiende al enriquecimiento de los procesos de democratización, debemos enfatizar los riesgos que esta disciplina entraña cuando es ejercida en forma errónea o imprudente. Si bien la investigación periodística tiende a custodiar la democracia, su práctica irresponsable puede dañarla. Y por práctica irresponsable entendemos:

- que los medios asuman el papel de jueces o fiscales;
- que los medios impulsen campañas para cumplir un determinado objetivo político más allá de la simple difusión de hechos;
- que los medios no respeten las normas básicas de corroboración de la veracidad y de realización de un correcto reporte de investigación.

En sintonía con estas preocupaciones, el profesor Manuel Jiménez de Parga sostiene que "...la principal tentación del periodista es que, en lugar de ser un regulador político, se convierta en regidor. En este caso el periodista no se limita a describir y analizar los hechos sino a regirlos. Y regir equivale a dirigir, gobernar o mandar...".[38] En un artículo crítico respecto del papel de la prensa, titulado alegóricamente "La mordedura del perro guardián", el profesor de Comunicaciones en la Universidad de la Comunidad de Naciones de Virginia en Richmond, Ted Smith, argumenta que "...la prensa es la única institución norteamericana que no se somete jamás al pleno rigor autocrítico del Periodismo de Investigación...".[39] Y ésta, creemos, es la clave de nuestra gran preocupación: toda institución que actúe sin regulación o control alguno, incluida la prensa, puede terminar por pervertir su tarea, por abusar de ella, por tiranizarla o simplemente por corromperla.

En conclusión, el Periodismo de Investigación tiene una gran responsabilidad en la sociedad contemporánea y sus hallazgos pueden ayudar a la consolidación de la democracia. Aunque dicha función

---

[38] Martínez Albertos, José Luis, ob. cit., p. 19.
[39] Smith, Ted, *La mordedura del perro guardián*, Facetas, Nº 91, enero de 1991, pp. 23 y 24.

queda asegurada cuando existe una masa crítica de tejido social e institucional sano que la contiene. Caso contrario, por claro y contundente que sea su mensaje, se perderá en la oscuridad del miedo, el cinismo o la indiferencia.

Capítulo 5

Manejo de las fuentes y del secreto profesional periodístico

*Pilar Alfaro**

¿Debe el periodista revelar su fuente a pedido de la Justicia? ¿Existe una clara diferenciación entre investigación periodística e investigación judicial? ¿Es en todos los casos el secreto profesional periodístico una garantía para las fuentes? ¿Se pueden establecer alcances y límites al secreto profesional del periodista de investigación? ¿Debe considerarse absoluto el derecho a la reserva de fuentes? ¿Puede considerarse que el otorgamiento de esta facultad favorezca la impunidad de algún delito?

La reserva de las fuentes de información, elemento crucial en el Periodismo de Investigación, posee rango constitucional en virtud a la incorporación del artículo 43 en la Constitución Nacional. Asimismo, su reconocimiento legal específico puede hallarse en la sanción de la Ley 23.326 de Protección de Datos Personales. No obstante, ¿es el análisis de esta protección legal con la que cuenta el Periodismo de Investigación, la única respuesta para una adecuada utilización de las fuentes?

Al momento de abordar todos estos planteos, se puede encontrar una variada gama de argumentos vinculados con razones del derecho y la jurisprudencia, razones propias de la profesión y razones de la ética. En el terreno práctico, la realidad misma de la investigación periodística marca el paso. Ella puede tomar caminos insospechados pero, como resultado final, casi siempre algo que permanecía oculto sale a la luz. El secreto profesional periodístico, como garantía de las fuentes y del derecho a la información, constituye un elemento vital para que la labor del Periodismo de Investigación llegue a buen puerto y no se convierta en una mera sombra.

* Licenciada en Periodismo de la USAL.

Garantía de las fuentes y derecho a la información

La reforma constitucional de 1994 significó para la legislación vigente la incorporación de varios artículos con su consecuente incidencia en la normativa nacional y en la vida de nuestra nación. Entre dichas normas, se destacan el artículo 75, inciso 22, a raíz del cual se incorpora una serie de Pactos, Tratados y Convenciones internacionales como la Declaración de la ONU y el Pacto de San José de Costa Rica (PSJCR), y el artículo 43, que pone en vigencia en nuestro sistema constitucional el derecho a la información. En su párrafo tercero, el artículo 43 introduce el secreto profesional de los periodistas, toda vez que establece la excepción de las fuentes de información periodística en lo que respecta a la vigencia de la acción de hábeas data.

La formulación legal del derecho a la información supone las siguientes cuestiones:

- se dirige a todo "individuo" o "persona" que, por su esencia, vive en sociedad sin distinción de nacionalidad o pertenencia;
- otorga la posibilidad de "investigar", "buscar", "recibir" y "difundir" cualquier información;
- contempla su ejercicio "por cualquier medio existente y por cxistir" y "sin censura previa";
- establece que conlleva "responsabilidad" en los profesionales y el "respeto" a los demás y al orden y moral públicos.

Además, el mismo artículo 43 dice que "...toda persona podrá interponer esta acción para tomar conocimiento de los datos a ella referidos y de su finalidad, que consten en registros o bancos de datos públicos, o los privados destinados a proveer informes, y en caso de falsedad o discriminación, para exigir la supresión, rectificación, confidencialidad o actualización de aquellos. No podrá afectarse el secreto de las fuentes de información periodística...".[40]

La inclusión de este artículo constituye una novedad en nuestra legislación al instaurar la garantía de la acción de hábeas data y su inclusión en nuestra Carta Magna convierte a nuestro país en el prime-

---

[40] Constitución de la Nación Argentina, artículo 43, párrafo 3.

ro en seguir los lineamientos adecuados a la propuesta de la Unión Europea en orden a satisfacer sus exigencias para la transferencia internacional de datos,[41] es decir, con respecto a la sanción de leyes de protección de datos personales. Específicamente, el artículo 43 deja constancia del derecho del individuo a:

- acceder a datos o informes que le atañen;
- poder rectificar esa información;
- poder excluir datos erróneos;
- obligar a su confidencialidad.

El artículo concluye que "...no podrá afectarse el secreto de las fuentes de información periodística...". Este principio también es establecido en la Ley 23.326 de Protección de Datos Personales, sancionada el 4 de octubre de 2000, que reza "...en ningún caso se podrán afectar la base de datos ni las fuentes de información periodísticas...". De este modo, se protege a los periodistas a efectos de que no se vean forzados a revelar sus fuentes, constituyendo así una garantía para las mismas.

En rigor, el derecho al secreto que poseen los periodistas se puede entrever como un "contrato" explícito entre éste y su fuente, en el cual ambas partes se comprometen en un marco de "confidencialidad acordada". Para el Periodismo de Investigación, esta confidencialidad es esencial, ya que sus profesionales reciben o buscan cotidianamente una gran cantidad de datos, y no toda fuente se mantiene en secreto. En cualquier investigación, la utilización del secreto de fuentes constituye un elemento fundamental no sólo porque la confidencialidad le da al periodista su credibilidad e idoneidad, sino además porque ella le abre la posibilidad de seguir contando con nuevos datos e informaciones. De lo establecido en el artículo 43 de la Constitución Nacional y en la Ley 23.326 se desprende que el silencio de fuentes comprende tanto a las fuentes personales (personas que acercan información al profesional) como a las fuentes documentales (independientemente del soporte en que se presenten).

[41] La primera Ley de Protección de Datos en Latinoamérica fue sancionada en Chile, pero ésta no crea una autoridad de control administrativo (que para la Unión Europea es fundamental, porque cumple una función de prevención) y excluye los datos comerciales y económicos.

Una correcta interpretación legal entiende que el secreto profesional alcanza a la utilización de estos dos tipos de fuentes. Y además, todos los elementos que ellos conllevan: personas que acercan información al periodista, documentos secretos, profesionales de un área determinada, informes, material especializado. A decir del experto Alfonso Fernández-Miranda Campoamor, el secreto comprende "...toda la cadena hasta el informador; el autor de la información, remitente y custodio de la misma (...) se extiende al soporte material de la noticia, si lo hubiere, y en la estricta medida en que tal material pueda conducir al descubrimiento de la fuente; todo el material elaborado, no sólo el que luego se publicará, sino todo el que permanece en la redacción o en el domicilio del periodista y que pueda conducir a determinar la personalidad del informante...".[42]

Acordado el contrato de silencio de fuentes, el periodista se compromete a no develar los nombres de su o sus fuentes, a no manifestarlo a nadie, a garantizar fidelidad a los datos o informaciones recibidos y también a conservar para sí mismo material o informaciones que ha recibido. La fuente se compromete a brindar información o datos acerca de un hecho o situación confiando en el desempeño y posterior uso del profesional. Y, de estar dentro de sus posibilidades, a facilitar el acceso u otorgar nuevos ángulos de la información. De esta manera, la vigencia del secreto es así una garantía de doble entrada. Asimismo, la posibilidad de contar con la protección del derecho al secreto permite, en nuestra sociedad, la libre circulación de las informaciones, lo que fortalece el estado republicano y democrático y posibilita a la sociedad, titular del derecho a la información, tener acceso a lo que le corresponde.

En este sentido, el periodista Ariel Palacios considera que el derecho al secreto periodístico es vital como herramienta diaria con la que cuentan todos los periodistas porque sirve para que pueda ejercer su labor sin presiones. En opinión de su colega Carmen de Carlos, el secreto profesional es a un periodista lo mismo que el de confesión para un sacerdote o el de confidencialidad para un abogado. Se trata de una garantía para la integridad física, personal o laboral del informante. Por ello, esta cláusula debe ser manejada con sumo cuidado y respeto, y sin abuso. De acuerdo con lo expuesto por Sibila Camps y

---

[42] Fernández-Miranda Campoamor, Alfonso, *El secreto profesional de los informadores*, Madrid, Tecnos, 1990, p. 129.

Luis Pazos en su obra *Así se hace periodismo*,[43] las ocasiones en las que se justifica que el periodista no cite de manera transparente su fuente son:

- cuando se trata de un rumor o una versión no confirmados;
- cuando la fuente pide reserva total o parcial;
- cuando la fuente no acepta que el medio dé ningún indicio para su identificación.

La utilización del secreto profesional periodístico

¿Es el derecho a no revelar las fuentes de información de carácter absoluto? ¿Puede un periodista negarse a brindar la identidad de su fuente a un juez que, en el marco de una causa penal, así se lo requiere? ¿Puede el periodista, citado a declarar como testigo, negarse a develar su fuente informativa amparándose en el secreto profesional? ¿Puede el otorgamiento de esta facultad favorecer la impunidad de algún delito?

El periodista cuenta con el reconocimiento constitucional de tal derecho y está amparado también por lo establecido en una ley específica. No obstante, el reconocimiento constitucional y el establecimiento normativo del secreto periodístico no implican necesariamente que una investigación judicial no pueda inquirir al periodista declinar dicha reserva. Por esta razón, queda a su personal criterio el revelar la fuente o no. Ahora bien, ¿es sólo una cuestión de conciencia individual? ¿Se puede cuestionar en algún punto la responsabilidad de dejar en manos de los profesionales de la comunicación la libertad de ampararse en el secreto de la fuente?

Las respuestas a estos interrogantes deben buscarse en primer término en la doctrina jurídica. El hecho de reparar en el derecho a la reserva de fuentes como absoluto supone entender que éste debe prevalecer ante cualquier circunstancia, debe ser respetado sin tener en cuenta ningún tipo de límite. Sin embargo, en el caso de una investigación criminal en la que esté en juego la vida de terceros o la libertad de un condenado por error, surgen algunas opiniones de especia-

---

[43] Camps, Sibila y Pazos, Luis, *Así se hace periodismo*, Buenos Aires, Paidós, 1997, pp. 122 y ss.

listas que hablan de excepciones de la regla. En verdad, la doctrina jurídica no es pacífica en sus argumentos respecto de cuándo procede la excepción al carácter absoluto del derecho de reserva de fuentes. Los expertos esgrimen sus argumentos con base en distintos principios y parámetros. En forma sintética, las posiciones más representativas son las siguientes:

- Dr. Gregorio Badeni: corresponde la excepción cuando la información fue obtenida de manera ilegítima;[44]
- Dr. Eliel Ballester: corresponde la excepción cuando se trata de salvar a un tercero inocente, no favorecer la impunidad o frente a un caso en el que una víctima puede sufrir los efectos del secreto;[45]
- Dr. Miguel Á. Ekmekdjian: corresponde la excepción cuando resulta de la decisión del periodista;[46]
- Dr. Jorge Zaffore: como en el derecho laboral la duda juega a favor del obrero y en el derecho penal a favor del procesado, en este caso la duda debe favorecer la libertad informativa;[47]
- Dra. Silvina Catucci: no corresponde la excepción en ningún caso.[48]

Resulta evidente que en la doctrina jurídica no existe acuerdo sobre la pertinencia de las excepciones al carácter absoluto del derecho de reserva de fuentes periodísticas. No obstante, en general se sostiene como principio rector que el derecho al secreto de las fuentes de-

---

[44] Badeni, Gregorio, "El secreto profesional del periodista", *Jurisprudencia Argentina*, T. III, Buenos Aires, 1991, pp. 436-437.

[45] Ballester, Eliel, "El secreto de las fuentes de noticias", *Jurisprudencia Argentina*, T. V, Buenos Aires, 1966, pp. 73 y ss. Fallo de la Cámara de Apelaciones de Concepción del Uruguay, Sala I, en la causa "Elizalde" del 22-3-91, *Jurisprudencia Argentina*, T. III, Buenos Aires, 1991, pp. 432-436.

[46] Ekmekdjian, Miguel Ángel, *Addenda de la obra Manual de la Constitución Argentina: comentarios de la reforma constitucional de 1994*, p. 48, y Ekmekdjian, Miguel Ángel y Calogero Pizzolo (h.), *Derecho a la información, reforma constitucional y libertad de expresión. Nuevos aspectos*, 2ª ed., Buenos Aires, Depalma, 1996, p. 67.

[47] Zaffore, Jorge, *Información social: derecho y regulación*, Buenos Aires, Depalma, 2000, p. 149.

[48] Catucci, Silvina, *Libertad de prensa*, Buenos Aires, Ediar, 1995, p. 99.

be prevalecer ante cualquier circunstancia, aun en materia penal. De esta manera, ha de considerarse palmariamente, en toda circunstancia. Éste es el amparo constitucional y reconocido por ley del que gozan los periodistas.

Llegado el caso de que el derecho al secreto profesional periodístico colisione con otros, como por ejemplo el derecho a la vida, creemos que aquél puede ser vulnerado dado que, como sostiene el especialista Luis Ramiro Carranza Torres, no es saludable, ni para la sociedad ni para los mismos periodistas, que en nuestro país se lleve la cuestión de las fuentes al paroxismo de la sociedad norteamericana. Especialmente, cuando el arte de informar se halla imbuido de valores muy fuertes (imparcialidad, buena fe, compromiso con la realidad en un momento dado y espíritu de servicio hacia la sociedad), por lo que en el circuito de obtención, procesamiento y difusión de la información, no es ni remotamente lo más importante el anonimato de la fuente. Es más bien un medio para resguardar a terceros de consecuencias injustas que el revelar tal información pudiera causarles.

Por su parte, la jurisprudencia establece que "...el derecho al secreto profesional integrativo de la libertad de prensa reconoce un límite, en determinadas situaciones, en el curso de la tramitación de causas penales. La necesidad de evitar situaciones de impunidad es un dato suficientemente fuerte de la escala axiológica como para que, en esos casos, deba por vía judicial ceder el carácter absoluto de la confidencialidad...".[49] Es siempre conveniente, claro está, distinguir entre la investigación periodística y la investigación judicial. Estas dos han de respetar y mantener sus propios ámbitos de influencia y especialidad. El respeto por la reserva de las fuentes periodísticas contribuye a que la investigación judicial busque sus propios recursos. En ningún caso debe la actividad periodística ser subsidiaria de la investigación judicial. En realidad, ambas deberían tender a cierto grado de complementariedad sin invadir atribuciones ajenas.

Si se analiza esta compleja cuestión desde la óptica de la ley 23.326, surge que esta norma describe el derecho a la reserva de fuentes de manera general. Por ello, no otorga mayores especificaciones, ni brinda elementos que sirvan a los periodistas concretamente en la investigación. De todos modos, existen excepciones que no han de con-

---

[49] Cámara de Apelaciones, Concepción del Uruguay, Sala I, 22/03/91, *Jurisprudencia Argentina*, T. III, Buenos Aires, 1991, p. 434.

siderarse con criterio jurídico sino de acuerdo con principios profesionales y deontológicos del ejercicio del periodismo. Desde estos ámbitos, los propios hombres de prensa pueden aceptar voluntariamente excepciones o limitaciones a su derecho de reserva de fuentes. En efecto, la existencia y reconocimiento de un derecho conlleva la existencia y reconocimiento de un deber, una responsabilidad. Así, el secreto periodístico es un derecho y, al mismo tiempo, un deber jurídico, profesional y moral.

Como derecho jurídico, el secreto periodístico está establecido en la ley y es reconocido en la Constitución Nacional. Por el contrario, en el derecho positivo argentino no existe en términos estrictos un deber jurídico. Sin embargo, desde un plano de construcción teórica, el autor Alfonso Fernández-Miranda Campoamor sostiene que "...se puede sostener la existencia de un deber jurídico desde un triple fundamento: la titularidad colectiva del derecho a la información, la concepción del periodista como un intermediario entre la información y la sociedad, y la consideración del secreto como una garantía funcional...".[50] Esto significa que el secreto profesional periodístico ha de garantizar la existencia del principio democrático, al asegurar el flujo de la información en la sociedad. En este sentido, los expertos Eduardo Zannoni y Beatriz Bíscaro afirman que "...es inaceptable que, enarbolando el pabellón de la libertad de prensa, la industria de la información pretenda sustraerse al orden jurídico sin consideración alguna a los límites externos –la libertades y derechos ajenos– que determinan su existencia y su función...".[51]

Como derecho y deber profesional, el secreto consiste en no revelar la fuente de información de la que se sirve el periodista para su labor. La implementación del derecho al secreto profesional se lleva a cabo gracias a la existencia del derecho a informar. En los últimos años, apareció una visión que sostiene que la información también constituye un deber. José María Desantes, uno de sus mayores exponentes, sostiene que si existe un derecho humano a la información debe existir consecuentemente un deber de informar en los profesionales de la información. Este deber se manifiesta sobre todo en el cumplimiento de la confidencialidad acordada, anteriormente explicitado.

---

[50] Fernández-Miranda Campoamor, Alfonso, ob. cit., pp. 38 y ss.
[51] Zannoni, Eduardo y Bíscaro, Beatriz R., *Responsabilidad de los medios de prensa*, Buenos Aires, Astrea, 1993, p. 98.

Hay un compromiso profesional que respetar, para con la fuente y para con la sociedad.

Como derecho y deber moral, el secreto periodístico es materia de discusión deontológica. Tal cual lo asegura el autor Javier Oradera: "...si el secreto profesional como derecho protege al periodista para no revelar la identidad de sus fuentes, el secreto profesional como deber moral protege a las fuentes de la decisión de los periodistas de ejercer el secreto profesional como derecho y de no revelar su identidad...".[52] Este deber moral es recogido en infinidad de Estatutos de distintos medios y Manuales o Códigos de ética periodística, tanto nacionales como internacionales. En todos los casos, en el plano ético, este derecho está signado por los principios de libertad y responsabilidad. Existe un derecho a difundir libremente la información y es el periodista quien tiene la libertad de decidir la protección de la fuente. El ejercicio responsable de dicho derecho contribuye a un adecuado ejercicio de la libertad de prensa.

En conclusión, consideramos que existe un conjunto de limitaciones naturales, no positivas, aplicables al secreto periodístico. En efecto, este derecho a la reserva de las fuentes conlleva ciertas premisas profesionales y morales que exceden lo previsto en la ley. En este sentido, es menester preguntarse, siguiendo el dilema ético de Hvistendahl,[53] si el comunicador es responsable únicamente de publicar todas las noticias verazmente, o si lo es también por sus eventuales efectos negativos, en especial cuando éstos son razonablemente previsibles conforme a las reglas de la profesionalidad. Cualquier intento de respuesta a este difícil dilema abre el camino hacia el tema de la responsabilidad. El periodista es responsable por su tarea antes, durante y después del acto informativo. En todos los casos, estas responsabilidades últimas, denominadas por José María Desantes "deberes subsiguientes",[54] deben estar orientadas por dos elementos esenciales: el bien común y la veracidad. Sin lugar a dudas, un Perio-

[52] Pradera, Javier, "La extraña pareja. Notas para un debate sobre la cláusula de conciencia y el secreto profesional", en Cebrián, Juan Luis, *El secreto profesional de los periodistas*, Madrid, Centro de Estudios Constitucionales, 1994, p. 37.
[53] Hvistendahl, K. "Un dilema ético: la responsabilidad por la noticia autogenerada", en AA.VV., *La prensa y la ética*, Buenos Aires, Eudeba, 1981, p. 213.
[54] Desantes Guanter, José María, ob. cit., p. 137.

dismo de Investigación ejercido con responsabilidad será más veraz y aportará con creces al bien general de la sociedad. Y en la cuestión de la responsabilidad que implica el derecho al secreto periodístico confluyen los tres enfoques propuestos anteriormente: el jurídico, el profesional y el moral. Sólo esta triple mirada da al Periodismo de Investigación las claves necesarias para un adecuado manejo de las fuentes.

Capítulo 6

Técnicas de investigación periodística en la televisión

*Por Sergio Elguezábal**

Mi relación amorosa con la tele empezó en blanco y negro. Sin cables ni parabólicas de acero. Fue cuando reinaban las parrillas de aluminio en los techos de la vecindad. Las más modernas contaban con "riendas" para orientarlas desde el piso, según el viento o el canal a sintonizar. Crecí con *La Familia Falcón*, Biondi, Tato un poco después, Mónica con las noticias, y las peleas de Monzón al atardecer. Las viejas antenas de televisión permitían, hace treinta años, la incipiente vinculación con lugares remotos, con escenas inéditas que el hombre no había soñado ver. La Luna tenía entonces sólo tres caras: pendía creciente, sobresalía llena o nos podía ofrecer el letargo menguante, antesala de la siembra en el campo fértil que todavía tenía el país. Tres fases frondosas que alentaron a los enamorados e inspiraron a los poetas de todos los tiempos. Parecía inalcanzable la Luna. Pero de pronto, la tuvimos también por dentro. Ocurrió cuando llegó a ese extremo el hombre con una cámara de televisión.

Desde entonces, la tele se ha ido constituyendo en el transmisor global más efectivo para relacionar y enriquecer a las personas sin fronteras, para provocar emociones, ayudar a pensar y encender los espíritus allí donde reina la opacidad. Es el soporte electrónico de contenidos con mayor penetración entre los conocidos tradicionalmente. Sin embargo, la tele tiene "mala prensa". A menudo se habla de ella despectivamente como si el aparato fuese un espantajo manejado a control remoto por las fuerzas del mal. Si por un momento nos permitiésemos dejar de lado la teoría de la posible conspiración, sería dable pensar que en realidad su verdadero potencial está inactivo. Con las computadoras hogareñas sucede lo mismo. La herramienta con que contamos nos permite poner en práctica innumerables programas,

* Periodista de *Telenoche Investiga* y profesor de la Maestría en Periodismo de Investigación de la USAL.

pero utilizamos a diario una escueta lista de funciones que puede incluir el procesador de textos, la máquina de calcular y el icono que nos conecta instantáneamente a la red para desembocar en el género que, pareciera, más nos atrae, la pornografía. Esos contenidos, y no otros, se inscriben entre las páginas más consultadas en Internet. Justamente ésta es la síntesis de lo que más se le achaca a la televisión: el carácter obsceno de su programación. La responsabilidad de ese veraz registro actual nos compromete a quienes intervenimos directamente en la selección de lo que verán los ciudadanos, pero también incluye a los televidentes que eligen la ramería para mirar desde el sillón.

Como con las computadoras, depende de nosotros apoderarnos de la capacidad que nos ofrecen sus herramientas para sacar lo mejor. Este análisis primordial nos permitirá acercarnos a la tele con menos prejuicios, estableciendo un contacto más real que nos permita interpretar su naturaleza y la potencialidad que tiene para comunicar. Es imposible utilizar en forma adecuada lo que no se conoce. La televisión argentina ha dado sobradas muestras de que es factible, con talento y convicción, plantar las ideas que un adulto se merece. *Atreverse* y *Compromiso* fueron ciclos de ficción que indagaron en la profundidad de nuestros conflictos desde la televisión y, como otros, dieron por tierra con una frase desafortunada que suelen enarbolar los intelectuales para nombrarla: "la caja boba".

Posiblemente haya muchos insensatos que intervienen en la producción del pobre registro actual, pero el medio en sí es fantástico por su penetración y efectividad para divulgar. Lo que necesitamos hoy es atrevernos y comprometernos más. A decir, y cambiar si es necesario, pero sin desechar los pertrechos que no hemos sabido utilizar. Hay que trabajar más y mejor para recuperarla, desde adentro y desde afuera. La "televisión basura" depende de nosotros, que intervenimos en el proceso de generación de esos contenidos, y en parte de los televidentes, que sintonizan y dan sustento al discurso que en la teoría se repudia, pero que puertas adentro pareciera que no tanto.

En este sentido, hay mucho por hacer si logramos que nuestra sociedad practique una mirada crítica hacia los medios. La tarea podría abordarse con competencia desde la escuela. Es necesario que los maestros trabajen motivando el valor del conocimiento, la apertura a los distintos saberes, aprender a respetar al que disiente y desembarazarnos de las antinomias que sólo sirven para empobrecer. Pensar que tenemos por delante el desafío de construir un país que ha quedado arrasado como las naciones tras la guerra. En las cenizas de esa devastación está la energía que hace falta. Desde esa escuela hay que investigar en manos de quiénes están los medios y a qué intereses responden, para poder interpretar mejor qué nos están diciendo, y desde qué lugar lo hacen. Sólo conociendo su naturaleza será posible cambiar. Hay una vieja frase que todavía se escucha: "si lo dijo la tele, debe ser cierto...". Hay que sepultarla.

Es tiempo de menos afirmaciones y más preguntas. ¿Cuáles son los criterios con que se selecciona la información? ¿Por qué figuran determinados asuntos y no otros en la tapa de los periódicos o los títulos de un programa de noticias de radio o televisión? ¿Incluyen los temas que me afectan o interesan? ¿Qué es más importante, una trifulca entre familiares de la farándula o la degradación del medio ambiente? Desde los medios deberíamos fomentar la opinión ilustrada. Es más constructivo discernir con algunos elementos que aporten razones para la discusión. En el registro actual hay muchos que opinan o rezongan, y pocos que se permiten dudar, o reflexionar entrelazando distintas corrientes de pensamiento sin juzgar. En el púlpito se han colocado los políticos y así les fue. Corremos el riesgo de asemejarnos, y ser repudiados también.

Los periodistas necesitamos entender nuestra responsabilidad política frente a los acontecimientos. Cuando decidimos los contenidos, el orden y la manera en que serán presentados, qué espacio le dedicaremos, estamos frente a decisiones políticas que nos hacen responsables en parte de los fracasos del pasado y también de la construcción de una nueva Nación. Es necesario un compromiso básico con nuestro tiempo y la geografía que nos cobija. Ejercitar cotidianamente la búsqueda de la verdad es acaso uno de los disparadores más sublimes con los que contamos los periodistas para lanzarnos responsablemente a las tareas que nos competen. Entre otras cosas, desbloquearíamos la tendencia pasiva que cualquier espectador de televisión asume frente a un emisor que, en la mayoría de los casos, no le permite pensar. Contribuir a movilizar a esa masa quieta para que asuma su condición ciudadana nos corresponde.

Para lograrlo hay que ir al límite. Desde la planificación de las acciones, pasando por el lenguaje y la utilización de las herramientas tecnológicas. Semejantes desafíos, estas posibilidades concretas, podrían llevarnos con facilidad al equívoco. Los periodistas no tenemos poder individualmente, el verdadero poder lo detenta la opinión pública. Nos lo delega con una condición: que no perdamos nuestra credibilidad. Nos pide que digamos la verdad. Es aquí donde debemos fijar los límites y ejercitar la responsabilidad. Los medios han ganado influencia y su credibilidad aumentó por encima de otros poderes formales. De manera que, desde el lugar que nos toca ocupar como periodistas, es necesario revalorizar la responsabilidad que entraña formar opinión. Hay mala o escasa conciencia de lo que eso comporta en las redacciones de hoy. Hay que enfrentar la censura y dar pelea todas las veces que sea necesario, y espantar la autocensura, que por estas horas es un fenómeno grave que aqueja a las redacciones.

Las empresas suelen valorar a aquellos periodistas que saben "qué cosas se puede decir y cuáles no". Nos debemos sentir comprometidos con una actitud ética frente a la información y los ciudadanos. El lanzamiento de falsas informaciones, el mercadeo de noticias (cobrar para publicar determinados hechos) y las operaciones de prensa de toda índole son sólo algunas de las prácticas arraigadas en la profesión. El sector, como no podía ser de otra manera, está inmerso en las contradicciones propias de la nación que nos contiene.

Los vicios que caracterizan al país arrasado (dádivas, prebendas, acceso a cargos de importancia sin adecuada preparación, irresponsabilidad manifiesta, incompetencia, desorganización ante las tareas colectivas, falta de previsión y planificación) también nos comprenden. Necesitamos ocuparnos. Entender que ha cambiado la lógica en la división de los poderes. Al tradicional esquema que ponía al tope los poderes ejecutivos, legislativo y judicial le sigue ahora una nueva disposición donde se ubica en primer término el poder de las corporaciones. Hay que trabajar para fortalecer el Estado ausente. El reclamo puede ser estruendoso si establecemos una alianza entre los periodistas y los maestros para reclamar que otorgue asistencia donde debe y ejerza los controles que le corresponden por mandato constitucional. Y dar lugar a una mirada distinta. Tener en cuenta que el mapa es una convención, lo que importa es el territorio, y en ese ámbito hay muchas verdades diferentes.

Finalmente, educadores y periodistas somos responsables de preservar y desarrollar siempre el fantástico castellano que nos permite, como ningún otro idioma, jugar con las palabras, entrelazarlas, darle significado a cada cosa que decimos. Tenemos que trabajar con un diccionario a un lado y con la sinonimia vasta en el otro costado. No nos perdamos su musicalidad, la magia del universo de palabras con que contamos. El lenguaje ramplón, los términos chabacanos y el mal decir en general nos empobrecen y paralizan el deseo de lanzarnos a buscar. El desafío es apasionante, pero no será posible sin revisar minuciosamente el comportamiento individual y colectivo que nos responsabiliza sin excusas. No hagamos como la madrastra de Blanca Nieves y su espejo mentiroso. La belleza también se construye desde las imperfecciones. Estamos a tiempo para empezar. A menos que creamos que nuestro paso por el generoso Planeta Azul es puro cuento.

Los periodistas somos provocadores profesionales. A través de nuestros trabajos estimulamos emociones, alentamos indignación, promovemos discusiones y, a veces también, activamos indeseables querellas por la revuelta que origina la publicación. El alboroto es propicio para la búsqueda de la verdad. Alienta la imaginación, espanta la oscuridad y el silencio. El periodismo es una profesión que exige estar del lado de los que no aparecen a menudo, de los que no tienen voz. Son mayoría y necesitan que estemos a su servicio aunque nunca como ahora sean tan variados los canales de comunicación. Los poderosos tienen cauces suficientemente efectivos para expresarse. Saben cómo y desde dónde decirlo mejor. Es saludable ejercitar la provocación para ayudar a pensar.

Para lograr efectividad verdadera, el Periodismo de Investigación tiene que ir al límite. Desde la planificación de las acciones, pasando por el lenguaje y la utilización de las herramientas tecnológicas. En *Telenoche Investiga* no creemos ya en la objetividad como un bien supremo. Reivindicamos el concepto de justicia y equilibrio, cuya mejor base es la precisión en los datos. Consideramos que la ética es una cuestión personal y que tiene que ver con la calidad de las acciones de cada integrante del equipo. No obstante, tenemos un código de ética propio que enmarca el trabajo diario y facilita la toma de decisiones. Nuestra carta de regulación incluye la utilización de cámaras ocultas. Su manipulación es arriesgada y sumamente peligrosa. No más que el arma letal en que se puede convertir el teclado de la computadora en los medios gráficos si es operado por un farsante, o un estudio de televisión si durante los programas de la tarde sus responsables violan la intimidad, el pudor y el honor de las personas con escenas groseras captadas por una cámara convencional.

En suma, las herramientas de que nos valemos para comunicar tienen la posibilidad de lastimar y embrutecer, pero también el poder necesario para contribuir a embellecer el espíritu y cultivar la inteligencia. La elección del camino es una responsabilidad que nos compete. Depende de nosotros y de los propietarios de los medios, que también tienen insoslayable incumbencia. A través de las investigaciones impulsadas por los noticieros de televisión en la última década, la sociedad tuvo la posibilidad de ver en las narices la corrupción y los actos inmorales que caracterizan nuestra democracia insuficiente. Y la Justicia ha tomado elementos de esos trabajos periodísticos para investigar y condenar.

En *Telenoche Investiga* respetamos la intimidad de las personas como premisa fundamental, pero pensamos que ningún derecho es absoluto: si alguien me extorsiona no tiene derecho a la "intimidad" de esa extorsión. Funcionarios municipales, policías, y hasta un juez federal pretendieron escudarse en ese recurso judicial para esconder su conducta espuria y soportaron la cárcel por no poder discutir contra sus actos, contra la firmeza de la imagen y la revelación de las acciones que los condenaron en el juicio oral y público, donde luego de publicada la investigación debieron comparecer. Para lograr la revelación de lo escondido nos valemos de un conjunto de principios básicos del Periodismo de Investigación:

- Los hallazgos deben ser producto de una investigación genuina y no de otras investigaciones ya hechas.
- La motivación investigativa debe responder al interés y preocupaciones de la gente.
- La investigación periodística debe ser el reflejo de algo que alguien quiso ocultar.
- El periodista debe poder probar lo que denuncia.

Técnicas de inclusión, cámara oculta y guión

El trabajo de campo para reunir los datos y efectuar las comprobaciones nos lleva el mayor tiempo. Con ese circuito relevado nos ocupamos de la parte final, que incluye la novedad de un tipo de trabajo donde el periodista produce la prueba principal de su nota mediante un registro con cámara oculta. La metodología tiene como característica particular que el periodista intercambia su lugar con el principal afectado por una situación irregular, de abuso económico o moral. Generalmente ocupa el sitio de la víctima y es el periodista, personificando a otro individuo, quien obtiene un registro sin intermediarios sobre las características del hecho elegido.

En el caso de la televisión, esta metodología permite documentar la escena natural del hecho que se intenta relevar, conservando la contundencia de su veracidad y toda la acción dramática. La obtención de una prueba contundente fortalece la posición del periodista frente a su nota. Ya no será la palabra u opinión de uno contra otro. El periodista seguirá siendo testigo de los hechos, pero contará con una prueba para que la opinión pública considere la veracidad de sus dichos. Podrá mostrar al funcionario "in fraganti" y toda la argumentación de defensa será una discusión contra sí mismo.

Por supuesto que contar con una prueba de esta magnitud acompañada por documentos, testigos y un reportaje a fondo vuelve la situación categórica, prácticamente inmodificable, pero sólo frente al tribunal de la opinión pública, donde el periodista es, además, un testigo de los hechos que narra, un deponente presencial que también lo será en los tribunales judiciales. Más adelante la investigación y sus pruebas podrían ser reclamadas por el juez que decida abrir un proceso y tendrá que declarar. Será testigo de cargo en los juicios orales si la causa prospera, y podría ser acusado de falso testimonio si se comprueba que manipuló su investigación o fraguó la prueba. La modalidad encierra un compromiso que lo involucra enteramente.

El periodista de investigación se vale de una serie de técnicas y estrategias para lograr su cometido. El trabajo de campo, la compilación de los datos y la búsqueda de situaciones novedosas son imprescindibles. Reconocer los códigos y condiciones lleva tiempo, pero es la llave para practicar las técnicas de inclusión que le permitirán ser parte del ámbito deseado. Sin la investigación previa es imposible y sumamente peligroso intentar encender una cámara oculta. En nuestra opinión, la utilización de una cámara oculta como instrumento del Periodismo de Investigación se justifica:

- cuando la información obtenida es de gran importancia y de interés público, como el descubrimiento de una gran falla en el sistema, o la prevención de graves daños a las personas;
- cuando estamos dispuestos a difundir la naturaleza de la inclusión encubierta y la razón por la cual se la utilizó;
- Cuando completamos el trabajo de campo y cumplimos un

proceso de toma de decisiones significativo, junto al análisis de las cuestiones éticas y jurídicas.

Por el contrario, creemos que el recurso no se justifica:

- Cuando está destinado a conseguir la información con menos gasto de tiempo y dinero;
- Cuando se lo utiliza en cuestiones menores invadiendo la privacidad de las personas.

El ejercicio profesional de los periodistas conlleva un acto de responsabilidad ineludible. Pero, además, el sistema de garantías establecido en la Constitución es vasto y abriga la defensa del ámbito propio y reservado. Si se nos ocurriese colocar cámaras ocultas en las alcobas, una Justicia proba nos condenaría porque tiene los elementos suficientes para hacerlo. Cuando en programas de televisión pretendieron burlarse o menoscabar la integridad de las personas, se produjeron fallos contrarios por vulnerar el derecho a la propia imagen. La rigurosidad del trabajo se completa con un seguimiento exhaustivo de los casos. La gente quiere saber qué pasó y si la investigación ayudó para que el problema planteado se solucione. También hay que estar preparado para las diferentes reacciones de quienes se sientan afectados por la denuncia. Esta etapa puede ser muy entretenida si el periodista cuenta con la suficiente información para desvirtuar cada uno de los argumentos maliciosos con que seguramente pretenderán emporcar su nombre.

Finalmente, el secreto es saber contar la historia, el quid es la precisión en la utilización de las palabras, la clave está en la simpleza del guión. En este proceso la imagen es lo más importante. Sin imágenes no hay televisión. Al relato, entonces, hay que pensarlo desde la imagen. No hay que escribir a través de las imágenes, sino para las imágenes. Las palabras deben acompañarlas aportando información o reforzando climas, pero es necesario evitar contar lo obvio. Es muy molesto repetirle a la gente lo que el video le está mostrando. La emoción de un niño no se describe. Viéndola, el espectador tiene todos los elementos para entender la situación. No es necesario cubrir el informe entero con palabras para crear una atmósfera determinada, ni hay que temer a las pausas o los silencios. Hay que dejar "respirar" a las imágenes.

Si tenemos la experiencia directa del caso, el guión nos saldrá mejor. La primera oración será vital. Si es aburrida la audiencia perderá interés. Por ejemplo: "El gobierno difundió estadísticas de prostitución de menores en la Argentina". La formulación es cierta, pero no atrae. Lo que realmente interesa es si aumentó o no, cuáles son los lugares donde se ejerce, quiénes no controlan para que esto ocurra y qué explicación da el Estado ante la desprotección de la infancia. Debemos utilizar un lenguaje simple y claro, que no signifique falto de profundidad. Por ejemplo: "Este hombre miente…". Aquí la expresión es sencilla, pero contundente y fácil de interpretar. Las complicaciones surgen cuando el periodista quiere demostrar su conocimiento. Hay que hablarle a la audiencia en un lenguaje que entienda y use. En lo posible hay que evitar la jerga, a muchos periodistas se les cuela como el virus de la gripe. Es común para los policías hablar de "sujeto masculino", "afirmativo" o "el occiso". Debemos traducir esos términos al habla común para que su significado llegue adecuadamente.

La televisión no da la posibilidad de releer el párrafo y el público no está concentrado escuchando cada una de las frases. Hay que atrapar la atención, y no perderla porque es muy difícil de recuperar. El informe debe ser puntual. Demasiados hechos en una nota corta son contraproducentes, y muchos números empeoran la situación. Por ejemplo, es más contundente decir "Hay sesenta mil chicos que trabajan en el Gran Buenos Aires, una cifra similar a la capacidad total de la cancha de River", que mencionar la cifra desprovista de una comparación cercana a la gente. En televisión cada palabra cuenta en razón de la síntesis que exige el medio. El contenido total de palabras utilizadas en un noticiero de una hora en televisión ocuparía sólo la portada del diario *La Nación* impreso en tamaño sábana y con el desarrollo de unas diez o quince noticias principales.

Por último, debe recordarse que la verdadera oficina del periodista de investigación es la calle. Un ámbito donde el clima es destemplado. Con olores fuertes, repulsivos, y otros aromas tan excelsos que no podrían encontrarse en ninguna redacción. Donde es posible ver la variedad de colores desgastados que mira la mayoría. Un sitio donde ocurren realmente las cosas y pueden escucharse los sonidos discordantes. Un espacio que exige estar alerta y desconfiado. Para morar con dignidad esa "oficina" hay que tomar contacto con la gente, las situaciones que vive diariamente y escuchar con humildad. Obtener todos los matices y conocer sus expectativas. Cuando un periodista detecta con facilidad qué le interesa a la gente, tiene un largo trecho recorrido en su favor. Es imperdonable que desconozca, o sea insensible, ante los hechos de injusticia manifiesta porque su compromiso es asumir como propia la defensa de los más débiles. El efecto de esa vivencia, de la investigación en el campo, quedará reflejado en la nota que produzca. Debe tomar contacto con el problema, pero no mezclarse para que su mirada no sea gris, sombría y sin salida. La independencia y cierta distancia le permitirán ser corrosivo, áspero y picante, requisitos indispensables para su tarea de provocar en la búsqueda de cambiar el estado de las cosas.

Investigar, contribuir a revelar la verdad escondida, es un trabajo apasionante. Los riesgos que asumimos a menudo tienen que ver con las características de nuestra profesión, pero son infinitamente menores a la orfandad y el desabrigo que sufren millones de ciudadanos comunes a merced de timadores, ventajeros y corruptos que todavía en la Argentina detentan cargos en la función pública, las dependencias de gobierno, la Justicia y la Policía.

Capítulo 7

Presentación de informes de investigación en los medios gráficos

*Por Gerardo Young**

¿Y el lector? Sí, ¿quién se acuerda del lector? Ese señor que apenas se despierta, antes de bañarse, incluso antes de darle un beso a su hijo, corre hacia la puerta a buscar el diario. O ese otro que vuelve a su casa por la tardecita, cuelga su abrigo, se prepara algo para tomar y se sienta en el living, descalzo, para leer las noticias. ¿Qué busca ese lector? ¿Busca que le contemos de la magnífica campaña que hará tal candidato o prefiere que también le digamos cuánto va a gastar y quién le prestó la plata? ¿Pretende que le hablemos de las reuniones de un grupo empresario o que le digamos si van a aumentar los precios de sus productos? ¿Prefiere que le contemos un entrenamiento de fútbol donde no pasó nada de particular o le gustaría saber cuál será el equipo del domingo y en qué puede terminar el conflicto entre los jugadores y el técnico?

¿Qué busca ese lector? De tan obvia, esta pregunta se hace cada vez menos. En los diarios, en las revistas, los periodistas se la hacen muy poco. Tal vez se la hacen un poco más en los programas de televisión. Uno de los beneficios del *rating*, tal vez el único, es que los productores tienen que pensar más en el interés de su público, aunque muchas veces lo subestiman o se convierten en público-dependientes. Pero en los medios gráficos la relación con el lector es de mayor fidelidad. El lector compra el diario desde años. En muchos casos, le llega a su casa, ya tiene la costumbre de acompañar el desayuno con un diario. El lector cede su confianza y paga para que contestemos sus preguntas. Nos entrega su conciencia. Nos pide que lo sorprendamos. Que le contemos lo que va a pasar y, si es posible, que alimentemos su esperanza. Es una gran responsabilidad tener que responder a eso. Nos guste o no.

* Periodista de *Clarín* y profesor de la Maestría en Periodismo de Investigación de la USAL.

En el Periodismo de Investigación, o lo que entendamos por este género que en la Argentina está en una etapa de muchos cambios, las preguntas acerca del lector deberían valer lo mismo. ¿Por qué no? Se ven en los diarios excelentes notas de investigación que consisten en listas interminables de los bienes no declarados por un funcionario que pasó por el gobierno hace ya diez años. Bien, pero ¿a quién le importa? La corrupción en la Argentina ya no es noticia, si es sólo eso. Lo puede decir cualquier vendedor de diarios, lo dicen los sondeos de opinión de los medios. Salvo que se demuestre la consecuencia de esa corrupción. Los periodistas somos los primeros en olvidar que los acontecimientos provocan algo. Como en la teoría del caos: el aleteo de una mariposa en el Golfo de México puede producir un tifón en el Mar de China. O como dice Javier Darío Restrepo, un encantador periodista colombiano, en sus charlas sobre ética periodística: al mirar una estrella le modificamos el rumbo. Claro que sí.

Una ecuación muy común en los medios es escribir lo que nos llega a las manos. Alguien nos contó algo y allá vamos. Sin preguntarnos para qué ni cómo hacer para que el público se interese. Para que el lector sienta que esa noticia le sirve: o porque le ahorra tiempo, o porque lo orienta, o porque lo emociona, lo entretiene, lo divierte, o es capaz de modificarle, al menos un poquito, su propia estrella.

Enfoque, agenda y presentación de informes

En el Periodismo de Investigación vernáculo hay ejemplos muy concretos sobre la importancia del enfoque. El primero es el "caso Erman". Durante muchos años se hicieron investigaciones sobre la venta ilegal de armas argentinas a Ecuador y Croacia en el gobierno de Carlos Menem. Fueron investigaciones incisivas, bien hechas, y apuntaban a muchos funcionarios, entre ellos a quien había sido ministro de Defensa de Menem, Erman González. Este hombre, de mucho poder, fue luego ministro de Trabajo y seguía siendo muy cuestionado en los medios por su papel en la venta de armas. Hasta que no soportó la presión y en mayo de 1999 tuvo que renunciar. ¿Por la venta de armas? No. El motivo de su renuncia fue otra investigación periodística que demostró que, además de su sueldo de ministro, cobraba una jubilación de privilegio, lo que no era ilegal pero sí una cachetada a la ética.

La venta de armas representaba para el país una fortuna de plata y tenía consecuencias internacionales irreparables. La jubilación de privilegio, en cambio, era de apenas siete mil pesos por mes, algo insignificante para el Estado. Pero había algo ahí. La venta de armas era muy compleja, no era fácil digerir y además era muy difícil advertir la influencia de Erman González en ese hecho y su consecuencia en la vida de los argentinos. El escándalo de la jubilación de privilegio era bien distinto. Un caso claro, inapelable. Este señor, al que le pagamos el sueldo entre todos, encima es un vivo que nos toma el pelo.

En realidad, la diferencia estaba en la comunicación de la noticia. En cómo se contaba. Veamos otro ejemplo: el "caso del Marco Naón". Fue una investigación del programa de televisión *Telenoche Investiga*, en 1999, sobre Mario del Marco Naón, un señor que era presidente del Instituto Nacional del Agua. En el informe se lo acusaba de muchas cosas, entre otras de haber contratado por 300 mil dólares a una empresa que era suya. Pero esa investigación no hubiera tenido éxito si no fuera porque los periodistas hicieron hincapié en la fiesta de casamiento que había organizado de Marco Naón en Alaska. Y fijaron su atención en un único y espectacular detalle: que a cada uno de los invitados al evento, de Marco Naón le había regalado como souvenir una pepita de oro. Así es: una pepita de oro. Con eso ya estaba todo dicho: es difícil que un hombre así pase por el poder sin entregarse a su codicia. Esta denuncia estalló en los medios y de Marco Naón tuvo que renunciar a su cargo horas después.

Los dos casos referidos demuestran que lo que tenemos que hacer es, además, repensar la agenda de temas. Del periodismo en general y del Periodismo de Investigación en particular. La idea de que la investigación consiste únicamente en denunciar corruptos, en sacar de la oscuridad lo que el poder quiere ocultar –como dicen los españoles– es una idea que está cambiando, al menos en la Argentina. Fue muy útil en los años noventa, cuando el Estado se vendía o se regalaba, cuando una parte del poder, ni siquiera la más importante, hacía y deshacía con su cómoda impunidad.

El Periodismo de Investigación ocupó los espacios que dejó escapar, regaló o vendió la Justicia. Y va a continuar ocupándolos. Seguirá existiendo el periodismo de denuncia, una de la principales funciones de nuestro oficio. Pero no la única. ¿No es hora de que empecemos a mirar a otros sitios?

En septiembre de 2002, en *Clarín* hicimos una serie de notas sobre los movimientos piqueteros. Durante un mes trabajamos tres periodistas, tres fotógrafos y un profesional de Internet con una cámara digital, ya que además de hacer el trabajo para el diario hicimos una versión multimedia. Allí contamos cómo viven los piqueteros, cuáles eran sus métodos para obtener subsidios sociales, hacia dónde iban. Para eso entrevistamos a muchísimas personas, recorrimos buena parte del conurbano, hicimos un verdadero trabajo de campo. Y dijimos: esto es una investigación periodística. ¿Investigación? Muchos colegas nos hacían la pregunta. ¿Pero investigar no es denunciar a corruptos? ¿No es lograr que renuncie un ministro? De los piqueteros no se sabía más que su costado visible, el de los piquetes. ¿No será, la investigación, mostrar en profundidad algo que no se conocía? ¿Investigar no es sinónimo de revelar?

Una vez que tenemos el enfoque y el tema, el problema pasa a ser cómo lo revelamos. Cómo hacer que el lector empiece a leer la nota y no la suelte hasta el final. Un buen título, claro. Pero ¿qué más? Un error que solemos cometer los periodistas es reemplazar la falta de información y de trabajo previo con un poco de estilo. Una linda frase por acá, alguna idea que parezca inteligente, y a otra cosa. El resultado es una nota que parece decir algo, hasta puede ser larga, pero que no dice nada.

En el Periodismo de Investigación, donde se supone que hay un trabajo previo de por lo menos semanas –¿o investigar no es igual a tiempo bien aprovechado?–, este problema no existe. Pero aparece otro. El periodista se enfrenta a una enorme pila de papeles a los que hay que dar forma. Hay muchos datos, documentos, decenas de citas, demasiadas personas sobre las que queremos decir algo. Y el texto muchas veces acaba siendo una insoportable suma de datos de enciclopedia, sin ritmo, sin relato, sin emoción, sin personas, sin vida. Se publican notas con títulos de impacto, buenas infografías, facsímiles de documentos exclusivos, pero que no pueden leerse o que alcanza con leer el título y la bajada para comprenderlo todo. No hay una historia detrás. Hay un señor malo –casi siempre un ex funcionario– y una larga lista de irregularidades que se le atribuyen o comprueban. Termina siendo un plomazo. ¿Y a quién le importa la buena información si no es posible leerla? ¿A quién le importa si no hay una historia?

Lo primero, como siempre, y a nuestro pesar, es organizarse. Es molesto, nadie quiere hacerlo, requiere paciencia. Pero es clave para que el producto final pueda entenderse. Si nosotros no tenemos claro qué vamos a escribir, imaginemos lo que le ocurrirá más tarde al lector. El recorrido es agotador. Hay que armarse una buena cronología de los hechos, un listado de los personajes que forman parte de la trama que vamos a relatar y otra lista, en todo momento renovada, con las personas a las que intentaremos ver para que nos cuenten algo. La identificación de posibles fuentes es fundamental. Uno arranca la investigación con diez, veinte o treinta nombres, la mayor cantidad posible. Y lo más probable es que sean muy pocas las entrevistas de importancia. Pero nunca se sabe quién es el que va a decir lo que estamos buscando. El mundo está repleto de secretarios grises que saben los mejores secretos del poder. En realidad, es más probable que sea uno de estos actores secundarios el que nos cuente la mejor versión. A los grandes, a los verdaderos protagonistas, los usamos para darles el derecho de decir. Pero nunca para que nos cuenten. Ellos no van a decirnos la verdad. Van a decir sólo lo que quieren decir.

Hace poco, en *Clarín*, hicimos una serie de investigaciones sobre los últimos días en el gobierno de Fernando de la Rúa y sobre los saqueos previos del conurbano, armados por punteros políticos del grupo de poder que vino a ocupar el gobierno. Para esas notas entrevistamos a todos los ministros y a casi todos los secretarios del Poder Ejecutivo Nacional y de la provincia de Buenos Aires. Ninguno dijo algo que no supiéramos antes. Las revelaciones, todas, fueron de concejales, sargentos de la policía, asesores de diputados, empleados de carrera de Casa de Gobierno y así. Siempre son valiosas las "viudas del poder", como les decimos los periodistas. Los que se quedaron sueltos, sin cobertura, enojados, con ganas de que se sepa. Las fuentes oficiales, en este tipo de investigaciones, sólo nos sirven para pequeños reportajes que acompañan el texto principal. Ahí sus voces son secundarias. Son parte del decorado y nada más. Ahí no hablan ellos, se habla de ellos.

En ese recorrido siempre es importante recolectar escenas. Pequeños momentos que puedan decir mucho. Puede ser una charla telefónica. Puede ser una reunión de todo el gabinete mirando la televisión, como ocurrió cuando la Policía mataba gente en Plaza de Mayo, el 20 de diciembre del 2001, y varios ministros se juntaron en una oficina de la Casa Rosada para verlo por la tele. Estaban a cincuenta metros de la tragedia, eran sus responsables, pero la miraban por televisión. ¿No alcanza con eso para entender todo lo demás? En la competencia entre el periodismo gráfico y las otras formas de comunicación, como la televisión, la radio, ahora Internet, tenemos una ventaja infinita que no aprovechamos del todo: podemos ver a través de otros. Y que nuestros lectores vean a través de nuestros ojos. Llevarlos hasta esa oficina. Invitarlos a sentir el aroma de un café que se ha quemado, del humo de los cientos de cigarrillos que se van acumulando en ceniceros que ya nadie recoge.

Hace tiempo leí una investigación de un diario de los Estados Unidos. Dos periodistas habían investigado durante ¡un año! los *lobbys* en el Congreso de los productores estadounidenses de bananas en Centroamérica. La nota, una serie en realidad, apenas hablaba de cifras, de los millones de dólares que habían ganado las bananeras y los senadores. El enfoque estaba dirigido, en cambio, a la cantidad de leyes que se habían resignado a cambio de otras que beneficiaban esos intereses. Eligieron una mirada que mostraba cómo habían sido perjudicados los ciudadanos estadounidenses por la "guerra de la banana". La información era una. Pero ellos miraron a donde debían y además lo contaron a través de las víctimas: gente necesitada que perdió subsidios y hospitales que perdieron remedios por culpa de una ley que nunca se sancionó.

El intento por contar las cosas y contarlas bien también lleva a algunos periodistas al suicidio de ser demasiado pretenciosos. Sienten que están escribiendo algo muy importante. Y creen que deben demostrarlo. ¿Cómo? Diciendo "aquí estoy". En esos casos la investigación estará repleta de menciones que le recuerdan al lector que el periodista ha sido muy sagaz. Que consiguió documentos difíciles de obtener, que habló con tal testigo antes de que lo hiciera la Justicia, que es la primera vez que se cuenta tal cosa. La palabra exclusiva ya está bastante devaluada pero él seguirá abusando de ella. También intentará con la primera persona, aunque no haya motivo de suficiente importancia que lo justifique. Ese periodista es muy posible que, además, se sienta obligado a ponerle un adjetivo a cada cosa que le pasa por los ojos. No alcanza con mostrar a un hombre recostado sobre un sofá con los ojos cerrados. Insiste en decir que ese hombre está cansado, agotado, saturado, como si hiciera falta, como si la multiplicación infinita de adjetivos fuera signo de cierta aristocracia narrativa. O decimos que está cansado o, mejor aún, lo mostramos cansado. Pero nunca las dos cosas. ¿En quién piensa el periodista cuando escribe de ese modo? ¿En el lector? No, sólo en él mismo. La atención del lector queda de inmediato apartada de lo que se está describiendo. Pasa a pensar en la postura del periodista. ¿Pero qué le pasa a este tipo?, debe pensar.

Famoso por sus críticas contra los pretenciosos –él los llamaba "eunucos literarios"– era Raymond Chandler, el gran novelista del policial negro. Síntesis, sencillez, profundidad y emoción. Todo era fácil para este hombre que creía en la acción como deberíamos creer los periodistas. Sobre todo porque Chandler, hace ya cincuenta años, pensaba en su público como pocos. Eso fue lo que lo llevó, luego de finalizar la lectura del libro de un colega, a preguntar en voz alta: ¿Se dice algo ahí que no pueda decirse con un eructo? Al lector, ese gran olvidado, habría que ahorrarle una pregunta como ésta.

Capítulo 8

Intimidad, privacidad y derecho a la información

*Por Analía Eliades**

Abordar un tema tan complejo como lo es la intimidad y la privacidad en la actualidad requiere tener en cuenta miradas interdisciplinarias, que analicen las distintas aristas y los enfoques de un aspecto vital que nos atañe sensiblemente a todos y a cada uno en plena vigencia de la llamada "sociedad de la información". En el ámbito del Derecho, la doctrina y la jurisprudencia se han esforzado por delimitar el alcance de lo íntimo y lo privado, estableciendo diferencias y similitudes, tratando de definir el ámbito propio de cada una de estas áreas, asimilándolas o distinguiéndolas, buscando ejemplos y formas figuradas. La carga subjetiva particular inevitablemente presente en los casos en los que se plantea la afectación de la vida privada e íntima nos advierte por sí misma la complejidad de su definición.

El concepto de intimidad y privacidad sigue siendo objeto de estudio, de hipótesis y conjeturas, exacerbado en principio por los medios de información y, actualmente, por los desafíos que plantean los avances de las nuevas tecnologías y los posibles usos de los datos personales. La doctrina alemana, en pos de definir el contenido de la intimidad, recurre a una figura en la que distingue tres esferas, a modo de círculos concéntricos, representativos de una triple graduación de la vida privada, desde el más permisivo hasta el más restringido. Novoa Monreal[55] describe esta concepción de la siguiente manera:[56]

---

* Profesora de la Maestría en Periodismo de Investigación de la USAL.
El presente capítulo es un extracto del trabajo de la misma autora que, bajo idéntico título, recibió una Mención de Mérito por parte de la Academia Nacional de Derecho en el ámbito del Premio Estímulo "Intimidad y Privacidad en el Derecho", Buenos Aires, 24 de septiembre de 2002. Jurado integrado por los Dres. Félix Trigo Represas, Jorge Alterini, Santos Cifuentes, Jorge Vanossi y Eduardo Aguirre Obarrio.

[55] Novoa Monreal, Enrique, *Derecho a la vida privada y libertad de información*, Madrid, Siglo XXI, 1981.

[56] Por su parte, Carlos S. Fayt, en pos de graficar la explicación de la intimidad

- *Esfera privada*: es la más amplia, comprende todos aquellos comportamientos, noticias y expresiones que el sujeto desea que no lleguen al conocimiento público. Se incluye aquí la imagen física de la persona y su comportamiento, aun fuera del domicilio, que no deben ser conocidos sino por quienes se encuentran en contacto con él.
- *Esfera confidencial*: es el área intermedia, abarca aquello que el sujeto participa a otra persona de confianza; de ella quedan excluidos, aparte del público en general, las personas que operan en la vida privada y familiar. Aquí se incluye la correspondencia, las memorias, etc.
- *Esfera del secreto*: constituye el círculo concéntrico de menor radio, y corresponde a las noticias y hechos que por su carácter extremadamente reservado han de quedar inaccesibles a todos los demás.

No obstante, en opinión de Alberto Bianchi, la distinción entre privacidad e intimidad es más aparente que real. Para demostrarlo, se vale de algunos ejemplos: "Una reunión es íntima o privada cuando asisten a ella algunas pocas personas elegidas. La correspondencia que intercambian dos individuos es íntima o privada entre ellos y no debe ser conocida ni divulgada por otros. La relación carnal entre dos personas es íntima o privada entre ellos y no puede ser objeto de interferencia alguna. En todo caso –y con ánimo de formular alguna diferencia– podría decirse que íntimo es más privado aun que lo privado. El fuero íntimo de una persona es lo que sólo le pertenece a ella y está exento de cualquier objetivación forzosa". Desde este punto de vista, afirma el citado autor, el pensamiento es íntimo mientras no sea obje-

---

como zona de reserva de la vida personal sostiene: "Son tres las esferas dentro de las cuales las personas realizan su existencia: pública la primera, privada la segunda, íntima la tercera. La primera y la segunda se interseccionan con un espacio común que puede ser mínimo o máximo, según las circunstancias. En cambio, la tercera respecto de la segunda tiene una relación de inclusión; se encuentra dentro de la esfera de lo privado y no admite la intromisión ilegítima de la prensa", en "La Corte Suprema y sus 198 sentencias sobre Comunicación y Periodismo. Estrategias de la Prensa ante el riesgo de extinción", *La Ley*, Buenos Aires, 2001, p. 11.

to de exteriorización, y se transforma en privado cuando es divulgado en un pequeño o limitado círculo".[57]

Desde el punto de vista filosófico liberal, la concepción de la intimidad se entiende como un área a la cual "ni el Estado ni los particulares pueden interferir en un ámbito que tiene, por lo menos, dos campos afines:

- el de las actividades o abstenciones del sujeto que no perjudican a terceros y cuyos efectos recaen solamente en la propia persona;
- el de la moral personal o autorreferente, que no se proyecta simultáneamente a la moral interpersonal, o intersubjetiva, o social".[58]

Por ello, el concepto que la sociedad tenga de una persona –o su autoestima, concepto cada vez más estudiado como factor básico de su potencial desenvolvimiento– y la necesidad de que cada uno tenga un reducto íntimo o un círculo propio de relaciones que no ha de ser perturbado por la injerencia de los demás es presupuesto indispensable del desarrollo personal y de una vida social digna. El desarrollo tecnológico de los sistemas de comunicación, la informática y las modernas técnicas de captación y grabación del sonido y la imagen hacen cada día más difícil conservar el ámbito de la propia privacidad, que no hace muchos años se salvaguardaba sólo con la protección del domicilio y la correspondencia.

En efecto, las nuevas tecnologías con sus consecuencias tanto positivas como negativas han impactado de diversa forma en el ámbito social y jurídico, a punto tal que se han desarrollado nuevos institutos, como el hábeas data, que permite el acceso a los datos personales. Como sostiene Osvaldo Gozaíni,[59] "...allí donde se establezcan bancos de

[57] Bianchi, Alberto B., "Hábeas Data y derecho a la privacidad", en *ED*, pp. 161-866.

[58] Bidart Campos, Germán J., "Tratado Elemental de Derecho Constitucional Argentino", Tomo I. El Derecho Constitucional de la Libertad, Buenos Aires, EDIAR, 1989, p. 254.

[59] Gozaíni, Osvaldo Alfredo, "Hábeas Data. Protección de Datos Personales. Doctrina y Jurisprudencia", Buenos Aires, Rubinzal-Culzoni Editores, septiembre de 2001, p. 11.

datos, cualquiera sea su carácter, no puede someterse a la persona humana a quedar enteramente expuesta y transparente por la acumulación de informaciones relativas incluso a su vida privada. La esfera de la intimidad vuelve el punto al origen de la vida; la necesidad de estar en soledad para saber que aun necesitando de los demás, relacionándonos con ellos, viviendo en necesaria e imprescindible comunidad, dando a otros nuestra cooperación y solidaridad, sirviendo en la vida y para la vida, aun con todo, es preciso ser uno, y definir en la reserva de nuestros sentimientos cómo queremos ser sin que nos invadan con datos y registros acerca de cómo se debe ser...".

La intimidad no solamente tiene un valor individual, propio de cada persona, sino que se inserta en el entorno social y cultural al que pertenecemos y en el que nos relacionamos. En palabras del propio Gozaíni: "...en la actualidad las pretensiones de desarrollo humano se han ampliado, y el individuo aspira no sólo a ser protegido en su más estricta intimidad, antes bien, hoy se pretende una 'calidad de vida' en las relaciones con el entorno. No se trata de vivir aislados, sino de determinar y decidir el ámbito de relaciones y de apertura al mundo exterior; la protección de las personas no se circunscribe a la reserva de una parcela del conocimiento ajeno, sino a garantizar que en todo caso es el propio individuo quien dirige y gobierna el ámbito y extensión de sus relaciones con terceros...".[60]

La privacidad y la intimidad como valor mediático

La avidez de los medios de información, y del Periodismo de Investigación en particular, en la búsqueda de noticias suele encontrar en la vida privada material pleno de sensaciones para reconstruirla y convertirla en cosa pública. Una vez planteada la cuestión en este ámbito, se dificulta aún más la diferencia de lo público y lo privado. La clase política también ha ideado mecanismos de videopolítica en la que la exposición de las cuestiones privadas proyecta luces y sombras sobre la esfera pública volviéndola, cuanto menos, más interesante, y como máximo, transformando las cuestiones privadas en cuestiones de Estado: el divorcio Yoma-Menem en la Casa Rosada y el *affaire* Clinton-Lewinsky en la Casa Blanca son muestra de ello.

---

[60] Ibídem.

Pero la construcción noticiosa de la intimidad y su trastocamiento público ha ido más allá y ha generado en el ambiente del espectáculo la creación de productos de alta rentabilidad que justamente recrean a la intimidad como valor de venta. "El Gran Hermano" y otros *reality shows* y *talk shows* que han tenido éxito en todo el mundo en el comienzo del nuevo milenio pretenden construir escenarios seudoprivados e íntimos expuestos a la mirada constante de los telespectadores. Apasionante juego para muchos: lo íntimo es público y lo público es íntimo.

Para Philippe Breton, "la doble apología de la transparencia social y de la racionalidad de los comportamientos del hombre a la que hemos asistido en estos últimos años no quedó como letra muerta. Las nuevas representaciones de uno mismo, conjugadas con el poder de los medios de comunicación y de las "nuevas tecnologías de la comunicación", transformaron progresivamente las condiciones de vida en sociedad, especialmente desde el punto de vista de la extensión del espacio público. La abundancia de programas o de artículos que ponen en escena tal o cual aspecto de la vida privada de la gente, tanto en la televisión como en otros medios de comunicación, es un signo tangible de este fenómeno. El deseo de ser objeto de una mediatización es más importante que la discreción que significa el respeto por un espacio privado".[61]

Por ende, no sólo los medios de información y el mundo del espectáculo son los inquietantes perturbadores de lo privado y lo íntimo, ni de ellos solamente parte la iniciativa. La crisis de representatividad de las instituciones en las que deben tener respuesta los conflictos privados lleva cotidianamente a las personas a exponer sus dramas familiares privados ante los medios, convencidas de que allí encontrarán la solución y la respuesta que, por ejemplo, la Justicia no les da. Y las presuntas manipulaciones mediáticas pueden terminar siendo mutuas, implacables las consecuencias de la exposición pública, generadoras de una condena social –no judicial– imposible de levantar. Si hay proceso judicial en marcha y éste es a su vez expuesto por los medios, se termina naturalizando la concurrencia ante dos juicios, o ante un juicio paralelo del que participa la opinión pública como juez que incluso se adelanta a la sentencia judicial, que rara vez

---

[61] Breton, Philippe, "La utopía de la Comunicación. El mito de la aldea global", Nueva Visión, Buenos Aires, 2000, p. 156.

suele coincidir con ella, tanto en el contenido como en el tiempo. La cuestión puede terminar en cualquier momento, en ese mismo momento en que los medios determinan que esa historia privada-pública ya ha llegado al final definitivo de su vida útil.

Numerosos casos podrían enumerarse y detallarse con el fin de ejemplificar tales observaciones. Entre tantos, puede destacarse el drama Osswald versus Wilner[62] cuya historia pública ocurrió en el escenario mediático antes de las elecciones presidenciales argentinas del 14 de mayo de 1995. Es cierto que han transcurrido muchos años desde este "acontecimiento público" y que la situación económica y social del país nos convoca a otros análisis y miradas de la realidad. Incluso puede resultar molesto o absurdo recordar ese "suceso informativo", pero mientras éste ocurría se velaban otros temas de real interés público no ajenos a los actuales: el alarmante aumento de la desocupa-

[62] Para el lector afortunadamente desmemoriado o para aquél que desconozca los pormenores del caso "Osswald vs. Wilner", cabe recordar que en mayo de 1995, antes de las elecciones presidenciales de ese año, irrumpió ante todos los medios la imagen de Gabriela Osswald con su historia privada: en ese entonces hacía ocho años que ella y Eduardo Wilner, ambos argentinos, se habían casado y se fueron al Canadá, donde él hizo estudios de posgrado y ella trabajos temporarios y actividades comunitarias; allí tuvieron una hija, Daniela, y vivieron algunos años. Después se separaron y Gabriela Osswald regresó a la Argentina con la criatura, sin autorización de su padre. Eduardo Wilner la demandó en Canadá y logró la tenencia de la niña. La madre consideró que no había tenido las garantías suficientes en la Justicia canadiense y llevó el conflicto a los tribunales argentinos, que también se pronunciaron en su contra.
Las tapas de los diarios, la información central de los noticieros televisivos, la radio, los programas periodísticos, afamados periodistas como Mariano Grondona, Daniel Hadad, etc., centraron su atención informativa en el caso. Se organizaron marchas y movilizaciones, abrazos entre madres y numerosos actos. Se hicieron encuestas, la gente votó a favor de la madre. Personajes como Maradona y sus hijas visitaron a la niña, la madre incluso llegó hasta entrevistarse con el presidente Menem sobre el tema. Una movilización impidió la efectivización de la resolución judicial que ordenaba la restitución de la niña. El interés informativo sobre el tema llegó a extenderse llamativamente después de las elecciones.
Una mirada crítica y analítica sobre el tema puede encontrarse en Sarlo, Beatriz, *Instantáneas. Medios, ciudad y costumbres en el fin de siglo*, Ariel, 1996. Capítulos: "La democracia mediática y sus límites" (pp. 129-142) y "Gabriela y Mariano" (pp. 143-147).

ción, la discusión del plan económico, movilizaciones y reclamos en el interior, las relaciones conflictivas en los acuerdos económicos con Brasil, entre otros. Aclarado ello, el propósito de traer aquí este caso, el cual desde la distancia facilita su estudio, consiste en al menos plantear cómo "la tenencia de Daniela" implicó la alteración de las relaciones entre aquellos hechos que afectan a todos los ciudadanos y los hechos cuya proyección toca sólo a los que están privada y directamente comprometidos en un conflicto, cómo y por qué emergió una solidaridad de lo privado en una sociedad que ha perdido criterios de solidaridad de lo público y la evidencia de la trasposición de las fronteras entre lo público y lo privado.

Beatriz Sarlo apunta que "el caso organizó un campo de debate en lugar de inscribirse, como caso, en un campo preexistente a su emergencia. En este sentido es, justamente, un *leading case*, no porque a partir de su resolución se establezca jurisprudencia, sino porque en su mismo planteo nos está informando de las modificaciones sucedidas en la esfera pública cuando ella se vuelve, como hoy se dice, esfera pública electrónica (...) La esfera pública electrónica no es, entonces, sólo un lugar desde donde se emite información, ni donde se construye opinión. También ha pasado a ser un lugar donde la opinión se contrapone a las instituciones, disputando con ellas la jurisdicción para decidir sobre los conflictos privados que se convierten en públicos precisamente para ser sustraídos de las instituciones (la Justicia en este caso) que los albergaban".[63]

En fin, este caso, como muchos otros que reconstruyen como públicos dramas y problemas privados e íntimos, puede conducirnos a extensas discusiones e incluso a inacabables debates interdisciplinarios. Desde lo sociológico, lo cultural, lo psicológico, lo comunicacional, lo antropológico, lo periodístico y lo jurídico se aportan diversas miradas y proyecciones. La escena audiovisual mediática quizá nos está advirtiendo desde hace tiempo que las viejas categorías de lo público y lo privado ya no son suficientes por sí mismas para pensar jurídicamente los eventuales conflictos entre lo privado y lo público. ¿Cuáles son los límites entre lo que es posible mostrar y aquello que pertenece a los pasadizos de una intimidad perdida?

---

[63] Sarlo, Beatriz, op. cit. pp. 136-138.

La privacidad y la intimidad como valor jurídico

El concepto de privacidad e intimidad no aparecen definidos en las normas. La doctrina y las reflexiones precedentes coinciden en resaltar la dificultad de su definición[64] pero también en la certeza de evitar conceptos que la cristalicen, cuando estamos ante un concepto jurídicamente indeterminado y necesario de valorar en cada caso concreto y en el contexto adecuado. La intimidad es un derecho subjetivo individual, que no se transfiere ni negocia, y que por su calidad de "derecho personalísimo" se caracteriza por ser posesión exclusiva y excluyente de la persona humana. El autor español Marc Carrillo define la intimidad desde la doble vertiente de defensa de la esfera de la persona (estatus negativo) y del derecho al control de las informaciones que la afecten (estatus positivo). En concreto, la intimidad es "el derecho del ciudadano no sólo a reservarse una esfera de la vida propia como secreta e intangible a los demás, sino también a ostentar la capacidad para evitar su manipulación o instrumentalización".[65]

Si bien la primigenia concepción del derecho a la intimidad definida como *"the right to be let alone"*, "el derecho a estar solo o a ser dejado en paz", sigue vigente, Marc Carrillo entiende que, no obstante la persistencia del mismo concepto a través del tiempo, hoy tiene más importancia el aspecto de divulgación de datos personales. "Actualmente, la intimidad más que un derecho a no ser molestado –que persiste–, es un derecho de participación y control de las informaciones que afecten a la persona y sobre las que el interesado está legitimado para incidir en la forma y contenido de su divulgación, ámbito éste en el que se suele producir un gran porcentaje de las intromisiones ilegítimas".[66]

Para Herrero Tejedor "existe una clara relación entre los ataques al secreto de la vida privada y los atentados a su libertad. Una vida pri-

---

[64] Bidart Campos, G., ob. cit., p. 254. Además de advertir que "la intimidad es de muy difícil definición", se pregunta: "¿qué situamos en esa zona reservada que, a nuestro juicio, no es solamente espiritual? No solamente el 'forum internum', sino también lo que de cada cual se refleja y constata externamente, pero que no tiene significación ni origina daño o peligro para el orden social".

[65] Carrillo, Marc, "Los límites a la libertad de prensa en la Constitución Española de 1978", Promociones y Publicaciones Universitarias (PPU), 1987, p. 58.

[66] Ídem, p. 58.

vada que es objeto de investigaciones y divulgaciones no es verdaderamente libre: se encuentra trabada por el conocimiento que de ella adquiere la autoridad pública o los particulares. Una correspondencia cuyo secreto está expuesto a ser violado no permite a sus sujetos la libre expresión de sus pensamientos y sentimientos. Pesa todavía más la violación del secreto de la vida privada por la autoridad pública: cuando ésta adquiere conocimiento de ciertos elementos de la intimidad, tales como las opiniones políticas o religiosas, los ciudadanos pueden legítimamente temer discriminaciones injustas".[67]

Por su parte, García San Miguel nos advierte que la clásica definición del derecho a la intimidad, como "el derecho a estar solo" "no parece cubrir todo lo que actualmente consideramos incluido en el ámbito de aquel derecho. Pensamos que nuestra intimidad viene agredida por escuchas telefónicas, fotos tomadas a distancia con teleobjetivo y uso indebido de datos informáticos, pese a que nada de ello comporta la presencia física de otras personas. Es decir que, aunque en muchos casos estemos literalmente solos, nuestra intimidad puede resultar dañada por manejos que se emprenden a distancia, y a menudo sin que el interesado se entere de los mismos".[68]

En la doctrina argentina, el constitucionalista Bidart Campos advierte que "no se ha de creer que en la intimidad se aloje o proteja únicamente a las acciones que de ninguna manera se exteriorizan al público. (...) Conductas y situaciones que pueden ser advertidas por terceros y ser conocidas públicamente admiten refugiarse en la intimidad cuando hacen esencialmente a la vida privada; tales, por ej., las que se refieren al modo de vestir, de usar el cabello, a asistir a un templo o a un lugar determinado. Declarar qué religión profeso pertenece a mi intimidad, pese a que la declaración se haga pública o se vierta en un instrumento destinado a efectuar cualquier trámite. Todo ello revela que 'la exterioridad' o 'exteriorización' de una acción no alcanza a sustraerla del ámbito de la privacidad, y demuestra que la intimidad excede lo meramente interno, o 'fuero íntimo'. En tales casos, el hecho de que los demás tomen noticia de algo no llega a sustraer a aquellas acciones y situaciones del ámbito de la privacidad que inmuniza el artículo 19, en tanto no se ofenda al orden, a la moral pública,

---

[67] Herrero Tejedor, R., ob. cit., p. 85.
[68] García San Miguel Rodríguez-Arango, Luis, "Estudios sobre el derecho a la intimidad", Tecnos-Universidad Alcalá de Henares, Madrid, 1992.

o se dañe a terceros; es decir, mientras sean exclusivamente autorre-ferentes".[69]

En el mismo sentido, Carlos Fayt sostiene que "la intimidad no es simplemente el derecho a la soledad, sino un conjunto de aspectos de la vida individual y familiar de las personas que no deben ser conoci-dos por los demás. Lo íntimo pertenece por entero a cada cual y, a par-tir de ese segmento de la vida liberada de la mirada y opinión de los demás, todo ser humano tiene el dominio de su imagen, identidad y personalidad. Esto comprende tanto la autonomía psicológica y mo-ral, cuanto a la relación de pareja, el trato con los hijos, al descanso y al respeto a sí mismo, como seres humanos. El sistema de creencias y valores sobre los cuales se estructura la conciencia humana se inter-secciona con sentimientos de discreción y de pudor amurallados como zona de reserva de la vida personal y familiar".[70]

El derecho a la intimidad se vincula también con ciertos aspectos de la libertad religiosa que hacen al fuero íntimo del hombre, también llamada libertad de conciencia. Asimismo, podemos relacionarla con el derecho "al silencio" y "al secreto". El derecho al silencio es la faz negativa del derecho a la libre expresión, y al igual que el derecho al secreto, implica la facultad de reservarse ideas, sentimientos, conoci-mientos y acciones que el sujeto no desea voluntariamente dar a pu-blicidad, o revelar a terceros, o cumplir.

A su vez, la relación confidencial entre un profesional y su cliente, llamado "secreto profesional", debe ser protegida también desde el án-gulo del derecho a la intimidad y además como una manifestación del derecho al silencio o secreto dentro de la libertad de expresión. Singu-lar tratamiento merece el derecho a la intimidad y a la confidencialidad de la información médica y genética, teniendo en cuenta el desarrollo de la medicina y el progreso de la biogenética que impactan sobre la ex-tensión de la dimensión de la privacidad. Así, los datos incorporados a la historia clínica de una persona deben estar sometidos al más estricto secreto profesional, y deben revelarse solamente en situaciones extremas específicamente reguladas por la ley, tales como la identificación de per-sonas, el tratamiento de enfermedades o las cuestiones que eventual-

[69] Bidart Campos, Germán J., "Tratado Elemental de Derecho Constitucional Argentino", Tomo I. El Derecho Constitucional de la Libertad, EDIAR, Bue-nos Aires, 1989, p. 253.
[70] Fayt, Carlos, ob. cit., p. 11.

mente puede requerir la medicina forense. Sobre el tema, la Declaración Universal sobre el Genoma Humano y Derechos Humanos prevé que se protejan la confidencialidad de los datos genéticos asociados con una persona identificable y, adiciona, los derechos humanos y las libertades fundamentales, admitiendo limitar los principios del consentimiento sólo en virtud de imperiosas razones.[71]

La información génica de un individuo puede eventualmente revelar datos sobre su familia, su grupo étnico, su raza. Existen diversos sistemas de colección y análisis de datos que entrecruzan información racial, médica y geodemográfica. Como consecuencia de ello, la preocupación por la protección jurídica de la privacidad extendió su ámbito a diversos grupos de pertenencia y vio acrecentada su función en los últimos años, en virtud de la multiplicación y potencialidad de los medios que pueden vulnerarla.[72] La problemática que presentan los avances de la medicina implica abordar con especial atención los datos referidos a la salud y al origen étnico de las personas, ya que configuran datos supersensibles, cuya captación y difusión deben estar especialmente monitoreados, mediando, sin excepción, consentimiento informado del individuo respecto de las implicancias que conllevan los estudios genéticos a los que se lo someterá y a la publicidad que recibirán. En este marco, resulta necesario en la actualidad un cuerpo normativo que regule esta nueva categoría que toca tan particularmente al secreto profesional y a la intimidad.[73]

---

[71] Declaración Universal sobre Genoma Humano y Derechos Humanos, Unesco-ONU, 11/11/97, arts. 7/9.

[72] Valeria Antos señala al respecto que: "Entre las diversas explicaciones que intentan justificar las frecuentes intromisiones en el ámbito personal, encontramos la necesidad de mayor intervención del Estado en dicha esfera, con la consecuente legitimación del poder público respecto de la captación (cada vez mayor) de información reservada. Respecto al tipo de información que puede ser colectada, la normativa comunitaria –en referencia a la europea– describe las diferencias entre información personal, información médica e información genética, estableciendo sistemas de protección gradual, en relación a la progresiva importancia de su resguardo". Ver Antos, Valeria, "Derecho a la intimidad y a la confidencialidad de la información médica y genética. Breve acercamiento a la realidad comparada", *El Derecho. Diario de Jurisprudencia y Doctrina*, Buenos Aires, 5 de marzo de 2001, N° 10.207.

[73] Antos, V., artículo citado. Apartado 1: "Derecho a la intimidad y a la confidencialidad de la información médica".

La privacidad en el sistema jurídico argentino

La privacidad en la Constitución Nacional

El jurista Bidart Campos[74] nos recuerda que el derecho constitucional de la libertad comporta diversos aspectos:

a) Un estatus personal que depare al hombre la calidad de persona jurídica con capacidad de derecho, cuya negación absoluta es la esclavitud y la incapacidad total de derecho.

b) Un poder de disposición que, en uso de la libertad, sea susceptible de producir efectos jurídicamente relevantes.

c) Un área de intimidad donde la libertad inofensiva o neutra para el grupo o para terceros, quede inmunizada y sustraída a toda interferencia arbitraria del Estado. Es la fórmula constitucional de nuestro artículo 19: "Las acciones privadas de los hombres que no ofenden al orden, a la moral pública ni perjudiquen a un tercero, están sólo reservadas a Dios y exentas de la autoridad de los magistrados".

d) Un principio básico a favor del hombre, en el sentido de que todo lo que no está prohibido está permitido. Si fuera necesario que cada conducta humana tuviera que estar autorizada, la nómina de permisiones se elevaría hasta el infinito, y siempre dejaría lagunas. Hay que partir, por eso, desde una base de libertad jurídica, que demarca como zona permitida (libre) toda el área de conductas no prohibidas.

Este principio se deduce del mismo artículo 19 de la Constitución Nacional en cuanto consagra el principio de legalidad, porque si nadie puede ser privado de hacer lo que la ley no impide, es porque "lo no prohibido está permitido". El área de intimidad y la zona de permisión no son extrajurídicas ni ajurídicas, porque desde que el derecho las protege significa que son espacios jurídicamente relevantes, "dentro", y no fuera, del mundo jurídico, en los que el hombre se mueve

[74] Bidart Campos, Germán J., "Tratado Elemental de Derecho Constitucional Argentino", Tomo I: El Derecho Constitucional de la Libertad, EDIAR, Buenos Aires, 1989, p. 252.

dentro de un ámbito de licitud. Cada vez que el Poder Judicial depara tutela al derecho a la intimidad se está demostrando que lo que en esa área se reserva es un bien jurídico amparado por el derecho, o, en otros términos, un sector de autonomía personal y de licitud jurídicamente relevante, y no neutro al derecho.[75] Es decir, no es un concepto meramente subjetivo ("lo que yo considero como íntimo") u objetivo ("los que los demás consideran como íntimo") sino normativo, porque está reconocido y protegido por el Derecho y a su vez consagrado como derecho en los tratados internacionales de Derechos Humanos y en la Constitución Nacional.

El derecho a la intimidad se plasma también en el artículo 18 de la Constitución Nacional en tanto consagra la inviolabilidad del domicilio, de la correspondencia y de los papeles privados. Además, la Reforma Constitucional de 1994 consagró el instituto del hábeas data (art. 43, C.N.), el cual permite a toda persona interponer acción de amparo para tomar conocimiento de los datos a ella referidos y de su finalidad, que consten en registros o bancos de datos públicos, los privados destinados a proveer informes, y en caso de falsedad o discriminación, para exigir la supresión, rectificación, confidencialidad o actualización de aquéllos, no pudiéndose afectar el secreto de las fuentes de información periodística.

De esta forma, el hábeas data se incorpora a la Constitución Nacional como herramienta destinada a controlar el uso de los datos personales, sin tener específicamente consagrado el derecho, pero el mismo se halla en estrecha vinculación con el artículo 19 y puede concluirse sobre su existencia en base a los derechos implícitos contemplados en el artículo 33. También es necesario tener en cuenta que el artículo 75, inciso 22, de nuestra Carta Magna incorporó los tratados de derechos humanos al ordenamiento jurídico argentino con jerarquía constitucional. La consagración y protección del derecho a la intimidad y a la privacidad en los instrumentos internacionales nos motiva a un análisis particular, que abordamos más adelante.

---

[75] Ídem, p. 257.

La privacidad en los Tratados Internacionales de jerarquía constitucional

En los instrumentos internacionales fundamentales del derecho internacional desarrollado luego de la Segunda Guerra Mundial, el derecho a la privacidad tiene una especial relevancia. De modo concordante, la Declaración Universal de los Derechos Humanos, el Convenio Internacional sobre Derechos Civiles y Políticos, la Convención Europea de Derechos Humanos, la Convención Americana de Derechos Humanos, han reconocido el derecho a la intimidad del hombre como uno de los derechos humanos esenciales de base. Entre dichas previsiones legales se destacan:

- Declaración Universal de Derechos Humanos[76]
  Artículo 12: "Nadie será objeto de injerencias arbitrarias en su vida privada, su familia, su domicilio o su correspondencia, ni de ataques a su honra o a su reputación. Toda persona tiene derecho a la protección de la ley contra tales injerencias o ataques".

- Convención Americana de Derechos Humanos
  Artículo 11. 2: "Nadie puede ser objeto de injerencias arbitrarias o abusivas en su vida privada, en la de su familia, en su domicilio o en su correspondencia, ni de ataques ilegales a su honra o reputación.
  Artículo 11. 3: "Toda persona tiene derecho a la protección de la ley contra esas injerencias o ataques".

- Convención sobre los Derechos del Niño[77]
  Artículo 8. 1: "Los Estados Partes se comprometen a respetar el derecho del niño a preservar su identidad, incluidos la nacionalidad, el nombre y las relaciones familiares de conformidad con la ley sin injerencias ilícitas".
  Artículo 16. 1: "Ningún niño será objeto de injerencias arbitra-

---

[76] Adoptada por la Asamblea General de la ONU en la reunión celebrada en París el 10 de diciembre de 1948.
[77] Ratificada por Ley 23.849. Sancionada el 27 de septiembre de 1990 y promulgada de hecho el 16 de octubre de 1990.

rias o ilegales en su vida privada, su familia, su domicilio o su correspondencia, ni de ataques a su honra o a su reputación". Artículo 16. 2: "El niño tiene derecho a la protección de la ley contra tales injerencias o ataques".

- Pacto Internacional de Derechos Civiles y Políticos
  Artículo 17. 1: "Nadie será objeto de injerencias arbitrarias ilegales en su vida privada, su familia, su domicilio o su correspondencia, ni de ataques ilegales a su honra y reputación".
  Artículo 17. 2: "Toda persona tiene derecho a la protección de la ley contra esas injerencias o esos ataques".
  Artículo 14: "(...) La prensa y el público podrán ser excluidos de la totalidad o parte de los juicios por consideraciones de moral, orden público o seguridad nacional en una sociedad democrática, o cuando lo exija el interés de la vida privada de las partes o, en la medida estrictamente necesaria en opinión del tribunal, cuando por circunstancias especiales del asunto la publicidad pudiera perjudicar a los intereses de la justicia; pero toda sentencia en materia penal o contenciosa será pública, excepto en los casos en que el interés de menores de edad exija lo contrario, o en las actuaciones referentes a pleitos matrimoniales o a la tutela de menores".

Todos los tratados internacionales citados, en líneas generales, expresan el reconocimiento jurídico de la intimidad como derecho fundamental de la persona, al que debe brindársele protección en relación a su vida privada, tanto individual como familiar, a la inviolabilidad de su hogar y de sus comunicaciones personales con terceros. Tal como podemos apreciar, la forma de regulación jurídica de lo relacionado con el derecho a la intimidad, en el derecho internacional, parte de entender al mismo como un derecho multidimensional, que en definitiva agrupa a otros que, partiendo de su contenido de base, desarrollan de modo más específico las distintas facetas que el mismo adquiere en contacto con la realidad, expresando asimismo la obligación que cabe a los Estados de dictar las leyes del caso para asegurar su protección.[78]

---

[78] Carranza Torres, Luis, "Hábeas Data: la protección jurídica de los datos personales", Alveroni Ediciones, Córdoba, 2001, p. 23.

La privacidad en el Código Penal
Título V: "Delitos contra la libertad"[79]
Capítulo III: "Violación de secretos"[80]

Antes de abordar la legislación penal en la materia de análisis, es necesario tener presente el artículo 18 de la Constitución Nacional en cuanto el mismo consagra la inviolabilidad del domicilio, de la correspondencia y de los papeles privados. En relación con la intimidad, el Código Penal establece las siguientes normas:

- Artículo 153: "Será reprimido con prisión de quince días a seis meses, el que abriere indebidamente una carta, un pliego cerrado o un despacho telegráfico, telefónico o de otra naturaleza que no le esté dirigido; o se apoderare indebidamente de una carta, de un pliego, de un despacho o de otro papel privado, aunque no esté cerrado; o suprimiere o desviare de su destino una correspondencia que no le esté dirigida. Se le aplicará prisión de un mes a un año, si el culpable comunicare a otro o publicare el contenido de la carta, escrito o despacho".

- Artículo 154: "Será reprimido con prisión de uno a cuatro años, el empleado de correos o telégrafos que, abusando de su empleo, se apoderare de una carta, de un pliego, de un telegrama o de otra pieza de correspondencia, se impusiere de su contenido, la entregare o comunicare a otro que no sea el destinatario, la suprimiere, la ocultare o cambiare su texto".

- Artículo 155: "El que, hallándose en posesión de una correspondencia no destinada a la publicidad, la hiciere publicar in-

---

[79] Código Penal, Título V: Delitos contra la libertad, Capítulo II: "Violación de domicilio". Artículo 150: "Será reprimido con prisión de seis meses a dos años, si no resultare otro delito más severamente penado, el que entrare en morada o casa de negocio ajena, en sus dependencias o en el recinto habitado por otro, contra la voluntad expresa o presunta de quien tenga derecho de excluirlo".

[80] La ley 24.766 (*BO*: 30/XII/96) referente a la confidencialidad sobre información y productos legítimamente bajo control de una persona que se divulgue indebidamente, en su artículo 12 extiende el ámbito de aplicación de estos textos. Ver Código de Comercio.

debidamente, aunque haya sido dirigida a él, será reprimido con multa de mil quinientos a noventa mil pesos, si el hecho causare o pudiere causar perjuicios a terceros".

- Artículo 156: "Será reprimido con multa de mil quinientos a noventa mil pesos e inhabilitación especial, en su caso, por seis meses a tres años, el que teniendo noticias, por razón de su estado, oficio, empleo, profesión o arte, de un secreto cuya divulgación pueda causar daño, lo revelare sin justa causa".

- Artículo 157: "Será reprimido con prisión de un mes a dos años e inhabilitación especial por uno a cuatro años el funcionario que revelare hechos, actuaciones o documentos que por la ley deben quedar secretos".

El desarrollo de las nuevas tecnologías, entre las que se destaca Internet y los servicios que a partir de ella se instauraron: correo electrónico, *chats*, *ICQ*, videoconferencias, el *needmeeting*, entre otros, han impactado de diversa forma en las comunicaciones interpersonales y grupales. Más allá de las consecuencias –tanto positivas como negativas– que la cuestión nos plantea, es indudable su eventual impacto sobre la privacidad y la intimidad y los desafíos que se presentan en el Derecho para dar respuesta a las dudas que presenta y a la solución de conflictos.

En este marco, la causa "Edgardo Martolio c. Jorge Lanata s/querella" se constituye en un precedente judicial que despertó gran interés en los medios de información[81] y en el ámbito del derecho ya que por primera vez se resolvió que la privacidad del correo electrónico tiene la misma protección que la del correo convencional. En julio de 1998, la revista *Veintiuno* dirigida por Jorge Lanata publicó cinco *e-mails* privados de Edgardo Martolio, quien en ese entonces era director asociado del ex diario *Perfil*. La causa comenzó cuando Marolio demandó a Lanata por haber publicado esos correos que circularon por el correo interno del diario *Perfil* días antes de su cierre. En esas cartas, Martolio y Jorge Fontevecchia, entonces director del diario, hablaban de la necesidad de reducir costos y se planteaban alternativas

---

[81] Diario *Clarín*, miércoles 7 de junio de 2000. Información General, p. 35: "Ratifican que el e-mail es privado, como las cartas".

para realizar recortes en el diario. "Se advierte que el fantasma del cierre sobrevolaba el diario desde mediados de mes, aunque se mantuvo en el más estricto secreto", decía el artículo publicado el 6 de agosto de 1998 en *Veintiuno*, acompañado por facsímiles de los *e-mails*. Martolio reprochó a Lanata "haberse apoderado indebidamente" de correspondencia privada y haberla publicado "cuando no estaba destinada a tal fin" y "sin consentimiento", argumentos con los cuales le inició querella por los delitos de violación de correspondencia y publicidad de correspondencia conforme lo establecido por los artículos 153 y 155 del Código Penal.

En principio, la resolución dictada por el juez correccional Eduardo Etcharrán, favoreció a Lanata, ya que éste rechazó la causa porque consideró que no había delito. El querellante apeló el fallo, y la Sala VI de la Cámara Nacional de Apelaciones en lo Criminal y Correccional, consideró que "nada se opone para definir al medio de comunicación electrónico como un verdadero correo en versión actualizada. En tal sentido, la correspondencia y todo lo que por su conducto pueda ser transmitido o receptado, goza de la misma protección que quiso darle el legislador al incluir los artículos 153 al 155 en la época de redacción del código sustantivo, es decir, cuando aún no existían estos avances tecnológicos".[82] "Es más, el correo electrónico posee características de protección de la privacidad más acentuadas que la inveterada vía postal a la que estábamos acostumbrados, ya que para su funcionamiento se requiere un prestador del servicio, el nombre de usuario y un código de acceso que impide a terceros extraños la intromisión en los datos que a través del mismo puedan emitirse o archivarse", sostuvo la Cámara. Por ende, se ordenó investigar cómo llegaron los *e-mails* de Martolio a poder de Lanata, para establecer si se cometió o no el delito de violación de secretos.

Luego, el Juzgado Nacional en lo Correccional N° 6 de la Capital Federal rechazó el incidente de excepción de falta de acción por hecho atípico –art. 339, inciso 2, del CPPN promovido por Lanata–. Tal decisión fue apelada por la defensa, habiendo resuelto la Sala VI de la Cámara Nacional de Apelaciones en lo Criminal y Correccional de la Capital

---

[82] "Lanata, Jorge s/desestimación", Cámara Nacional de Apelaciones en lo Criminal y Correccional, Sala VI, Buenos Aires, 4 de marzo de 1999. Carlos Alberto Elbert, Luis Ameghino Escobar, Carlos Alberto González. En www. derechopenal.com.ar.

Federal confirmar el auto del tribunal de instancia inferior. En principio, los camaristas sostuvieron que el Tribunal ya había omitido opinión al respecto en los autos principales, "adoptando un criterio que, aún novedoso, no transgrede el principio de legalidad del artículo 18 así como ninguna otra garantía consagrada por la Constitución Nacional".[83]

En cuanto a la cuestión de fondo cabe destacar los siguientes fundamentos de dicha resolución: "la Sala admite que no se contemplan en forma explícitamente, en el Capítulo III del Título V de la ley sustantiva, los hechos ilícitos que vulneran la privacidad y divulgación del correo electrónico, pero esta carencia de protección legal es tan sólo aparente. Es que el legislador, con amplia visión de los adelantos técnicos y científicos que se producirían luego de incluir la norma del artículo 153, ha dejado abierta la descripción típica a los 'despachos de otra naturaleza' y a cualquier 'otro papel privado'; lo mismo puede decirse en lo que respecta al artículo 155, en cuanto a la equiparación a la correspondencia tradicional de un moderno sistema técnico, lo que nos convence a sostener que en la especie no hemos allanado el camino a la analogía para encuadrar la presunta conducta del imputado, supuesto que sí podría constituir una transgresión incompatible con el derecho penal y por ende de progreso inviable".

Este criterio es compartido por Carlos Creus en un reciente artículo comentando el fallo en cuestión, donde sostuviera: "...No parece que estos argumentos puedan tacharse de 'analogía' (aunque sí quizás de una interpretación extensiva por imperio histórico, lo que, insisto, no es hacer 'analogía'). De lo contrario creamos inútilmente un 'vacío' de legalidad que no tiene razón de ser y reduce exageradamente la protección que en la actualidad proporciona nuestro sistema penal, basándonos en un exagerado respeto a las 'formas' de la ley nacido a impulsos del positivismo jurídico de la primera mitad del siglo... salvo casos de conceptualizaciones terminantemente limitativas de sus sentidos acompañar las transformaciones técnicas ampliando, para comprenderlas, el significado de las acciones típicas respecto del que poseían en tiempos pretéritos de la evolución técnica no es hacer analogía sino interpretar..." ("El miedo a la analogía y la creación de

---

[83] "Lanata, Jorge s/excepción de falta de acción", Cámara Nacional de Apelaciones en lo Criminal y Correccional, Sala VI, Buenos Aires, 2 de diciembre de 1999. Carlos Alberto Elbert, Luis Ameghino Escobar, Carlos Alberto González. En www.derechopenal.com.ar.

'vacíos de punibilidad en la legislación penal'; revista *Jurisprudencia Argentina*, N° 6165, 27 de octubre de 1999, pp. 2-3). De lo expuesto, se desprende que no ha de tener favorable acogida la pretensión del querellado. En síntesis, de la causa "Edgardo Martolio c/Jorge Lanata s/querella" se concluye:

- La protección del correo electrónico se encuentra amparada por el artículo 18 de la Constitución Nacional (interpretación dinámica de la Constitución).
- Los artículos 153 y 155 del Código Penal han dejado abierta la descripción típica al referirse a: "una carta, un pliego cerrado o un despacho telegráfico, telefónico o de otra naturaleza que no le esté dirigido".
- La inclusión del correo electrónico en la protección penal no implica analogía, puesto que el tipo penal es abierto y a lo sumo habría interpretación extensiva, pero no analógica.
- Nada se opone para definir al medio de comunicación electrónico como un verdadero correo en versión actualizada.
- El *e-mail* es privado, como la correspondencia tradicional.

Finalmente, la Sala IV de la Cámara Nacional de Casación Penal[84] rechazó el recurso de queja interpuesto por Lanata, con lo cual se confirmó el criterio adoptado por la Cámara en cuanto a la privacidad del correo electrónico. Consideramos que este caso es apenas el inicio de los nuevos desafíos que se le presentan al Derecho ante las nuevas tecnologías y la protección del derecho a la intimidad, situación que sin duda lo erige como antecedente y como foco de atención que impone ampliar la visión y las perspectivas jurídicas.

La intimidad en el Código Civil

El artículo 1071 bis establece que "El que arbitrariamente se entrometiere en la vida ajena, publicando retratos, difundiendo correspon-

---

[84] "Lanata, Jorge Ernesto s/recurso de queja", Cámara Nacional de Casación Penal, Sala IV. Buenos Aires, 12 de mayo de 2000. Gustavo M. Hornos, Liliana E. Catucci, Amelia L. Berraz de Vidal. En www.derechopenal.com.ar y www.lexpenal.com.

dencia, mortificando a otros en sus costumbres o sentimientos, o perturbando de cualquier modo su intimidad, y el hecho no fuere un delito penal, será obligado a cesar en tales actividades, si antes no hubieren cesado, y a pagar una indemnización que fijará equitativamente el juez, de acuerdo con las circunstancias; además, podrá éste, a pedido del agraviado, ordenar la publicación de la sentencia en un diario o periódico del lugar, si esta medida fuese procedente para una adecuada reparación". El texto transcripto reemplazó al que había sido publicado como Ley 20.884, instrumento cuyo trámite legislativo irregular condujo a su reemplazo por el que fijó finalmente la ley 21.173.[85]

En el caso "Ponzetti de Balbín c/Editorial Atlántida S.A.", el Dr. Enrique S. Petracchi, en su voto analiza la modificación que tuvo este artículo agregado al Código Civil.[86] En principio, el texto de la Ley 20.889 decía: "Toda persona tiene derecho a que sea respetada su vida íntima. El que, aun sin dolo ni culpa, y por cualquier medio, se entromete en la vida ajena, publicando retratos, divulgando secretos, difundiendo correspondencia, mortificando a otros en sus costumbres o sentimientos, o perturbando de cualquier modo su intimidad será obli-

---

[85] Alfredo Orgaz, expresó al respecto: "La ley 20.889, promulgada por el Poder Ejecutivo Nacional con fecha 17 de octubre de 1974, ha sido, casi inmediatamente después, objeto de críticas fundadas con respecto a su proceso de formación y sanción.

"Del análisis de dicho proceso, resulta objetivamente que el texto votado y aprobado por la Cámara de Diputados no es exactamente el mismo que mereció la sanción del Senado: este último hace responsable del daño causado por un acto de violación de la intimidad, a quien hubiese actuado 'aun sin dolo ni culpa' (responsabilidad objetiva), en tanto que el aprobado por la Cámara de Diputados responsabiliza al autor de aquel acto, sin más determinación ni salvedad, lo que implica –dentro del sistema general del Código Civil, a que se ha incorporado la nueva disposición– que subsiste la exigencia del dolo o la culpa del agente (responsabilidad subjetiva).

"Ha existido, por consiguiente, una clara diferencia entre los dos textos considerados por las Cámaras, y esto priva irremediablemente de validez a la ley" (Orgaz, A., "La Ley sobre Intimidad", *El Derecho*, Tomo 60, p. 927). Ver también: Risolía, Marco A., "A propósito de la protección jurídica de la intimidad. Una cuestión previa", *ED*, 58-699; Rocca, Ival, "La protección jurídica de la intimidad se encuentra en 'estado parlamentario'", *LL*, enero 27-975; Guastavino, Elías P., "La irregular tramitación de la ley protectora de la intimidad personal y los alcances de la invalidez", *LL*, marzo 3-975.

[86] CSJN, Fallos, 306:1892. Voto del Dr. Enrique S. Petracchi. Consid. 2º.

gado a cesar en tales actividades y a indemnizar al agraviado". Finalmente el texto añadido por la ley 21.173 modificó la primera parte de la norma. Y tal cambio no fue menor.

En efecto, el tenor del artículo 32 bis, número con el cual la Ley 20.884 había introducido en el cuerpo legal la protección civil de la intimidad fue motivo de críticas, entre las que se destaca la que realizara el Dr. Alfredo Orgaz. Al respecto, el mencionado jurista advirtió que "las primeras palabras de la disposición tienen que incluir un adjetivo inexcusable: 'El que arbitrariamente', ya que en numerosos casos de ejercicio legítimo de un derecho o de cumplimiento de una obligación legal (arts. 1071, Cód. Civil, y 34, incs. 2º y ss., Cód. Penal), se causan mortificaciones y aun daños que no comprometen la responsabilidad del agente, en tanto obre dentro de los límites de su derecho u obligación. Se trata de las llamadas 'causas legales de justificación'". La Declaración de las Naciones Unidas precisa también que las injerencias han de ser "arbitrarias".[87] Del cotejo de los textos de las leyes 20.889 y 21.173, antes transcriptos, surge que la observación del Dr. Orgaz fue recogida por los legisladores, modificación que importó la solución del conflicto interpretativo planteado.

La intimidad en la ley de Propiedad Intelectual

Respecto de la cuestión de la intimidad, esta ley específica contiene dos artículos importantes, a saber:

- Artículo 31: "El retrato fotográfico de una persona no puede ser puesto en el comercio sin el consentimiento expreso de la persona misma; y muerta ésta, de su cónyuge e hijos o descendientes directos de éstos o, en su defecto, del padre o de la madre. Faltando el cónyuge, los hijos, el padre o la madre, o los descendientes directos de los hijos, la publicación es libre. La persona que haya dado su consentimiento puede revocarlo resarciendo daños y perjuicios. Es libre la publicación del retrato cuando se relaciona con fines científicos, didácticos y en general culturales o con hechos o acontecimientos de interés

[87] Orgaz, Alfredo, "La Ley sobre Intimidad", *ED,* Tomo 60, p. 930.

público o que se hubieran desarrollado en público".

- Artículo 32: "El derecho de publicar las cartas pertenece al autor. Después de la muerte del autor es necesario el consentimiento de las personas mencionadas en el artículo que antecede y en el orden ahí indicado".

Tal como se concluye de la lectura del artículo 31 de la Ley 11.723, el derecho protegido por la misma es el "derecho a la imagen". Si bien la jurisprudencia y la doctrina nacionales se fueron inclinando paulatinamente por el reconocimiento al derecho a la imagen en una esfera jurídica autónoma, y lo distinguen de otras figuras afines como el derecho al honor, a la identidad y principalmente a la intimidad,[88] no podemos desconocer la infinidad de casos en los cuales ambos derechos –imagen e intimidad– son violados en forma simultánea. El propio artículo 1071 bis especifica que la publicación de retratos puede constituir una de las formas de intromisión en la vida ajena, aunque también pueden darse supuestos en los cuales se vulnera el derecho a la imagen sin verse afectada la intimidad.[89]

No obstante, el reconocimiento de la independencia conceptual del derecho a la imagen con respecto al derecho a la intimidad, no implica que el artículo 31 de la Ley 11.723 se limite exclusivamente a la protección de la imagen, sino que protege también a la intimidad, y dependiendo del caso planteado se complementarán. Al respecto, Emery sostiene que "fue precisamente el art. 31 la única fuente de protección directa del derecho a la intimidad cuando éste era violado mediante la publicación de retratos, antes de que mereciera protección autónoma, la que se otorgó primeramente mediante la ley 20.889, y actualmente por el texto del art. 1071 bis, incorporado al Código Civil por la ley 21.173. Así como este art. 31 complementa la protección a la intimidad, especialmente tutelada por el citado art.

---

[88] Pérez-Solero Puig, "Reflexiones sobre el derecho a la imagen y su incidencia en la publicidad", *Boletín* de la Asociación de Autocontrol de la Publicidad, p. 18.

[89] CNCiv., Sala B, 27/7/76, *LL*, 1976-D-287; íd., Sala C, 2/5/89, *JA*, 1990-I-364. Kemelmajer de Carlucci, Aída; Belluscio, Augusto C. (dir.), Zannoni, Eduardo A. (coord.), *Código Civil y leyes complementarias*, 5, comentario al Atículo 1071 bis, p. 81.

1071 bis, éste vino también a complementar la tutela del derecho a la imagen y a suplir el vacío legal que existía en la protección contra la captación no autorizada de aquélla. Repárese en que si bien hay consenso doctrinal y jurisprudencial en cuanto a que el derecho a la imagen protege tanto la publicación y difusión de ésta, como su mera captación, el art. 31 se limita a prohibir su difusión –puesta en el comercio– y la captación no autorizada de la imagen se encuentra tutelada por el art. 1071 bis, en cuanto protege contra la intromisión arbitraria en la vida ajena".[90]

El secreto fiscal en la Ley 11.683 de Aplicación, Percepción y Fiscalización de Impuestos

El artículo 101 establece que "Las declaraciones juradas, manifestaciones e informes que los responsables o terceros presenten a la Dirección,[91] y los juicios de demanda contenciosa en cuanto consignen aquellas informaciones, son secretos". Los magistrados, funcionarios, empleados judiciales o dependientes de la Dirección, están obligados a mantener el más absoluto secreto de todo lo que llegue a su conocimiento en el desempeño de sus funciones, sin poder comunicarlo a persona alguna, ni aun a solicitud del interesado, salvo a sus superiores jerárquicos. Las informaciones expresadas no serán admitidas como prueba en causas judiciales, debiendo los jueces rechazarlas de oficio, salvo en las cuestiones de familia, o en los procesos criminales por delitos comunes cuando aquéllas se hallen directamente relacionadas con los hechos que se investiguen, o cuando lo solicite el interesado en los juicios en que sea parte contraria el Fisco Nacional, provincial o municipal y en cuanto la información no revele datos referentes a terceros. Los terceros que divulguen o reproduzcan dichas informaciones incurrirán en la pena prevista por el artículo 157 del Código Penal, para quienes divulgaren actuaciones o procedimientos que por la ley deben quedar secretos.

El secreto establecido en el presente artículo no regirá:

[90] Emery, Miguel Ángel, "Propiedad Intelectual. Ley 11.723. Comentada, anotada y concordada con los tratados internacionales", Astrea, Buenos Aires, 1999, p. 172.
[91] Se refiere a la Dirección General Impositiva, actual AFIP.

a) Para el supuesto que, por desconocerse el domicilio del responsable, sea necesario recurrir a la notificación por edictos;

b) para los organismos recaudadores nacionales, provinciales o municipales, siempre que las informaciones respectivas estén directamente vinculadas con la aplicación, percepción y fiscalización de los gravámenes de sus respectivas jurisdicciones;

c) para personas o empresas o entidades a quienes la Dirección General Impositiva encomiende la realización de tareas administrativas, relevamientos de estadísticas, computación, procesamiento de información, confección de padrones y otras para el cumplimiento de sus fines. En estos casos regirán las disposiciones de los tres (3) primeros párrafos del presente artículo, y en el supuesto que las personas o entes referidos precedentemente o terceros divulguen, reproduzcan o utilicen la información suministrada u obtenida con motivo o en ocasión de la tarea encomendada por el organismo, serán pasibles de la pena prevista por el artículo 157 del Código Penal. (Este último inciso fue incorporado por la Ley 23.314).

El derecho a la intimidad en el ámbito fiscal se halla fuertemente relacionado con las potestades del fisco para recabar, de los propios interesados o de terceros, diversa información destinada a fiscalizar el cumplimiento de las obligaciones tributarias a su cargo, y en su caso la destinada a la determinación de oficio de las mismas.[92] Las potestades de la administración fiscal no son ilimitadas, sino que tienen su límite en el respeto a los valores superiores receptados explícita e implícitamente por la Constitución Nacional en resguardo de los derechos. La información que la administración fiscal tenga y recepte sobre las personas solamente pueden ser con referencia a las obligaciones impositivas, es decir, con estricta afectación a los fines que justifican y para los que se solicitan los datos, sin que la información tributaria pueda utilizarse en perjuicio del interesado o afectado en ningún otro caso.

---

[92] Ver Luis Carranza Torres, en "El Derecho a la Intimidad en materia fiscal", *ED*, 15/11/2001. Cita como ejemplo las facultades establecidas en los artículos 33, 35 y 36 de la ley de procedimientos tributarios 11.683 (EDLA, 1978-397) (t.o. 1998, con las modificaciones de la ley 25.329, EDLA, 2000-B-142).

La intimidad en la ley 25.326 de Protección de Datos Personales[93]

El artículo 1º establece que "La presente ley tiene por objeto la protección integral de los datos personales asentados en archivos, registros, bancos de datos, u otros medios técnicos de tratamiento de datos, sean éstos públicos, o privados destinados a dar informes, para garantizar el derecho al honor y a la intimidad de las personas, así como también el acceso a la información que sobre las mismas se registre, de conformidad a lo establecido en el artículo 43, párrafo tercero de la Constitución Nacional. Las disposiciones de la presente ley también serán aplicables, en cuanto resulte pertinente, a los datos relativos a las personas de existencia ideal. En ningún caso se podrán afectar la base de datos ni las fuentes de información periodísticas".

El hábeas data, de este modo, protege y garantiza el derecho a la privacidad y a la intimidad de las personas, al mismo tiempo que protege el derecho al honor y el derecho a la información. Se presenta así, como una herramienta que se proyecta sobre diferentes derechos que pueden verse vulnerados por el manejo que se realice de los datos personales. La Ley 25.236 incorporó al Código Penal el artículo 157 bis, dentro del Capítulo 3 referente a la Violación de Secretos, el cual establece pena de prisión de un mes a dos años para quien "a sabiendas e ilegítimamente, o violando sistemas de confidencialidad y seguridad de datos, accediere, de cualquier forma, a un banco de datos personales" y el que "revelare a otro información registrada en un banco de datos personales cuyo secreto estuviere obligado a preservar por disposición de una ley. Cuando el autor sea funcionario público sufrirá, además, pena de inhabilitación especial de uno a cuatro años".

La intimidad y el derecho a dar información en la Jurisprudencia

En relación con la cuestión de la intimidad y el derecho a dar información, la Jurisprudencia argentina presenta diversos fallos que resultan sumamente importantes a fin de establecer principios recto-

---

[93] *B.O.*, 2 de noviembre de 2000.

res, entre ellos:

- *Caso Ponzetti de Balbín c/Editorial Atlántida S.A.*[94]

La revista *Gente y la Actualidad* publicó en su tapa del Nº 842, del 10 de septiembre de 1981, una fotografía que retrataba al doctor Ricardo Balbín agonizante, en el interior de la sala de terapia intensiva de la clínica en la cual era atendido de su grave dolencia. El Dr. Balbín falleció el día anterior a la publicación. Su esposa e hijo iniciaron demanda por daños y perjuicios contra Editorial Atlántida S.A., fundadora y propietaria de la citada revista, con el objeto de resarcir el sufrimiento, la perturbación de su tranquilidad y la mortificación causada por la violación de su intimidad. La sentencia de la Sala F de la Cámara Nacional de Apelaciones en lo Civil confirmó la sentencia dictada en primera instancia que hiciera lugar a la demanda que perseguía la reparación de los daños y perjuicios ocasionados por la violación del derecho a la intimidad del doctor Ricardo Balbín, sobre la base de lo dispuesto por el art. 1071 bis del Código Civil. Contra tal sentencia, la demandada dedujo recurso extraordinario sosteniendo que el fallo impugnado resultaba violatorio de los artículos 14 y 32 de la Constitución Nacional.

La Corte consideró que en el caso existía cuestión federal bastante en los términos del artículo 14 de la Ley 48, "ya que si bien la sentencia impugnada se sustenta en el art. 1071 bis del Código Civil, el a quo para resolver la aplicabilidad de la norma citada efectuó una interpretación de la garantía constitucional de la libertad de prensa contraria a los derechos que en ella funda el apelante". Los demandados reconocieron la autenticidad de los ejemplares de la revista y las fotografías publicadas en la misma, admitieron que la foto de tapa no fue del agrado de mucha gente y alegaron en su defensa "el ejercicio sin fines sensacionalistas, crueles o morbosos, del derecho de información sosteniendo que se intentó documentar una realidad; y que la vida del doctor Balbín, como hombre público, tiene carácter histórico, perteneciendo a la comunidad nacional, no habiendo intentado infringir reglas morales, buenas costumbres o ética periodística". En ese sentido, afirmaron no haber excedido "el marco del legítimo y regular ejercicio de la profesión de periodista, sino que muy por el contrario,

---

[94] CSJN, Fallos, 306:1892; *LL.*, 1985-B-120; *ED*, 112-242; *JA*, 1985-I-513.

significó un modo –quizá criticable pero nunca justiciable– de dar información gráfica de un hecho de gran interés general", fundamentando en razones de índole periodística la publicación de la fotografía en cuestión, por todo lo cual, adujeron, no pudo violar el derecho a la intimidad en los términos prescriptos por el artículo 1071 bis del Código Civil.

La Corte consideró que el caso consistía un planteo de los límites jurídicos del derecho de información en relación directa con el derecho a la privacidad o intimidad consagrado en el artículo 19 de la Constitución Nacional. Advirtió asimismo que no se encontraba en juego el derecho de publicar las ideas por la prensa sin censura previa (art. 14, Const. Nacional). En efecto, la cuestión era un claro caso de responsabilidad ulterior de los medios. Con el fin de abordar el planteo expuesto, el fallo establece el ámbito propio del derecho de información y el derecho a la privacidad o intimidad. En primer lugar analiza el alcance del derecho de información recordando que "la consagración del derecho de prensa en la Constitución Nacional, como dimensión política de la libertad de pensamiento y de la libertad de expresión, es consecuencia, por una parte, de las circunstancias históricas que condujeron a su sanción como norma fundamental, y por la otra, la de la afirmación, en su etapa artesanal, del libre uso de la imprenta como técnica de difusión de las ideas frente a la autoridad que buscaba controlar ese medio de comunicación mediante la censura; de ahí que la reivindicación estuvo referida a la difusión y expresión de los pensamientos y las opiniones conforme lo estableciera la declaración de los Derechos del Hombre de 1789, y por tanto a garantizar la libre publicación de las ideas. La prensa pasó a ser un elemento integrante del Estado constitucional moderno, con el derecho e incluso el deber de ser independiente a la vez que responsable ante la justicia de los delitos o daños cometidos mediante su uso, con la consecuencia jurídica del ejercicio pleno de dicha libertad. Es así como esta Corte dijo que "ni en la Constitución de los Estados Unidos ni en la nuestra ha existido el propósito de asegurar la impunidad de la prensa. Si la publicación es de carácter perjudicial, y si con ella se difama o injuria a una persona, se hace la apología del crimen, se incita a la rebelión o sedición, se desacata a las autoridades nacionales o provinciales, no pueden existir dudas acerca del derecho del Estado para reprimir o castigar tales publicaciones sin mengua de la libertad de prensa... Es una cuestión de hecho que apreciarán los jueces en cada caso" (*Fallos,*

167:138) y que "este derecho radica fundamentalmente en el conocimiento de que todos los hombres gozan de la facultad de publicar sus ideas por la prensa sin censura previa, esto es, sin el previo contralor de la autoridad sobre lo que se va a decir; pero no en la subsiguiente impunidad de quien utiliza la prensa como un medio para cometer delitos comunes previstos en el Código Penal" (*Fallos*, 269:195, considerando 5º).

Desde este abordaje histórico, la Corte rescata el derecho de prensa dentro de la matriz de pensamiento liberal: "elevado el derecho de prensa a la categoría de un derecho individual autónomo, la legislación sobre la prensa garantizó su ejercicio estableciendo criterios e inmunidades con el objeto de impedir la intromisión arbitraria del Estado tanto en la publicación cuanto a las empresas que realizaban la publicación, asegurando la libre iniciativa individual, la libre competencia y la libertad de prensa considerados elementos esenciales para la autonomía humana". Además de la concepción del derecho de prensa desde el punto de vista empresarial, la sentencia tiene en cuenta la evolución de la dimensión individual y social del derecho a la información: "Que las profundas transformaciones producidas como consecuencia del tránsito de la sociedad tradicional, de tipo rural y agrícola, a la sociedad industrial, de tipo urbano, y los avances de la ciencia y de la técnica y el consecuente proceso de masificación, influyeron en los dominios de la prensa toda vez que las nuevas formas de comercialización e industrialización afectaron el ejercicio de publicar, la iniciativa y la libre competencia, hasta entonces concebidos en términos estrictamente individuales. El desenvolvimiento de la economía de la prensa y la aparición de las nuevas técnicas de difusión e información –cine, radio, televisión–, obligan a un reexamen de la concepción tradicional del ejercicio autónomo del derecho individual de emitir y expresar el pensamiento.

"De este modo, se hace necesario distinguir entre el ejercicio del derecho de la industria o comercio de la prensa, cine, radio y televisión; el derecho individual de información mediante la emisión y expresión del pensamiento a través de la palabra impresa, el sonido y la imagen; y el derecho social a la información. Es decir, el derecho empresario, el derecho individual y el derecho social, que se encuentran interrelacionados y operan en función de la estructura de poder abierto que caracteriza a la sociedad argentina". Analizado el derecho de prensa, la Corte establece el alcance del derecho a la privacidad e intimidad cuyo fundamento constitucional se encuentra en el artículo 19 de la Constitución Nacional. "En relación directa con la libertad individual, proteger jurídicamente un ámbito de autonomía individual constituida por los sentimientos, hábitos y costumbres, las relaciones familiares, la situación económica, las creencias religiosas, la salud mental y física y, en suma, las acciones, hechos o datos que, teniendo en cuenta las formas de vida aceptadas por la comunidad están reservadas al propio individuo y cuyo conocimiento y divulgación por los extraños significa un peligro real o potencial para la intimidad. En rigor, el derecho a la privacidad comprende no sólo a la esfera doméstica, el círculo familiar y de amistad, sino a otros aspectos de la personalidad espiritual o física de las personas tales como la integridad corporal o la imagen y nadie puede inmiscuirse en la vida privada de una persona ni violar áreas de su actividad no destinadas a ser difundidas, sin su consentimiento o el de sus familiares autorizados para ello y sólo por ley podrá justificarse la intromisión, siempre que medio un interés superior en resguardo de la libertad de los otros, la defensa de la sociedad, las buenas costumbres o la persecución del crimen".

Teniendo en cuenta la figura del Dr. Ricardo Balbín, como "hombre público" según lo manifestado por la demandada en su defensa, el fallo analiza la cuestión del derecho a la intimidad en el caso de los "personajes célebres cuya vida tiene carácter público o de personajes populares". Para la Corte, la actuación pública o privada puede divulgarse en lo que se relacione con la actividad que les confiere prestigio o notoriedad y siempre que lo justifique el interés general, "pero ese avance sobre la intimidad no autoriza a dañar la imagen pública o el honor de estas personas y menos sostener que no tienen un sector o ámbito de vida privada protegida de toda intromisión. Máxime cuando con su conducta a lo largo de su vida no ha fomentado las indiscreciones ni por propia acción, autorizado, tácita o expresamente la invasión a su privacidad y la violación del derecho a su vida privada en cualquiera de sus manifestaciones".

Finalmente, y considerando el análisis realizado, se confirmó la sentencia[95] en lo que fue materia de recurso ya que la publicación de la fo-

---

[95] Este fallo de la Corte, integrada por entonces por cinco miembros, fue votada con criterio final unánime, aunque el Dr. José Severo Caballero, Augusto C. Belluscio y Enrique S. Petracchi lo hicieron según sus votos.

tografía del doctor Ricardo Balbín efectuada por *Gente* excedió el límite legítimo y regular del derecho a la información, "toda vez que la fotografía fue tomada subrepticiamente la víspera de su muerte en la sala de terapia intensiva del sanatorio en que se encontraba internado. Esa fotografía, lejos de atraer el interés del público, provocó sentimientos de rechazo y de ofensa a la sensibilidad de toda persona normal. En consecuencia, la presencia no autorizada ni consentida de un fotógrafo en una situación límite de carácter privado que furtivamente toma una fotografía con la finalidad de ser nota de tapa en la revista *Gente y la actualidad* no admite justificación y su publicación configura una violación del derecho a la intimidad". En el voto conjunto del Dr. José S. Caballero y el Dr. Augusto C. Belluscio se agrega como fundamento a favor de la protección del derecho a la intimidad el artículo 11, incs. 2º y 3º, del Pacto de San José de Costa Rica, según los cuales nadie puede ser objeto de injerencias arbitrarias o abusivas en su vida privada, en la de su familia, en su domicilio o en su correspondencia, ni de ataques ilegales a su honra o reputación, y toda persona tiene derecho a la protección de la ley contra esas injerencias o ataques. Del citado voto cabe destacar los Considerandos 7º y 8º que abordan el derecho a la intimidad de los hombres públicos o notorios y las responsabilidades ulteriores del ejercicio del derecho de la información:

> 7º) Que, a la luz de tales principios, no puede ser admitida la pretensión de la demandada de que el interés general en la información concerniente a un hombre público prominente justifica la invasión de su esfera de intimidad. Las personas célebres, los hombres públicos tienen, como todo habitante, el amparo constitucional para su vida privada. Según lo juzga acertadamente el a quo, el interés público existente en la información sobre el estado de salud del doctor Ricardo Balbín en su última enfermedad, no exigía ni justificaba una invasión a su más sagrada esfera de privacidad, como ocurrió con la publicación de la fotografía que da fundamento al litigio, cuya innoble brutalidad conspira contra la responsabilidad, la corrección, el decoro, y otras estimables posibilidades de la labor informativa, y la libertad que se ha tomado la demanda para publicarla ha excedido la que defiende, que no es la que la Constitución protege y la que los jueces están obligados a hacer respetar.
>
> 8º) Que, a mérito de lo expuesto, cabe concluir que el lugar emi-

nente que sin duda tiene con el régimen republicano la libertad de expresión –comprensiva de la de información– obliga a particular cautela en cuanto se trate de deducir responsabilidades por su ejercicio. Empero, ello no autoriza al desconocimiento del derecho de privacidad integrante también del esquema de la ordenada libertad prometida por la Constitución mediante acciones que invadan al reducto individual, máxime cuando ello ocurre de manera incompatible con elementales sentimientos de decencia y decoro.

Por su parte, el voto del Dr. Enrique S. Petracchi, coincidente con los argumentos expuestos en la sentencia y con el voto concurrente de los Dres. Caballero y Belluscio, amplía la postura expuesta al analizar la evolución de la libertad de expresión y el derecho a la intimidad con una pormenorizada cita de doctrina nacional y extranjera, aborda el alcance del artículo 1071 bis y califica los argumentos de la demandada que pretende sostener el carácter absoluto de la libertad de prensa como consideraciones propias de "un exceso de liberalismo desagradable" (Cons. 21). Como conclusión del presente fallo, el cual por su trascendencia se constituyó en *"leading case"* se pueden rescatar estas ideas esenciales:

1) Las acciones privadas de los hombres no se encuentran recluidas únicamente en la "interioridad" de las personas.
2) Las personas públicas o notorias también disponen de su órbita de intimidad, que no puede ser invadida. Por supuesto, esto no obsta tener en cuenta si la persona ha consentido o buscado la publicidad.
3) La intimidad resguardada en el artículo 19 frente al Estado, goza de igual inmunidad frente a los demás particulares.

Desde el punto de vista de la ética periodística el caso nos advierte sobre las consecuencias morales de la captación de imágenes en momentos de agonía, de dolor y de muerte y su exhibición dramática

---

[96] "El dolor se comunica poderosamente a través de las fotos. La línea de guía para utilizar esas imágenes generalmente está en saber si el hecho que causa aflicción tiene valor como noticia. No obstante, la cualidad dramática de la imagen a veces puede sobrepasar el juicio del editor de noticias. Un buen ejemplo es el de una fotografía, de 1985, de los miembros de una familia en

trastocada en valor noticia.[96]

- *Caso Federico Gutheim c/Juan Alemann*[97]

En primera y segunda instancia, se hizo lugar a la demanda por daños y perjuicios promovida por Federico Gutheim contra Juan Alemann, por violación al derecho a la intimidad. Las declaraciones que habrían mortificado al actor estaban relacionadas con la detención del ex ministro de Economía durante la dictadura militar, Martínez de Hoz, y con los hechos ocurridos al tiempo de ponerse el actor a disposición del Poder Ejecutivo, oportunidad en la cual –según sostuvo–, mediante manifestaciones que luego adquirieron notable divulgación por otros medios periodísticos, el demandado le imputó graves incorrecciones en su conducta comercial, provocándole su sufrimiento.

Interpuesto el recurso extraordinario, la Corte revocó la sentencia apelada tras entender que la conducta reprochada se hallaba dentro de la esfera de actividad protegida por los artículos 14 y 32 de la Constitución Nacional, sin vulnerar los límites tratados por el artículo 19. En consecuencia, la Corte se refirió al contenido de ambos derechos sosteniendo que la libertad de expresión incluye la de dar y recibir información. No obstante, dicho derecho no es absoluto en cuanto a las responsabilidades que el legislador puede determinar a raíz de los abusos producidos mediante su ejercicio. Si bien en el régimen republicano la libertad de expresión tiene un lugar eminente que obliga a par-

---

Bakersfield, California, en el doloroso momento del choque al descubrir que era su hijo, ahogado, el cuerpo que contenía un costal. La imagen fue captada por un fotógrafo del *Bakersfield Californian* a pesar de algunos esfuerzos que se hicieron para que no fotografiara la escena. En ella se captaba la esencia de las emociones humanas involucradas en el hecho. La foto fue distribuida por la Associated Press, y provocó más de 500 cartas de protesta y llamadas telefónicas al diario. El director administrativo, Bob Bentley, dijo más tarde que la decisión de publicarla fue un error. Editor & Publisher (junio 21 de 1986) lo cita: "La reacción fue demasiado intensa y extendida como para hacerla a un lado diciendo que cumplíamos con nuestro trabajo. Estábamos usurpando el dolor privado de una familia. Si no escuchamos estas voces de protesta, damos la razón a nuestros críticos cuando dicen que somos insensibles, entrometidos, arrogantes y que hemos perdido contacto con nuestros lectores" (Rivers, William y Mathews, Cleeve, "La ética en los Medios de Comunicación", 2ª ed., Gernika, México, 1992).
[97] *Fallos*, 316:703, 15 de abril de 1993.

ticular cautela en cuanto se trata de deducir responsabilidades para su desenvolvimiento, ello no se traduce en la impunidad de la prensa; por otra parte, el derecho a la intimidad encuentra su fundamento en el artículo 19, que protege jurídicamente un ámbito de autonomía individual constituido por las acciones, hechos o datos que, teniendo en cuenta las formas de vida aceptadas por la comunidad, están reservadas al individuo, y su conocimiento y divulgación por extraños significan un peligro para la intimidad.

Para la Corte, las declaraciones formuladas por Alemann constituían el ejercicio del derecho de expresión toda vez que gozaron de amplia difusión, antes y contemporáneamente a la entrevista radial. En este contexto, estableció que cuando ciertos hechos forman desde el comienzo parte del dominio público, aun contra la voluntad del interesado, las declaraciones efectuadas por el demandado a la prensa no pueden reputarse una arbitraria intromisión en los asuntos ajenos, sino el ejercicio regular del derecho de expresar las ideas sobre temas de interés general. En su disidencia parcial, el juez Moliné O'Connor expresó que "dejar sin efecto la sentencia apelada y sostener que la conducta cuestionada se encuentra tutelada por los artículos 14 y 32 de la Constitución Nacional, no importa emitir juicio alguno sobre la eventual responsabilidad que podría caberle al recurrente en función de los restantes fundamentos invocados en la pieza de inicio, que fueron controvertidos en el responde y sobre los cuales no medió expreso pronunciamiento de la alzada, que deberá pronunciarse con arreglo a lo aquí dicho".

- *Caso Alsogaray s/denuncia*[98]

María Julia Alsogaray promovió querella por el delito de injurias contra el director y el presidente de la revista *Humor* a raíz de una edición de dicha revista en la que –mediante trucos fotográficos– se hizo aparecer el rostro de la funcionaria sobre cuerpos desnudos de mujeres en actitudes obscenas. La querellante expresó que, de las afirmaciones contenidas en la publicación, surgiría que no sólo se prestaría a ese tipo de fotografías –destinadas a provocar lascivia de quienes gustan observarlas– sino que ello se debería a la condición de mujer que vende favores.

---

[98] *Fallos*, 321:3403.

La Cámara Nacional de Apelaciones en lo Criminal y Correccional Federal absolvió a los querellados, Tomás Sanz y Andrés Cascioli, del delito por el que habían sido acusados. Consideró que una adecuada evaluación de la aptitud ofensiva de la publicación no podía soslayar el contexto en el que se produjo –derivada de un reportaje que la acusadora había concedido a la revista *Noticias*–; el estilo de la revista que "no se caracteriza por la neutralidad y objetividad sino que el mismo exhibe un periodismo de opinión... más allá del buen o mal gusto de la secuencia fotográfica publicada por *Humor*, ella no puede ser considerada injuriante por encontrarse enmarcada en el tono humorístico, propio de la revista en cuestión, que excluye toda posibilidad de provocar 'deshonor' y la calidad de funcionaria de la querellante, resultando –en consecuencia– atípica la conducta investigada al no haberse producido ninguna afectación al bien jurídico protegido".

La Corte Suprema, con base a la doctrina de la arbitrariedad de sentencias, declaró procedente la queja y revocó la sentencia apelada, por entender los fundamentos expuestos por el a quo carentes de razonabilidad. En este sentido, sostuvo que considerar atípica la conducta imputada evidenciaba una expresión de marcado dogmatismo, sin argumento alguno que pudiera considerarse razonable. A ello, agregó que ni siquiera el supuesto de que el reportaje concedido por la damnificada pudiera considerarse superficial e incluso frívolo, justificaba la lesión a su vida sexual; ni lo habilitaba su "calidad de funcionaria", "pues no cabe duda de que toda mujer tiene derecho a preservar su intimidad y evitar que se lesione el honor (...) mediante la publicación de imágenes denigrantes".

En disidencia, los jueces Fayt, Petracchi y Belluscio desestimaron la queja, por entender que los límites a la libertad de prensa invocados por la querella no habían sido distintos de los establecidos por el a quo en su fallo. En efecto, que la conclusión a la que arribó la cámara no se apoyó en la premisa de que la querellante –en su condición de funcionaria pública– carecía de un ámbito de privacidad exento de toda arbitraria intromisión, sino que derivó del entendimiento de que ese derecho no se había violado. Por otra parte, que las críticas "...no pueden ser sancionadas aun cuando estén concebidas en términos cáusticos, vehementes, hirientes, excesivamente duros e irritantes, si no resulta la existencia de un propósito específico de denigrar o menoscabar, con el pretexto de la crítica formulada, a la persona misma de quien desempeña la función" (dictamen del Procurador General, de

Fallos: 269: 200).

Por su parte, el juez Petracchi agregó que lo dicho en cuanto a la improcedencia del recurso resultaba independiente de la posible extinción de la acción penal aunque, de todos modos, puso de resalto que no correspondería en el caso el tratamiento de la cuestión en la instancia extraordinaria. Bossert, también desestimó en su disidencia el recurso intentado, aunque por falta de fundamentación autónoma, toda vez que entendió no objetados por la recurrente los fundamentos de orden fáctico del pronunciamiento apelado, a saber: entre otros, que la revista *Humor* no había hecho otra cosa que criticar –al igual que diversos diarios y revistas– con su estilo satírico y caricaturesco, la actitud adoptada por la funcionaria de posar para las fotografías de la revista *Noticias*, así como sus respuestas frente al cuestionario efectuado por dicho semanario referentes a su aspecto físico y vida sexual; que la técnica de fotomontaje utilizada en la publicación no intentaba reflejar la realidad, sino que se trataba de una caricatura en innegable alusión al reportaje concedido a la mencionada revista.

Sin perjuicio de lo expuesto que resultaba suficiente para desestimar el recurso, también puntualizó que los límites a la libertad de prensa invocados por la querella no habían sido distintos a los establecidos por la Cámara. Finalmente, agregó que era doctrina ya sentada por el Tribunal que la tutela constitucional a la libertad de expresión no excluía las expresiones de corte humorístico (*Fallos*, 315: 1943, 1962/63, 1971, 1992 y 2038/39).[99] En este caso, el alcance de la privacidad, el derecho al honor y la propia imagen se constituyen en el centro de un análisis exento de arbitraria intromisión tal como lo desarrollan los votos en disidencia.[100]

- *Caso Lozada c/Editorial Amfin S.A.*[101]

Salvador María Lozada demandó a la Editorial Amfin por una publicación en el diario *Ámbito Financiero*, en la que se mencionaba el nombre de aquél relacionado con el terrorismo y se afirmaba que era sospechoso para las Fuerzas Armadas. Para ello, articuló dos acciones:

---

[99] Fayt, Carlos, "La Corte Suprema y sus 198 sentencias…", ob. cit., pp. 272-273.
[100] La mayoría se integró por los jueces Nazareno, Moliné O'Connor, Vázquez, López y el conjuez Tazza.
[101] *Fallos*, 311:1950, 20 de septiembre de 1988.

la meramente declarativa (por el estado de incertidumbre jurídica en su relación la potestad represiva del Estado) y la resarcitoria (dirigida a restablecer la verdad en la opinión pública, solicitando que la accionada publique la sentencia a dictarse); ambas desestimadas tanto en primera instancia como en cámara.

Por los fundamentos del Procurador General, la Corte también desestimó el remedio federal intentado, por entender que los planteos del recurrente consistían en cuestiones de hecho, prueba y derecho común y procesal, cuya revisión no era permitida en la instancia extraordinaria. Agregó que, si bien el quejoso la intentaba a través de la doctrina de la arbitrariedad, ésta era de aplicación restringida, no apta para cubrir las meras discrepancias de las partes respecto de los fundamentos de índole irrevisable por la Corte. Por otra parte, que el peso argumental de la sentencia apelada consistía en afirmar que se había tenido por probado que las sospechas respecto del actor existían y que de esta manera, la publicación se refería a una realidad.

La disidencia de los jueces Fayt y Bacqué, en cambio, dejó sin efecto la sentencia apelada y condenó a la Editorial a indemnizar a Lozada y a publicar en *Ámbito Financiero* copia completa de la sentencia, pues el artículo publicado se entrometía en la vida del actor, lo mortificaba en sus sentimientos y perturbaba su intimidad, sin que el hecho constituyera un delito penal, sino que caía dentro del artículo 1071 bis del Código Civil, cuyo contenido no era adecuado ni razonable, pues quienes ejercían la elevada función de la actividad periodística, no podían difamar ni causar mortificación a los habitantes a quienes amparaban de agresiones y perjuicios gratuitos claras disposiciones constitucionales. "La prensa tiene el derecho de publicar lo que le plazca, pero si publica lo que es impropio, perverso o ilegal, debe afrontar las consecuencias de su propia temeridad." En tanto la publicación ya había sido efectuada, sólo correspondía remediar tal mortificación mediante una indemnización, así como con la publicación de la sentencia en un medio de prensa.[102]

- *Menem, Carlos c/Editorial Perfil S.A. y Otros s/daños y perjuicios*
  La sentencia de la Sala H de la Cámara Nacional de Apelaciones

---

[102] Fayt, Carlos, "La Corte Suprema y sus 198 sentencias...", ob. cit., pp. 276-277.

en lo Civil revocó lo decidido en primera instancia e hizo lugar a la demanda por reparación del daño moral sufrido por el actor como consecuencia de la difusión de notas periodísticas que habrían lesionado en forma ilegítima su intimidad, conducta que configuró, a juicio de los camaristas, la arbitraria intromisión en la esfera de privacidad del demandante contemplada en el artículo 1071 bis del Código Civil. Asimismo, rechazó la reconvención de uno de los codemandados, ordenó la publicación de un extracto de la sentencia e impuso las costas de ambas instancias a la parte demandada. Contra dicho pronunciamiento, los vencidos interpusieron recurso extraordinario federal.

Los agravios enunciados por los demandados básicamente son los siguientes:

a) violación de principios constitucionales de rango preeminente por ilegítima limitación a la libertad de prensa, que comprende la libertad de información sobre aspectos de la vida privada del actor que hacen a su personalidad de hombre público y que, por tanto, constituyen materia de interés general;
b) apartamiento de la doctrina de la real malicia;
c) condena desproporcionada a abonar un elevado monto de indemnización, lo que entraña una indebida restricción al derecho a informar;
d) sentencia arbitraria por falta de distinción entre las responsabilidades particulares de los codemandados, especialmente en cuanto al rechazo de la excepción de falta de legitimación pasiva respecto del codemandado Fontevecchia, y por rechazo de la reconvención deducida por el codemandado D'Amico;
e) arbitraria imposición a los demandados de las costas totales del litigio a pesar de que la pretensión originaria sólo fue admitida en una reducida proporción.

La Corte, al considerar que existe en el caso cuestión federal bastante en los términos del art. 14, inc. 3, de la Ley 48, pues el punto central del recurso es la interpretación y el alcance de la libertad de prensa, en la que los recurrentes han fundado su derecho, tratará exclusivamente los agravios por sentencia arbitraria que son inescindibles de la cuestión constitucional que provoca la apertura del recurso federal. El tribunal rechaza tratar el punto d), de los agravios de la recurrente, ya que considera que conciernen a aspectos del derecho común y procesal, ajenos a la materia federal (art. 280, CPCCN).

En primer término, la Corte pone de relieve "que no se encuentra controvertida en autos la veracidad de las informaciones difundidas por el semanario Noticias. Por ello, el punto a dilucidar es determinar si las publicaciones cuestionadas constituyeron o no una indebida intromisión en la esfera de intimidad del actor. De ahí que ni el reconocimiento o desconocimiento de los hechos que integran el ámbito que se pretende preservar, o la demostración de la exactitud del texto publicado obstarían al progreso del reclamo en la medida en que –cabe reiterarlo– éste no se funda en su inexactitud sino en su carácter íntimo.

"Desde esta perspectiva, debe recordarse que cuando lo afectado es el derecho a la intimidad, la excepción de veracidad no resulta legitimadora, pues la responsabilidad proviene de la indebida publicación o divulgación de hechos de la vida íntima, veraces o no (Tribunal Constitucional Español, Sala Segunda, sentencia 191/91, publicada en el *Boletín Oficial* del Estado N° 274, del 15 de noviembre de 1991). Es por ello que deviene irrelevante para definir la cuestión la llamada doctrina de la 'real malicia' invocada por los recurrentes, en tanto dicha elaboración jurisprudencial de la Corte Suprema de los Estados Unidos sería de adoptarse solamente aplicable para el supuesto de publicaciones difamatorias o erróneas".

Si bien es cierta la diferencia entre honor e intimidad en cuanto a la veracidad, la Corte Suprema Argentina, en el fundamento transcripto omite tratar, conjuntamente con ello, uno de los temas centrales que legitima la intromisión en la intimidad: la relevancia pública o interés público de la información. Es más, notamos con preocupación que el máximo Tribunal al utilizar como fuente la mencionada sentencia española termina la cita abruptamente, la corta, por así decirlo, sin considerar la totalidad del argumento de los jueces españoles, los cuales, realizan el siguiente análisis: "La legitimidad de las intromisiones informativas en el honor y en la intimidad personal y familiar requiere no sólo que la información sea veraz, requisito necesario pero no suficiente, sino que la información por la relevancia pública de su contenido se desenvuelva en el marco de interés general del asunto a que se refiere. Los magistrados diferencian el requisito de la veracidad en el derecho al honor y en el derecho a la intimidad", ya que mientras la veracidad funciona, en principio, como causa legitimadora de las intromisiones en el honor, si se trata del derecho a la intimidad esa veracidad es presupuesto necesario para que la intromisión se produzca, dado que la realidad de ésta requiere que sean veraces los hechos de la vida privada que se divulgan.

El criterio fundamental para determinar la legitimidad de las intromisiones en la intimidad de las personas es por ello la relevancia pública del hecho divulgado, es decir, que, siendo verdadero, su comunicación a la opinión pública resulte justificada en función del interés público del asunto sobre el que se informa" (STC, 191/91).[103] La omisión del argumento integral realizado por el Tribunal Constitucional Español, termina a nuestro entender tergiversando la fuente que pretende citar la Corte argentina, lo cual conlleva a su vez a tergiversar los hechos y el derecho aplicable al caso bajo estudio.

En igual sentido, advertimos el peligro que encierra para la justicia argentina traspolar casos o traer citas de casos cuya base fáctica son totalmente distintos. En este sentido, el periódico *Página/12* tituló la noticia sobre el fallo de la Corte con un título muy gráfico: "Menem no es Sara Montiel".[104] El Tribunal Constitucional español también protegió a la ex mujer de Julio Iglesias, Isabel Preysler, de las indiscreciones de una ex mucama, que abrió a la revista *Lecturas* la "esfera de la intimidad personal" al divulgar "ciertos defectos, reales o supuestos, en el cuerpo, o determinados padecimientos en la piel", además "de las características de ciertas prendas que usa en la intimidad", según la transcripción de la Corte argentina. Lo que omitió es el considerando en el que los magistrados españoles afirmaron que "para valorar si lo divulgado ha de quedar reservado al ámbito de la intimidad o, por el contrario puede ser objeto de información pública, el criterio determinante es la relevancia para la comunidad de la información que se comunica. Esto es si nos encontramos ante unos hechos capaces de afectar al conjunto de los ciudadanos".

Nuevamente notamos una omisión o falta de consideración integral de los antecedentes citados por la Corte en cuanto trae para su fundamentación parte de los considerandos del caso "Ponzetti de Bal-

---

[103] Nos remitimos para un análisis particular de la STC, 191/91 a este mismo trabajo cuando abordamos la jurisprudencia española. Dada la relevancia de la omisión de la Corte Argentina en la cita mencionada, nos permitimos transcribir la parte pertinente de la sentencia española para poner en evidencia la simplificación realizada.

[104] *Página/12*, 15 o 16 de noviembre de 2001: "El fallo contra la revista *Noticias* en la OEA. Menem no es Sara Montiel".

bín c/Editorial Atlántida". Así: "Que en el caso de personajes célebres, cuya vida tiene carácter público o de personajes populares, su actuación pública o privada puede divulgarse en lo que se relacione con la actividad que les confiere prestigio o notoriedad y siempre que lo justifique el interés general. Pero ese avance sobre la intimidad no autoriza a dañar la imagen pública o el honor de estas personas y menos sostener que no tienen un sector o ámbito de vida privada protegida de toda intromisión" (*Fallos*, 306: 1892, considerando 9º). Allí termina la cita de la Corte de su precedente, pero éste continuaba diciendo: "Máxime cuando su conducta a lo largo de su vida, no ha fomentado las indiscreciones ni por propia acción, autorizado, tácita o expresamente, la invasión a su privacidad y la violación del derecho a su vida privada en cualquiera de sus manifestaciones". Ocurre que la Corte no puede hacer esa cita completa, porque no hay más que recorrer los periódicos y los archivos de noticias desde la campaña del ex presidente en 1989 hasta la fecha para comprobar que fue el actor, hoy quejoso, y no en otras innumerables ocasiones, el que por su propia acción autorizó tácita o expresamente la invasión a su privacidad.

Notamos también una interpretación errónea de la cita de la Convención Europea de Derechos Humanos en cuanto la misma prohíbe la injerencia estatal en la vida privada de los ciudadanos, salvo que una ley lo prevea. Porque a partir de este criterio, la Corte pretende extenderlo a la injerencia del público en los actos de los funcionarios estatales, por medio de la prensa, cuando ni la Constitución ni la ley argentina ni la Convención Americana de Derechos Humanos dicen nada parecido. Asimismo, la Corte cita el caso "Mitterrand" (Tribunal de Gran Instancia de París, 18 1/96, JCP 1996-II-22362) por las revelaciones que hiciera el médico del ex presidente francés en el libro *Le grand secret*. El caso no puede asimilarse ni traerse como fundamento al presente, porque si bien se refería a la intimidad de un ex presidente en tal caso devino por una violación del secreto profesional y una injerencia arbitraria en la vida privada del mismo precisamente por esa violación del secreto profesional.

Por otra parte, ya desde Ponzetti de Balbín consideramos extrema la afirmación: "Que en el caso de personajes célebres, cuya vida tiene carácter público o de personajes populares, su actuación pública o privada puede divulgarse en lo que se relacione con la actividad que les confiere prestigio o notoriedad y siempre que lo justifique el interés general". Desde la deontología periodística debe establecerse el respeto a la vida íntima de las personas, sean o no célebres o notorias. En el mismo sentido consagran la intimidad como derecho los tratados internacionales de derechos humanos, pero constreñir la información solamente a aquello que confiere prestigio o notoriedad puede conducir a la tergiversación, falseamiento u ocultamiento de información clave para la esencia de la vida en democracia. En la medida que la información tenga interés público, que involucre a la administración del destino de un país, que el mismo funcionario o personaje público convierta su intimidad en una "cuestión de Estado" o que lo utilice como herramienta política, está plenamente legitimada la divulgación de la información. No se puede desde una sentencia precaver al periodismo de que solamente pueden "hablar bien" de un personaje público, en todo caso, siempre existe la responsabilidad ulterior –nunca previa, pues sería censura– para determinar los eventuales daños que afectaron al aludido.

No negamos la intimidad de los personajes públicos, todo lo contrario, enfatizamos su existencia, pero es necesario analizar cada caso en concreto, no escudarse en la esfera de la intimidad para inhibir la existencia de información de interés público, y ponderar asimismo el contexto y las implicancias en las cuales acontece la presunta violación de la intimidad o la privacidad. En el caso en cuestión, estimamos, desde la base fáctica, no hay intromisión en la vida privada en los términos del artículo 19 de la Constitución Nacional, que vale recordar, establece: "Las acciones privadas de los hombres que de ningún modo ofendan al orden y a la moral pública, ni perjudiquen a un tercero, están sólo reservadas a Dios, y exentas de la autoridad de los magistrados". Creemos que los hechos de este caso no están exentos de la autoridad de los magistrados.

En efecto, las notas publicadas por la revista *Noticias*, que dieron origen al presente caso, informaron que Carlos Nair era recibido en la residencia presidencial; la portada de la primera nota decía que la relación se había convertido en una cuestión de Estado, ya que luego de denunciar amenazas, la señora Marta Meza y su hijo se refugiaron en Paraguay, cuyo presidente de entonces, Juan Carlos Wasmosy, discutió con Menem acerca de la seguridad de ambos. Entonces no es razonable pretender que tales conductas caigan dentro de la definición de privadas que inveteradamente ha dado la propia Corte.

La sentencia confirma finalmente la sentencia apelada en lo principal, que decide y la modifica exclusivamente en cuanto al monto del resarcimiento, el cual es reducido a 60.000 pesos (la Sala H de la Cámara Civil lo había determinado en 150.000 pesos) porque es "un factor disuasivo de las conductas ilícitas". Estimamos peligroso y no compartimos tal afirmación del máximo tribunal de justicia, por cuanto en el ámbito del derecho, la indemnización que se decida no tiene como fin "disuadir" sino reparar la conducta ilícita. Sostener que una indemnización es "disuasiva" importa tergiversar el sentido mismo de la justicia y el derecho. Los demandados solicitaron a la Comisión Interamericana de Derechos Humanos una medida cautelar que suspenda la ejecución del fallo de la Corte Suprema de Justicia, denunciado las irregularidades y omisiones advertidas[105] con lo cual habrá que esperar la resolución que finalmente se adoptará en el marco del sistema interamericano de derechos humanos creado por el Pacto de San José de Costa Rica.

En conclusión, el recorrido conceptual, doctrinario, normativo y jurisprudencial del derecho a la privacidad hasta aquí realizado nos inquiere sobre las perspectivas y los desafíos del Derecho en el marco de una compleja sociedad que, como nos advierte Eduardo Galeano, nos desvincula y divorcia. El derecho a la privacidad y a la intimidad ya no puede verse desde un punto de vista individual, personal, sino que su eventual proyección social convoca a nuevas miradas porque en las acciones públicas, privadas e íntimas, están demasiadas cosas en juego.

El derecho a la información y la libertad de expresión constituyen pilares afianzadores de la vida en democracia. La prohibición de censura previa es absoluta, pero si en el ejercicio del derecho a la información se agravió la vida privada o íntima es indudable que corresponderá la responsabilidad ulterior pertinente. La variedad y la gama de situaciones que afectan a la privacidad y a la intimidad requieren del Derecho una adecuada y equilibrada ponderación de los derechos encontrados. La tarea no es sencilla y reclama una nueva visión de interpretar que la concurrencia de derechos no implica colisión o mero privilegio de uno sobre otro sino una justa ponderación de los mismos.

---

[105] Presentación ante la Comisión Interamericana de Derechos Humanos realizada por los Dres. Eduardo Bertoni y Damián Loreti.

Capítulo 9

Hacia la profesionalidad del Periodismo

*Por Daniel Sinopoli**

El periodismo tiene un fin esencial: in formar, propender a la formación. Formar o educar con el periodismo es contribuir a que las personas entiendan mejor y orienten convenientemente sus acciones. En un sistema donde la autoridad de la escuela y los maestros se debilita, la función social del periodismo es vital, y pocos dudarían en aceptar su visible y desmesurado protagonismo. Ciertamente, ante la crisis de las instituciones el sistema busca naturalmente equilibrarse. Sin embargo, la desmesura no hace peligrosa la función social del periodismo, sino los principios que la energizan. Hay comunicadores, y también docentes, que confunden educación –hacer comprender saberes, sobre un proceso de autodesarrollo– con "instrucción" –transferencia de datos incompletos, copiosos y descontextualizados–. Así, la pérdida de rigor de la información responde a la falsa idea de que la calidad se sustenta en la saturación.

El periodismo en general acusa este problema. Y también se muestra desentendido del principio de la riqueza basado en la diversidad del método y el estilo, herido de muerte por el magnífico proceso de industrialización de la actividad. Ya Honorato de Balzac observaba en 1840, a propósito del rápido crecimiento de la agencia de noticias Havas, que "...el público puede creer que hay varios periódicos, pero no hay, en definitiva, más que un solo periódico... Cada uno tiñe de blanco, verde, rojo o azul la noticia que le envía el maître de la prensa. Sobre este punto no hay más que un periódico hecho por Havas, y en cuya fuente beben todos los periódicos". Como parte de los designios de la globalización de la cultura, las nuevas técnicas de comunicación propician el ensanchamiento de la cultura mayoritaria y disminuye la riqueza antropológica de las minorías.

* Director de la Maestría en Periodismo de Investigación de la USAL.

En los años sesenta, la expansión tecnológica de los Medios depositó en la profusión de mensajes la esperanza de la diversidad y la riqueza, y del desarrollo de la habilidad del público para seleccionarlos. Profecía incumplida: hoy, la corriente profusa de datos fragmentarios arrancados de su contexto y en versiones copiadas del mismo molde lleva inevitablemente a un modelo de realidad único y simplificado, que malforma los conocimientos.

Para el *infodivertimento* (más que un neologismo, un acto de renuncia a la profesionalidad) simplificar es reducir los mensajes a su versión residual y parasitaria. Grandes cantidades de datos desechables encuentran valor en un contexto que simula la realidad. ¿Cuántas noticias difundidas durante, digamos, seis meses, serán sucesos históricos? ¿Una? ¿Dos quizás, en un marco revolucionario o de guerra? Oportuno ha sido Arthur Schopenhauer, y también agorero, cuando en los albores de la prensa de masas calificó el periódico como "el segundero de la historia".

El asunto es aún más grave, ya que lo residual aparenta ser sustancial y absolutamente verídico. Ostentaciones tecnológicas como los nuevos métodos estadísticos o la cámara oculta garantizan la confiabilidad de los resultados, excepto cuando toda la conclusión del investigador queda circunscripta al valor del registro obtenido por medio de esos instrumentos. Conclusiones embaucadas por la liturgia tecnológica de una "realidad perfecta" que, mientras tanto, se desentiende de las variaciones e imprevisibilidades de lo verdadero.

Ser profesional no tiene grados. No se puede ser más o menos profesional. Se es o no se es. Ser profesional responsable y ético es una aclaración innecesaria: la responsabilidad y la ética están implicadas en la profesionalidad. Asimismo, no es posible exigir responsabilidad a quien ignora los conocimientos fundamentales de su hacer. Podrá ser honesto, íntegro moralmente, y éstas también son condiciones inseparables de la profesionalidad. Pero uno no elige a un médico sólo porque es ético. Hay, para qué negarlo, serios problemas de conciencia cultural sobre la profesionalidad del periodista. Los chicos en edad escolar son habitualmente embarcados por sus docentes en el diseño de un periódico. Juegan a ser periodistas. Opinan y firman. Pero, por ejemplo, nunca a juegan a ser médicos. No conozco un taller de medicina experimental. Jamás supe de un quirofanito en la escuela.

Los periodistas profesionales prefieren la exhaustividad de la investigación a la pereza, y el rigor del mensaje a la vocinglería y el facilismo. No divierten, entretienen. Son refulgentes con la tecnología y el lenguaje, pero siempre y cuando les sirva para ser didácticos, y para dar cuenta con simpleza, nunca con simplismo, de la complejidad de los hechos. Coinciden con los mercaderes del periodismo en que el tiempo es oro, pero con una diferencia abismal: si el espacio o la velocidad va en contra de una debida comprensión, encontrarán el modo de aclararlo. El periodismo es una profesión. Idea simple y contundente que ya es hora de que promovamos. Si el periodismo no se ejerce profesionalmente no es periodismo, es otra cosa a la que habrá que encontrarle una denominación por si aún no la tuviera. La profesionalidad del periodista se sostiene imperiosamente en una formación íntegra.

No obstante, todo el control de la normativa profesional aún está centrado solamente en la regulación jurídica, el libre flujo a las demandas por injurias y tergiversación de la información o el código ético diseñado por algún medio periodístico, y cada quien tiene el impulso de intereses específicos, contingentes e incompletos, sumamente experimentales. Lo único concreto es la disociación de los códigos éticos del periodismo y el de las rutinas: el discurso ético, el pobre discurso deontológico, y el refulgente discurso del ejercicio del periodismo definitivamente no se llevan. En este marco diluido, la primera reglamentación efectiva del periodismo sólo puede comenzar con la autorregulación de los profesionales formados íntegramente.

Periodismo e investigación

El ejercicio cotidiano del periodismo requiere de los mismos principios que la investigación científica, tanto en los procedimientos de objetivación de los hechos como en los criterios para validar las interpretaciones (hermenéutica). No hay razones metodológicas para diferenciar las operaciones y actividades de uno y otro, con excepción del marco teórico, de cuyo diseño el periodista, amarrado a la actualidad o a los hitos históricos más o menos recientes, suele prescindir. Si la investigación es un procedimiento mediante el cual se reflexiona en forma sistemática y crítica para poder avanzar en el conocimiento de un fenómeno, el Periodismo de Investigación debe cuidarse hoy más que nunca de agotar su proceso en la actitud reflexiva (no siempre sistemática) y en la crítica: una investigación científica se origina en el acopio exhaustivo de datos, fase que el periodismo tiende a descuidar no sólo en el método sino también por omisión.

La investigación social, puntualmente, experimenta desde objetivos ciertos y comprobables, con elementos de la misma naturaleza. No desestima todo lo comprobado antes sobre algo, lo acumula con el propósito de perfeccionar el conocimiento de ese algo. El Periodismo de Investigación es negligente cuando acumula sólo las afirmaciones que concluyen en un mismo objetivo de demostración; cuando el periodista premedita la conclusión de un procedimiento aún no iniciado, revela más un compromiso con su propia trascendencia a través del cumplimiento de ese objetivo, que con el rigor de su trabajo.

El número de malas interpretaciones que los periodistas líderes hacen de los grandes temas instalados en la discusión pública es alarmante. La descontextualización y el reduccionismo son, sin duda, los factores que más comúnmente diluyen la complejidad de los hechos. El periodista que desconoce los principios disciplinarios para relevar causas, acopiar datos y advertir consecuencias es un periodista desarmado frente a la complejidad, que reduce su tarea al efectismo retórico. Es necesario que aprendamos a distinguir la noción de orientación pública de la de saber científico: la voz con autoridad fundada en el conocimiento desarrollado por la investigación mediológica, de la voz que instituye sus argumentos desde la ligereza, el tremendismo, el prejuicio o el lugar común, y para la que todo es opinable.

El exceso de opiniones en el periodismo, ya sea por ligereza o egocentrismo, lleva a un desprestigio del juicio como objetivo metodológico, que se ha extendido, inclusive, hasta el ámbito académico. "Estamos acostumbrados, especialmente en los criaderos de expertos que son las universidades, a considerar que la opinión es algo trivial [y no fundada por argumentos probados]. Ello juega en relación con el verdadero 'saber' que sería el otorgado por la ciencia y la suprema encarnación de la realidad. Pero no sólo eso. La opinión es considerada, además, como un simple punto de partida. Son escasas las personas que la consideran un punto de llegada, producto de un esfuerzo deliberado."[106] Es lógico, por lo tanto, que la omisión de opiniones nos tiente, como un conjuro para su abuso en la sociedad y en los medios —de hecho, yo mismo me he propuesto más de una vez opinar sobre

---

[106] Nugent, Guillermo, "La opinión como punto de partida y de llegada", *Perfiles de la comunicación*, N° 5, Lima, julio de 1993.

nada durante ciertos lapsos: un día, una semana, como parte de mis ejercicios de oxigenación–. Pero la opinión autorizada, en tanto resultado riguroso de una descripción exhaustiva y una interpretación consistente, es un último escalón del procedimiento periodístico, que en ocasiones de mis cursos universitarios, confieso, hasta me atreví a invalidar como parte del instrumental profesional del periodismo. Ortega y Gasset ya nos advertía que todo derecho de opinar es una injuria si no acepta una obligación correspondiente: la de estar bien informado.[107]

Inconveniencias profesionales

Hemos dado cuenta ya de algunas anomalías usuales en la labor periodística que por lo común propenden a construir visiones descontextualizadas, incompletas y, en algunos casos, veleidosas de la realidad social. Otro de los vicios en los que se centran las irresponsabilidades profesionales en el ejercicio del periodismo es, sin duda, la parcialidad del que divulga. Es que la imparcialidad u objetividad periodística es no sólo el principio teórico sobre el que los investigadores acostumbran fundar la ausencia de profesionalidad del periodista, sino también la piedra de toque de la discusión sobre las aptitudes del divulgador. La clásica teoría de la objetividad ha determinado, por contraste, la necesidad de buscar un equilibrio entre el ejercicio del periodista crítico –adalid de la preservación y la defensa de los derechos de las personas– y los excesos apasionados en la crítica o en la acusación. Sin embargo, desde esa misma teoría puede inferirse que el tratamiento de un hecho debe caracterizarse no por la propensión hacia el hecho mismo sino hacia la competencia de su abordaje, competencia asentada sobre el rigor del procedimiento.

El abordaje de los hechos muy "negativos" sí puede ser una excepción a la regla. De acuerdo con una reflexión de Denis McQuail, esas situaciones "no permiten posiciones de valor alternativas (por ejemplo, desastres naturales, crímenes graves, guerras con gran derramamiento de sangre, terrorismo, tortura). Pero los acontecimientos

[107] En Diezhandino Nieto, María Pilar, "Hacia un periodismo de clarificación, orientación, utilidad y servicio", *Signo y Pensamiento, Sala de Redacción*, Volumen XVI, N° 30, Santafé de Bogotá, primer semestre de 1997.

potencialmente más noticiables no son de este tipo. De los medios informativos se espera que tengan en cuenta las valoraciones e intereses alternativos, la diversidad de las audiencias y la necesidad de hacer justicia a la complejidad de una realidad en la que la divergencia de valores y puntos de vista tambіén ocupa un lugar".[108]

Algunos periodistas de oficio con fuerte llegada a la opinión pública manifiestan que la subjetividad es lo único que cuenta en la medida en que "uno es sujeto". Puede completarse este pensamiento con otro argumento igualmente lógico: nadie es independiente; uno siempre depende de algo, aunque más no sea de sus propios prejuicios. La objetividad es una entelequia cuando alguien jamás puede eludir la impronta del lugar desde el que observa: la relatividad de las descripciones permitirán, a lo sumo, un mínimo de subjetivismo, dentro de una trama cultural previamente establecida y con la que ese alguien ha tácitamente acordado.

Otro aspecto del debate es la honestidad como contrapartida de la imparcialidad. ¿Puede transparentar su posición el periodista que ha decidido enfrentar honestamente un asunto, cuando la honestidad profesional −a diferencia de la personal− se identifica con el principio de la objetividad? En *La construcción de la noticia*,[109] Miquel Rodrigo Alsina amplía el marco de la indagación distinguiendo objetividad de neutralidad: "mientras la primera es deseable, la segunda no es ni tan siquiera posible". Más adelante cita a Gouldner,[110] a propósito del objetivismo como discurso que no posee carácter reflexivo; enfoca unilateralmente el "objeto", pero oculta al "sujeto" hablante para quien es un objeto. Así, el objetivismo ignora el modo en que el objeto mencionado depende, en parte, del lenguaje en que es mencionado, y varía de carácter según el lenguaje o la teoría usados. Puede observarse que la objetividad como trofeo de los servicios periodísticos equivale, de acuerdo con estas lecturas, al pensamiento volátil y, por tanto, amistoso con cualquier método de manipulación.

No obstante, examinadas con severidad las características actuales

[108] McQuail, Denis, *La acción de los Medios,* Amorrortu, Buenos Aires, 2001, p. 295.
[109] Rodrigo Alsina, Miquel, *La construcción de la noticia,* Paidós Comunicación, Barcelona, 1993, pp. 171-172.
[110] Por Gouldner, A. W., *La dialéctica de la ideología y la tecnología*, Alianza, Madrid, 1978.

de la interacción social y con los Medios, se advierte una curiosa aprobación pública de la inestabilidad en las opiniones de los sujetos y de la ampliación del espacio de sus libertades, especialmente de aquellos que conforman el "sistema de las estrellas". Es bastante común que el periodista –o analista especializado– interprete selectivamente los pensamientos y comportamientos de un individuo y concluya de este modo en resultados ambiguos, subjetivos, menos adecuados para establecer una tendencia general.

Éste es un sobrado motivo para que el periodista desdoble con comodidad su posición en el curso de una misma rutina: un valor, una virtud o una conducta son aprobados o desaprobados simultáneamente a partir de la opinión que el periodista tiene del sujeto con el que se asocian. Una vez más en la historia, como en los tiempos de Sócrates o en los de la diosa Razón, el paradigma de los valores ha sido sustituido ligeramente por la dimensión subjetiva del individuo. Por lo pronto, la resolución de esta dialéctica sólo estriba en la necesidad de conocer y ejercitar los cánones profesionales del periodismo, de los que resulta que:

- todo periodista profesional es un divulgador e investigador, porque todo hecho de la realidad es complejo y obliga a quien lo relata a dar cuenta exhaustiva y sistemáticamente de esa intrínseca cualidad;
- todo periodista profesional es ético y domina los saberes de la actividad, porque la integridad de la formación de los profesionales implica la ética y la deontología, y nunca una u otra.

La imagen del periodista

El concepto básico de imagen refiere al "conjunto de creencias y asociaciones que poseen los públicos que reciben comunicaciones directas o indirectas de personas, productos, servicios, marcas, empresas o instituciones", y cuya configuración "es siempre un hecho emocional".[111] De ser aplicables estos aspectos al diseño de la imagen del periodista, nos situaríamos en un terreno abonado casi con exclusividad

---

[111] Billorou, Oscar P., *Introducción a la publicidad*, El Ateneo, Buenos Aires, 1983, pp. 211-212.

por un conjunto de significantes regidos por un tipo de apelación emotiva bastante persistente y, por lo tanto, infieles a la dimensión concreta del periodista: su identidad.

Un valioso trabajo del especialista español Felicísimo Valbuena de la Fuente corrobora que desde el final de la Segunda Guerra la investigación comunicacional ha ido adentrándose en la imagen de los periodistas. En efecto, los estadounidenses Ithiel De Sola Pool e Irwin Shulman establecieron, en 1956, las imágenes del periodista que quiere agradar y el que quiere castigar o "punitivo".[112] El comentario de Valbuena permite identificar en la propuesta de los mencionados investigadores funcionalistas el rol del periodismo en el marco de la puja de los poderes institucionales, y así también las características de dos grandes tipos de público muy bien diferenciados: "Un periodista sabe cómo funcionan los tres poderes políticos y también los económicos, sociales... y por eso cuando ataca sabe cómo hacerlo. Pero el periodista que quiere agradar también sabe cómo facilitar la acción de su público. Es fácil pensar en la simpatía rigiendo los actos del primer tipo de periodista, pero ¿cómo imaginar que el segundo ve a la audiencia como alguien a quien castigar? La respuesta es que ve dos tipos de audiencias: una, minoritaria pero poderosa, a la que quiere desenmascarar, para que deje de hacer inmoralidades; otra, la mayoritaria, a la que quiere mostrar que él vela por los intereses generales".[113]

Pese a que el modelo de Pool y Shulman —y la escuela de investigación a la que representan— aparece superado por la evolución del saber científico, el actual periodismo abreva, por lo corriente, en esta ecuación maniquea para allanar el camino de la percepción pública de su función. Son dos opciones contrarias y extremas que suelen regir la toma de posición frente a los hechos, el público y los poderes del Estado. Cuatro años después, Morris Janowitz descubre coincidencias entre el militar profesional y el periodista.[114] Así, "el militar 'heroico' se parecería al periodista de exclusivas [léase actualidad cotidiana],

---

[112] Tomado de De Sola Pool, Ithiel, y Shulman, T., "News men's Fantasies, Audiences and Newswriting", en Dexter, L. A. y White, D. M., *People, Society and Mass Communications*, The Free Press, Nueva York, 1964, pp. 141-158.
[113] Valbuena de la Fuente, Felicísimo, "La presión de la vida cotidiana sobre el concepto de información periodística", Universidad Complutense de Madrid, 1998, en http://www.ucm.es/info/per3/cic/cic2ar12.htm.
[114] En Janowitz, Morris, *The Profesion at Soldier*, Free Press, Glencoe, 1960, pp. 223-224.

mientras el 'manager militar' se parecería al 'manager periodístico', que domina los entresijos de los hechos";[115] digamos que esta última figura aparece bastante ligada al modelo comúnmente indicado como de Periodismo de Investigación.

En un intento por aproximar el periodismo a la docencia, Valbuena entiende que Janowitz logra que el periodista de exclusivas y el "manager" tengan en común la tarea de dar instrucciones: "¿Qué es un Profesor sino quien no se limita a dar información sino a enseñar cómo se hacen las cosas? (Ésa debe ser una de las funciones de los profesores en las universidades.) ¿Y qué es un abogado sino quien domina los procesos de muchas acciones humanas cuando se hacen públicas? Por tanto, las imágenes de Janowitz significan un avance importante en el paso del periodista más volcado a la instrucción".[116] Conviene tener en cuenta que Valbuena toma el concepto de instrucción definido por Rusell L. Ackoff y Fred Emery: un servicio de comunicación capaz de mejorar las acciones del receptor. Valbuena reconoce en el estudio de Morris Janowitz de la imagen del periodista un avance en algunos puntos muy importantes, que, según su observación, se han cumplido en muchos casos. Ante la gradual invasión de la competencia periodística en las atribuciones de los poderes institucionales, Morris Janowitz advierte ciertos problemas futuros con el periodista "abogado". "El punto clave para Janowitz —dice Valbuena— lo constituía la confidencialidad. El periodista 'abogado' respetaba sus fuentes... siempre que éstas no fuesen gubernamentales. Entonces, se sentía libre para hacerlas públicas."[117]

Los tres tipos de imagen periodística establecidos posteriormente por John Dillon:[118] interpretativa, divulgadora y adversaria, responden, según Valbuena de la Fuente, a distintos valores. "Los intérpretes —escribe— están al corriente de los asuntos que interesan a la audiencia y procuran colocar un marco, ofrecer un sentido, sobre todo en los medios impresos."[119] Los datos recabados en este sentido por el autor español en el contexto actual del periodismo de su país son coinciden-

[115] Valbuena de la Fuente, Felicísimo, ob. cit.
[116] Ibídem.
[117] Ibídem.
[118] Dillon, John, "Career Values as Predictor of the Perceived Role of Media", *Journalism Quaterly*, 1990, pp. 369-376.
[119] Valbuena de la Fuente, Felicísimo, ob. cit.

tes con la realidad promedio del periodismo de la Argentina. Así, Valbuena indica que el 60 por ciento de los periodistas se había identificado con la imagen interpretativa. Por su parte, los divulgadores deseaban suministrar información al mayor número de personas y de una forma rápida. Más del 50 por ciento de los periodistas también se vieron así. Mientras tanto, los adversarios buscan criticar los abusos de los funcionarios y de las empresas poderosas. Sólo el 17 por ciento de los periodistas se había situado en este tipo de imagen.[120]

Valbuena se pregunta, al cabo de recorrer la línea histórica de los alcances en el estudio de la imagen periodística, qué se deduce del último paso de dos a tres imágenes y cómo es posible que, en poco más de diez años, haya emergido un nuevo tipo de periodista. Su conclusión es tan aguda como certera, al punto que podemos descubrir alusiones directas o indirectas a problemas clave para nosotros, como la construcción frecuente de una estética enconada por parte del periodismo de denuncia, y, en especial, el creciente aumento del número de periodistas que anteponen la gratificación de sus propios deseos al cumplimiento de las normas de la profesión como servicio.

Ante todo, vuelve a aparecer explícitamente el periodista adversario, prácticamente idéntico al punitivo de De Sola Pool y Shulman y al abogado de Janowitz, en el que la simpatía o antipatía es una nota definitoria. En los divulgadores predominaría la información. En los intérpretes, la información y la instrucción. En la línea de Janowitz, John Dillon define los medios como polos de atracción para los futuros periodistas, que esperan encontrar en ellos la afirmación de sus valores y la realización de su imagen. "Una manera de entender todas las imágenes de periodistas es que cada periodista tiene un estilo primario y otro secundario, al menos."[121]

He afirmado en el principio de este punto la noción de imagen periodística como un producto en general divorciado de la noción de identidad, y factible de construir al estilo publicitario (construcción o autoconstrucción) sobre técnicas semejantes a las del diseño de una imagen de marca. También aproximamos a la idea de que esta imagen no esté tanto fundada sobre el manejo conceptual que el periodista hace de la información, sino en el tratamiento cuidadoso de los significantes, tanto de su discurso como de su apariencia física.

---

[120] Ibídem.
[121] Ibídem.

En tal caso, podremos estar asignando el calificativo de "buen periodista" a uno que ha construido su imagen, deliberadamente o no, a través del manejo enunciativo y de las apariencias, y no por el rigor de su método, sus conceptos y sus argumentaciones; en suma, por su profesionalidad. Japón es apodada "la tierra de los hombres bisagra": cada dos pasos las personas hacen reverencias, y no menos de cincuenta veces por día se disculpan. Poco tiempo queda entonces para la esencia de la conversación, que son las palabras, cuando otorgan tanta preponderancia a las formas. Más aún, diminutos regalos son envueltos en ostentosos paquetes, porque lo que importa no es tanto lo que está adentro sino cómo se lo presenta.

Debe imponerse en la calificación del periodista un análisis del discurso que permita revelar la auténtica naturaleza de su trabajo (para el caso se descuenta, por supuesto, el conocimiento de una normativa profesional ya precisada). Configurar la imagen del periodista y su discurso a partir del relevamiento de sus tres dimensiones –enunciativa, estructural y referencial–, frente a la alta inclinación de los públicos a designar la imagen del periodista sobre la base de la dimensión enunciativa, una actitud que deviene en conclusiones abiertamente parcializadas. En el imaginario colectivo, la apariencia del periodista, especialmente del que se desempeña en los medios electrónicos, es un móvil muy importante para la calificación o para abrir juicios.

Es probable que el perfil de periodistas argentinos como Jorge Jacobson, Santo Biassatti y Horacio Verbitsky, por elegir unos casos, reúna gran parte de las posibilidades de imagen hallables hoy en el panorama de los medios de comunicación con trascendencia social. Las metáforas de comparación como "punitivo", "abogado" o la no mencionada antes pero muy utilizada de "perro guardián" son, curiosamente, predisposiciones ante la profesión bastante parecidas en sus características. De tal modo, ensayaré tres categorías de comprensión de la imagen que, sin embargo, contienen objetivos similares.

El "perro guardián" particularmente tiene una actitud previsible ya desde la denotación del término, respecto del trabajo, la relación con el medio y las personas. No obstante, no todos los guardianes se comportan del mismo modo. Así el pequinés, una de las más populares razas de perros falderos, perro sagrado del palacio imperial de la China del siglo XVII, excelente guardián del entorno que lo acoge; celoso de su lugar, lo hace notar con ladridos y movimientos progresivos, pero cuyo efecto nunca pasa del susto. Así el pointer, un perro de punta musculoso y de expresión vigilante, notable por su capacidad para permanecer rígido, con el hocico levantado apuntando hacia la pieza cuando olfatea la caza; un animal de alarma que rastrea bien en la noche, insuperable en el ladrido a los cuatro vientos. Así el doberman, perro de trabajo que se distingue por su capacidad para rastrear, saltar, cobrar y atacar a una persona cuando las circunstancias se lo ordenan; callado y sigiloso, puede seguir rastros de varios días, y hace cuanto no puede realizar el mismo agente policíaco.

En suma, hay un modo de decir lo que se quiere decir y que intenta convencionalmente describir una realidad fidedigna, reciba o no el agrado y la aceptación de sus destinatarios. Hay también un modo de editar y difundir esa misma realidad con eficacia y sorpresa, advertido por el receptor gracias a su experiencia de encuentro con ese tipo de servicio (competencia comunicativa). Las circunstancias que autorizan y legitiman al periodista públicamente estriban sobre todo en el reconocimiento de su imagen por parte de la sociedad, y en cómo se impregna esa imagen en el producto de su trabajo. El creciente portento tecnológico de los medios, especialmente los electrónicos, no sólo fluidifica las posibilidades de construir la imagen pública del periodista, sino que también aumenta su capacidad para inducir la interpretación social de los hechos. Pero se debe promover un modo de hacer profesional, cuidadoso de la imagen en igual medida que del rigor, la exhaustividad y el orden expositivo, muy difícil de practicar mediante los métodos convencionales y cotidianos.

Periodismo y periodistas desde el terreno

La deontología del Periodismo de Investigación, plataforma natural del periodista líder, resiste el tipo de ejercicio basado en "la pesca" de informaciones casi siempre efímeras, y ajeno al desarrollo de la capacidad de anticipación de los hechos. Como en el famoso cuento medieval de Robert Browning, los ratoncitos van detrás de la música del flautista —porque ha tocado para seducirlos, y porque ve que los demás ratones de la comarca también lo siguen— hasta caer en la cuenta que abajo, en el río, la marcha termina repentinamente. Cuando se creía que la innovación de los canales incrementaría el sentido de responsabilidad profesional de los informadores públicos, hoy más bien ha potenciado la creación de formas de hacer rigurosas sólo en su apariencia.

En su trabajo de búsqueda de un periodismo de servicio, la española María Pilar Diezhandino Nieto realiza una categórica acusación del problema: "Aunque se haya modernizado la estructura, la organización, el sistema de trabajo, la paginación, el diseño y los formatos de los medios en general, ni empresarios, directivos, ni profesionales se han puesto al día en lo que afecta a los contenidos (el fondo, la esencia, el producto, la razón de ser, que parece a veces olvidada). Eso significa que el principio noticioso ha involucionado, a fuerza de no evolucionar, hasta el impudor. Vale para la información periodística lo que un psicólogo aplicaba a nuestra sociedad a propósito de la violencia juvenil e infantil: no se interviene –venía a decir– cuando el niño está en peligro, sino cuando es un peligro. Ésa es la cuestión".[122]

Por su parte, Valbuena de la Fuente identifica los términos científicos que separan al periodista "recolector" del "cazador" (no son estas las palabras que utiliza Valbuena; por cuestiones didácticas elegimos parafrasear la notable comparación que el filósofo de Alemania Jürgen Habermas hace entre las antiguas sociedades colectora y cazadora). El español refiere a un trabajo de 1971 del periodista y ensayista británico Jeremy Tunstall[123] en el que son distinguidos "los periodistas que recogen las noticias y los periodistas que las procesan (*'gatekeepers'*). Los primeros actúan más rutinariamente que los segundos. Ya pueden unos periodistas recoger noticias y ofrecer instrucciones [en alusión otra vez al concepto de Ackoff y Emery]; los otros tienen el poder de decidir y lo que hacen, a menudo, es suprimir ese 'cómo hacer' las cosas que aquéllos ofrecen al público. Es decir, pueden llegar a dejar sin contexto las noticias y a dejar al público sin una orientación precisa".[124] También reconoce en el desarrollo del enunciado de Tunstall una pista de por qué puede desaparecer la instrucción en el periodismo, en el marco del proceso de industrialización (clave de los argumentos de la profesionalidad), sobre todo cuando perjudica los intereses económicos de entidades que se sostienen

[122] Diezhandino Nieto, María Pilar, "Hacia un periodismo de clasificación, orientación, utilidad y servicio", en *Signo y Pensamiento*, vol. XVI, Santafé de Bogotá, primer semestre de 1997.
[123] Tunstall, Jeremy, *Journalists at Work: Specialist Correspondents, the News Organizations, News Sources and Competitors-Colleagues*, Constable, Londres, 1971, pp. 24-26.
[124] Valbuena de la Fuente, Felicísimo, ob. cit.

con pautas publicitarias: "[Tunstall] descubrió también que tanto los recolectores como los procesadores sólo eran –entonces– el 11,5 por ciento del total del personal. El resto –técnicos, la dirección financiera y otras de un gran medio– sólo desarrollan trabajos rutinarios".[125]

Una de las sospechas fundamentales que surgen con la investigación del desempeño de los periodistas, o de su propia expresión de las obligaciones laborales y los compromisos con la sociedad, es el desfasaje de la medida de cooperación con el "bien común", respecto del propio y el de la empresa a la que sirven. En rigor, para la conjugación de los polos "periodismo-empresa" y "periodismo-servicio social" la formación integral de los periodistas es imprescindible e imposible de sustituir. Autorreferencialidad, corporativismo y negociación pública son algunas de las actitudes usuales detectadas, que inciden sobre la conformación de la sospecha, aún en los casos en que su hacer y su autocrítica resultan admisibles. Llevamos algunas ventajas respecto del conocimiento de la percepción del rol del periodista a través de los distintos tipos de trabajo, en comparación con su propio modo de entenderlo. Es decir, se reafirma la disociación del discurso sobre la misión del periodismo y el discurso del ejercicio.

Valbuena de la Fuente[126] menciona unos tipos consensuados de periodista, el crítico y el profesional (participante y neutral, respectivamente), tipología que, no obstante, considera merece ser profundizada. "El crítico informa, instruye y motiva; el profesional informa e instruye." Luego, con relación al aporte de Morris Janowitz, en el que el investigador interpreta el quehacer periodístico, apunta: "Sin realizar un estudio empírico, [Janowitz] ofreció una de esas piezas que deberían figurar más a menudo en las revistas científicas, tan ayunas de teoría en muchos números". Y agrega: "Lo que más nos interesa son los dos tipos de periodistas en los que profundizó: 'El *gatekeeper* (Lewin), que se ve como un profesor ante su audiencia, y el crítico/intérprete/participante, que se ve a sí mismo como un abogado defensor de quienes no tienen voz'".

Denis McQuail señala que, entre los periodistas, las normas de trabajo consiguen separar lo organizativo y las obligaciones laborales, de los compromisos sociales más amplios, y que hay indicios del deseo de servir al "bien público", determinado por la naturaleza semipública

[125] Ibídem.
[126] Ibídem.

de los medios. Luego, confecciona un breve sumario de modos de autopercepción distintos que el periodista configura de su rol social: "Distintas investigaciones [en los Estados Unidos] han señalado que ...la versión más comúnmente elegida es la de observador, transmisor e intérprete neutral de acontecimientos importantes en la sociedad: el rol del informador público. Una segunda versión es la de participante o abogador, que implica el objetivo de comprometerse con la vida política y social y tener una influencia deliberada en los acontecimientos. Esto puede incluir un elemento altruista...: el impulso de hablar en favor de las víctimas de la sociedad, las minorías y los desvalidos. El tercer tipo de compromiso es el del crítico, adversario, guardián de cualquier esfera de la vida pública... [También,] está el rol de custodio responsable que en ocasiones se adopta en cuestiones de orden y moral públicos, cultura o conducta personal. Éste ha sido tildado de rol 'sacerdotal', que encuentra su manifestación en un compromiso con el deber público y los valores tradicionales por encima del éxito comercial o la popularidad".[127]

En la Argentina, una investigación realizada por el Centro de Estudios Unión para la Nueva Mayoría[128] revela aspectos interesantes que surgen, en principio, de una disidencia entre periodistas y líderes de opinión (empresarios, políticos y jueces), respecto de las características esenciales que los primeros deben tener: "Los periodistas tienen una autopercepción que destaca la libertad (para escribir) como característica ideal preferida, mientras que los líderes ponen énfasis en la buena formación, lo que en alguna medida lleva implícita una crítica".[129] Partiendo del manejo ético del periodista como una condición básica para obtener credibilidad, el informe indica que "los periodistas no tienen una autopercepción exagerada o sobrevalorada sobre su ética... y es muy leve la mejor percepción sobre su ética que tienen los propios periodistas en comparación con los líderes".[130]

[127] McQuail, Denis, ob. cit., pp. 134-135.

[128] Fraga, Rosendo (comp.), *Autopercepción del Periodismo en la Argentina*, Editorial de Belgrano, Buenos Aires, 1997. Hemos ubicado algunas conclusiones aproximadas a las de este trabajo en Beliz, Gustavo y Zuleta Puceiro, Enrique, *La cultura profesional del periodismo argentino. Hacia un índice riesgo-país en materia de libertad de prensa*, Cuadernos Australes de Comunicación, Buenos Aires, 1998.

[129] Fraga, Rosendo (comp.), ob. cit., p. 15.

[130] Ídem, p. 16.

Una parte del sondeo, realizado a periodistas, opinión pública y líderes de opinión, con relación a "la percepción sobre la problemática nacional", sintetiza: "los periodistas son mucho más escépticos y críticos respecto de las instituciones y factores de poder que la opinión pública y los líderes. El acceso a la información y la actitud profesional pueden influir en esta percepción más escéptica. Pero los periodistas coinciden con la opinión pública respecto de cuáles son los problemas principales del país y en la postura respecto del modelo económico, mientras que los líderes muestran opiniones diferenciadas en estas cuestiones".[131] No sobra rescatar un diagnóstico de los objetivos del periodista promedio, a partir de sus modelos y de los atributos por los que debe destacarse: "[Luego de repasar] sus metas, piensa en el modelo de periodista, en aquel que le gustaría ser. ¿Admira a algún periodista argentino en particular? No. A nadie. No existe un arquetipo. Es la primera respuesta. Un impulso, cargado —quizás— de demasiada autosuficiencia. Le viene a la mente Horacio Verbitsky, el de *Página/12* y *Robo para la Corona*. Y... sí, lo admira, al igual que la mayoría de sus colegas periodistas. Vuelve sobre las metas, vuelve a preguntarse por las características del periodista ideal. Ante todo, y en esto de acuerdo con el 29,2 % de los periodistas, debe tener capacidad de análisis (...) y libertad para escribir".[132]

Indicadores de desprofesionalidad del periodismo

¿Qué es lo que desde el periodismo puede hacerse para contribuir con la promoción de las facultades del hombre? (Tal es la síntesis de la concepción ética y deontológica que intento delinear.) En principio, es indispensable partir de la idea de que cuando uno ofrece un servicio público debe buscar sobre todo la excelencia, que estriba en la responsabilidad que tenemos frente el otro. No hay razones (este capítulo documenta mi intención de descubrir alguna) para continuar ciñendo el periodismo a un fin meramente recreativo, puesto que desde esa premisa es muy difícil editar y divulgar con claridad. Que ambos objetivos no sigan considerándose excluyentes requiere, sobre todo, de un mayor esfuerzo en el diseño de la tarea, así como en la osadía del

---

[131] Ídem, pp. 25-26.
[132] Ídem, p. 37.

emprendimiento. Un trabajo instituido en la estética, condición también implicada por la profesionalidad.

La perspectiva de la profesionalidad nos lleva a promover la figura de un receptor activo con el que el periodista debería contribuir a través de un servicio de desarrollo de sus facultades. Desde la argumentación de este aspecto pondero el método dialógico como recurso de apariencia lúdica que, justamente por su propio atributo para fingir la distensión, propicia en el destinatario un mayor interés hacia el meollo de las informaciones. Esta observación caracteriza el actual marco de referencia de los medios de comunicación social como vehículos para la exaltación del disvalor en los términos de disensión, nebulosidad (confusión), y superposición de roles (crisis de identidad).

Ahora, ¿cuáles son los indicadores básicos en la labor periodística de esta suerte de desprofesionalidad? Sugiero considerar la siguiente enumeración como un inventario de faltas profesionales:

- *Los módulos invariables y recurrentes*: el lenguaje del periodismo en el nivel masivo, y también en los estratos de la *midcult*, echa mano a un conjunto significativo de módulos invariables y recurrentes, sobre todo las frases hechas y los lugares comunes. Asimismo, el abuso del adjetivo connota pérdida de riqueza narrativa: ciertamente, es necesario un mayor esfuerzo para describir un suceso que para calificarlo.

- *El enciclopedismo*: la cultura enciclopedista de la prensa se inclina a la profusión informativa desde un designio de calidad directamente proporcional a la cantidad de información. Esta saturación informativa lleva a fragmentar las informaciones. El suministro de grandes cantidades de información durante tiempos reducidos va en contra del dimensionamiento de los temas, tanto en el ámbito de la realización como de la recepción. Conspira con las limitaciones naturales de la percepción humana. El enciclopedismo, así entendido, instala la premura, y con ella, la fragmentación y los juicios insostenidos; la cultura de la urgencia, la ritualización de la velocidad, no reclama que el periodista fundamente la información: escucha, disfruta, se identifica con las opiniones de todos, pero rara vez pide fundamentaciones, por lo menos desde la noción rigurosa del término.

- *La fragmentación*: la concepción errónea del método enciclopedista es una de las causas más notorias de fragmentación.

Torrentes de esquirlas de información: esta parece ser la voz de orden que orienta la rutina productiva del periodismo. No hay casi lugar para el desarrollo de temas que transiten desde todas sus causas y por su debida contextualización, hasta sus consecuencias ciertas y probables. Por otra parte, la información fragmentaria es severa en la generación de tergiversaciones. Mejor: un contenido fragmentado es siempre tergiversado. Así fecundada la desinformación, concibe la deformación del sentido perceptivo y, al cabo, la degradación de la sociedad en tanto configuradora de realidades.

- *La verborragia*: la charlatanería, el "parloteo" y las verdades ligeras (o medias verdades) constituyen un menudo hecho de corrupción que desvirtúa el conocimiento. La multioferta mediática apuesta en numerosas ocasiones a *livings* o mesas de opinión y parloteo sobre temas de diferentes ámbitos (sobre todo, en los llamados *talk shows*). En esas ocasiones, las opiniones de periodistas o invitados acostumbran surgir ligeramente, no pocas veces fundadas sobre opiniones de otros, leídas o escuchadas al momento, y a su vez concebidas desde otras opiniones (por ejemplo, cuando se habla "en representación de...") que quizás sí, angustiosamente, hayan sido originadas por la observación o la información primaria sobre el hecho.

- *La banalización de los contenidos*: aquí puede ubicarse el estereotipo como un recurso crucial de simplificación de las construcciones de realidad. El estereotipo permite al periodista, o a quien ejerza de tal, resolver con mucha velocidad la presentación de problemas que en verdad son complejos. Además, la confusión que acarrea la suma de descripción incompleta –dimensión simplificada–, fragmentos de palabras e imágenes superpuestas, reúne a los diferentes actores sociales dentro de una misma concepción de la realidad y de la vida. Se trata de una táctica muy efectiva tanto para divertir y convencer, como para sobrellevar una labor que por lo menos sea vista como profesional.

- *El sensacionalismo*: otra arma fundamental para la banalización de los contenidos es el sensacionalismo. Pocos términos periodísticos han invadido como éste la habladuría popular, quizá por la explicitud o el vigor animado de sus reglas: uso de aumentativos y diminutivos, vulgarismos, signos de exclamación, tipografía catástrofe, música incidental o retóricas lingüísticas e icónicas de descarnados efectos emocionales. El sensacionalismo es un instrumento que en las investigaciones del mensaje periodístico sirve para medir la incidencia de lo trivial o lo superficial en el reconocimiento público de los hechos. Sensacionalismo, dramatización, interés humano, personalización u otras características de las noticias relacionadas con el entretenimiento: "...cuanto más de estos aspectos presente la noticia, más se puede pensar que ella carece de 'valor informativo' y que, por lo tanto, es improbable que sea relevante para las necesidades de información, aunque de manera inmediata resulte interesante [emotiva, efectista] a las audiencias".[133]

En suma, la vaguedad procedimental, clave de la desprofesionalización del periodismo, es la consecuencia segura de una información fragmentada y, por lo tanto, tergiversada, que deviene sin remedio en la interpretación inconsistente y el juicio infundado. Por el contrario, el rigor del tratamiento ordena que todo asunto sea atendido en su completa dimensión, observado y documentado desde diferentes enfoques. Como se puede ver, la opinión, tan degustada por nuestro folclore, no puede desentenderse de las dos primeras fases descriptiva y evaluativa. Todavía más: un acopio de información extremadamente sólido confluye en interpretaciones y opiniones que, por su propia y clara decantación, hasta pueden omitirse. La información en dosis precisas acompañadas con ayunos de opinión es una combinación oxigenante. La información incompleta y equívoca no sólo tienta el juicio insostenido sino que origina circuitos de desinformación, y degrada el valor de las decisiones sociales que resultan de la idea de realidad configurada.

El camino de la profesionalidad

Uno de los principios básicos de la profesionalidad periodística equivale a no dar tan rápido por cierta una información, una interpretación o una opinión, cuando podemos invitar con preguntas a poner en crisis los aspectos del tema desarrollado. El método dialógi-

---

[133] McQuail, Denis, ob. cit., p. 294.

co es altamente eficaz para alcanzar ese objetivo y, por lo tanto, la base de la reforma de la técnica de argumentación. Al mismo tiempo, gratifica la función lúdica y de entretenimiento, nada menos que lo que se espera de un servicio periodístico basado en grandes inversiones económicas.

En el periodismo que proyectamos, "enseñar a pensar" es como en el aula, presentar problemas reales para provocar la discusión, presentar encrucijadas que sólo pueden ser resueltas pensando. La construcción del discurso periodístico argumentativo tiene, como objetivo medular, contribuir al cambio de actitudes del público respecto de su encuentro con los medios. Aludo a un proceso de intercambio moderno, autónomo, naturalmente inquisitivo, que potencialice la capacidad del público para intervenir o actuar intelectualmente. En este sentido, los conflictos representados por el proceso de comprensión de la realidad no deben intentar atenuarse (principio que corresponde al funcionalismo clásico) sino ser aprovechados para motivar la creación de soluciones y la autonomía de reflexión y decisión. Luego, el entrenamiento en la búsqueda permanente de soluciones a los conflictos desarrolla la capacidad de creación y, en consecuencia, favorece la evolución social y la promoción de las personas. Una característica básica de esta estrategia, enmarcada siempre en el componente de entretenimiento que trasvasa por lo normal las producciones mediáticas, es, de tal manera, involucrar al público en el esfuerzo que requiere escindir la envoltura de los hechos.

Remarcamos lo lúdico como recurso de apelación ordinariamente utilizado por los empresarios que controlan los medios: es obvio, ellos buscan el lucro y no van a hacer modificaciones sobre pautas básicas de entretenimiento que siempre les han otorgado ganancias. No obstante, el significado de entretenimiento que podemos constatar en los fundamentos de la comunicación humana es diferente del que los sistemas de medios actuales le han otorgado. Entretener, "tener entretanto", es un principio retórico de dosificación del discurso, cuya característica es la de afectar al auditorio para aumentar la probabilidad de atención sobre el contenido. La noción esencial no prescribe el entretenimiento como un sinónimo de divertimento (acción de apartar al receptor de lo que debe atender). Tampoco, por supuesto, como un fin en sí mismo, sino primordialmente como la cualidad retórica del periodismo dirigida a la influencia promotora de los miembros del público.

En otro orden, la credibilidad de los periodistas deviene en crisis cuando desvirtúa sus cualidades con la multiespecialización. Incursionar blandamente en un ámbito u otro del ejercicio profesional, sobre todo cuando ya se tiene una larga trayectoria, instala una sospecha que tiene origen en el problema de la funcionalidad de los sujetos, y su falta de convicción. El periodista que tiene la oportunidad de dialogar efectivamente en los medios electrónicos con algún miembro de su público, o bien cuando participa en algún debate o mesa redonda, manifiesta inseguridad o la falta de solidez de sus afirmaciones cuando ordena no ser interrumpido. El método dialógico prescribe para la interrogación o el intercambio de palabras, inclusive públicamente, un "abrirse al otro", sobre la certeza de que, en última instancia, se obtendrá una conclusión válida y de común acuerdo.

En la era de los proyectos estatales de comunicación demorados, del retraso en la creación de políticas nuevas que regulen las producciones, sentamos el desarrollo de las modalidades del ejercicio periodístico propuesto en la formación íntegra y el perfeccionamiento de las competencias comunicativas de los periodistas. El mejor logro que puede esperarse en este sentido es que la presión del público se manifieste por su indiferencia hacia las propuestas que no logren saltar las vallas del diálogo crítico y entretenido.

Las contribuciones originales de América latina en torno de la investigación de la comunicación social, sobre todo en las últimas cuatro décadas, han surgido del estudio de la telenovela, el estudio de las mediaciones y, puntualmente, la educación para los Medios. Los argumentos del presente capítulo refieren a una derivación del último término e intentan modelar un sistema formativo permanente desde los grandes medios periodísticos. Transformar la idea ya clásica que los sistemas de comunicación social tienen respecto de la producción de publicaciones y programas educativos —acartonada, particular en su propósito, y meramente instructiva—.

Frente al potencial humano y tecnológico con que cuentan las estructuras de información actuales, me he preguntado incontables veces: ¿cómo es posible que la mayoría de los servicios de comunicación que, entendemos, contribuyen efectivamente a la formación de las personas, resultan de producciones austeras en las que, por cierto, priman el esfuerzo, la voluntad y la capacidad para resolver las limitaciones de recursos y cumplir con ese propósito? Parecería que cuanto más numerosos y sofisticados son los elementos con los que se cuenta para informar, mayor es la probabilidad de ceder ante lo premoldeado, del temor por el cambio y la renovación, de que se subestime al público e intente inducir sus reacciones, voluntaria o involuntariamente.

El modelo profesional de periodismo implica traducir la información en requerimientos de otras informaciones que la complementen, y en preguntas para documentar y verificar exhaustivamente. Distinto y bastante común es el caso del periodista que interroga y comenta unos datos seleccionados desde criterios de parcialidad, con resultados ambiguos e inadecuados para establecer una tendencia. Busca así la prueba de una conclusión *prefactum*, o bien revelar algún escándalo en las altas esferas del poder (parálisis paradigmática instituida por el síndrome de Watergate). Es posible también reconocer en el ejercicio del periodismo un uso frecuente de canales inapropiados, de acuerdo con el tipo de lenguaje de la información (o también, por qué no, con las virtualidades específicas del lenguaje periodístico). Por ejemplo, la lectura de textos del diario en los programas radiales acartona, desnaturaliza el discurso y constituye un modo artificioso de decir. Mientras, la sintaxis radial llevada al texto divierte y alivia la tensión del encuentro con las ideas, aumentando el riesgo de limitarlas. Subrayémoslo: en el periodista-profesional-que-siempre-forma es de especial importancia la síntesis (sintaxis condensada) y la escritura singular y apropiada al lenguaje del medio.

A propósito, observo una relación entre el modo imperante de abordaje de los contenidos en gran parte del periodismo, y los procedimientos para escribir con computadora, instrumento que ya ha conquistado las editoriales. Los programas de escritura habitúan al redactor a intercalar lo que omite y transpolar: de esta suerte, en el periodista desprevenido y cuyo desempeño es desordenado y vertiginoso, debilitan la cultura del reconocimiento lógico, secuencial, detallado y progresivo con la información.

El proceso de depuración de la labor periodística debería prepararse para resistir los primeros embates del receptor común. Un cambio sustancial en la didáctica expositiva de los hechos provocará seguramente el rechazo del público, o por lo menos de algunos de sus miembros, acostumbrados a una transferencia de la información basada en términos dados por sabidos, procedimientos conocidos (por el nombre, claro, no en su proceso), y que por lo tanto no requieren de ninguna explicación adicional.

Si otro problema clave es el de la información incompleta y fragmentaria, y ya hemos resuelto culturalmente las presiones de la velocidad como marco para la planificación del trabajo, preguntémonos: ¿hay una organización mejor provista que las grandes empresas de comunicación social para atiborrar las líneas telefónicas con llamados a especialistas, móviles calificados, bancos de datos, o centros privados de información? Que lo digan algunos medios periodísticos pequeños con pretensiones profesionales, y sus esfuerzos sobrehumanos para montar un servicio de información y evaluación de la realidad por lo menos óptimo.

Invito también a reflexionar sobre el oportunismo y el canibalismo en la labor periodística. El primero se manifiesta por la avidez de correr detrás de aquellos hechos que conforman la agenda de los medios y que, por lo general, vienen en listas acotadas. El periodista caníbal, por su parte, no interactúa con su público, más bien lo fagocita; lo invade, lo absorbe, lo neutraliza saturándolo de información descontextualizada, confusa. Sesga cualquier posibilidad de que su público elabore opiniones propias, imponiéndole la suya, y cualquier modo alternativo de configuración de la realidad.

El partidarismo y la obsecuencia pueden agregarse al inventario de las faltas profesionales. Si el periodismo sólo se circunscribe a los intereses editoriales, políticos y económicos del medio, entonces delimita su posición, empobrece el abordaje de la realidad y, por lo tanto, no propicia un encuentro inteligente del público con la información. Suele afirmarse que una de las razones que con más fuerza determina el partidarismo es la existencia de *holdings*. La reforma de la técnica de argumentación, etapa clave del camino de la profesionalidad, resiste el partidarismo en la medida en que otorga a esa mayoría silenciosa a la que llamamos público la posibilidad de que decida autónomamente, y ubica al periodista únicamente en favor de su trabajo. La obsecuencia es el modo corriente de expresar el partidarismo y estrecha la visión de la realidad. Si bien el estricto periodismo-verdad está limitado por la naturaleza misma de la representación de los hechos, que siempre implica simulaciones, la formación profesional del periodista garantiza una actitud extrema por lo fidedigno y el suministro de los materiales con que el destinatario construye los cimientos de sus ideas y sus reflexiones.

La instauración de la profesionalidad implica promover la importancia, independientemente del tiempo que insuma, de buscar, clasificar, ordenar y divulgar la historia de los hechos desde los principios éticos y deontológicos del periodismo. Implica también difundir el gran esfuerzo académico que ha llevado y lleva aún delinear esos principios de la actividad que contrarían gran parte de lo que fomenta la industria. Los tiempos de este proceso son los tiempos del cambio en la percepción cultural del periodismo, ambos originados en el respeto por nuestros prejuicios y limitaciones.

Capítulo 10

Testimonios del mejor Periodismo de Investigación de la Argentina

Entrevistas a:

Daniel Santoro

Juan Miceli

Román Letjman

Miriam Lewin

Rolando Graña

"La función del periodismo es ser el perro guardián de la democracia"

Entrevista a Daniel Santoro
Por Ariel Pérez Guzmán

Daniel Santoro nació en Avellaneda en 1958. Se graduó como Licenciado en Comunicación Social en la Universidad de La Plata y fue profesor de la UBA y del ISEN. Además, ha enseñado Periodismo de Investigación en la Fundación Nuevo Periodismo Latinoamericano de Gabriel García Márquez. Es miembro del Consorcio Internacional de Periodistas de Investigación (ICIJ). En televisión, condujo por CVN el programa *Investigación Santoro*. Fue secretario de redacción de la agencia NA (1984-1990) y colaborador en temas de política exterior de la revista *Somos* y el diario *Sur*. Actualmente se desempeña como editor de la sección Política de *Clarín*, enseña Periodismo de Investigación en la UB y es columnista de la revista *Gatopardo*. Como enviado especial, ha cubierto sucesos políticos en los Estados Unidos, España, Brasil, Chile, Perú, Uruguay, Guatemala, México, Zimbabwe, Angola, China, Corea del Sur, Filipinas, Vietnam y Singapur. En 1993 fue becado por la Unión Europea para estudiar en Bruselas. Es autor de *Operación Cóndor II* (1991), *El Hacedor. Una biografía política de Domingo Cavallo* (1994), *Los Intocables (los verdaderos)* (1996) y *Venta de armas, hombres del gobierno* (1998). Por la investigación del tráfico de armas a Ecuador, publicada en *Clarín*, ganó el Premio Internacional de Periodismo Rey de España 1995. Por sus libros fue nombrado en 1997 Caballero de la Orden al Mérito de la República de Italia. Recientemente, recibió el Premio María Moors Cabot otorgado por la Universidad de Columbia (Estados Unidos).

¿Qué fue lo que lo llevó a estudiar periodismo, teniendo en cuenta que la profesión entre 1976 y 1983 (proceso militar) no era, precisamente, una garantía de seguridad para quien la ejercía?

Lo que pasa es que soy hijo de un sindicalista y siempre me interesó la política. Estudié en el Colegio Politécnico de Berazategui y siempre fui delegado durante todos los años que cursé, y además, pese a que soy Técnico Electromecánico, siempre me gustó el teatro, la literatura, la historia; entonces busqué una carrera que estuviera orientada a las ciencias sociales y que tuviera salida laboral. Yo soy un paracaidista en el periodismo, no tengo padre, tío ni primo en la profesión. Concurrí a la Escuela de Periodismo de La Plata, que en ese momento tenía muy buenos docentes, y el profesor Alfredo Torre me enseñó el Periodismo de Investigación ya en segundo y tercer año. Esto de tener una actitud detectivesca y tratar de traer métodos de investigación de la ciencia me pareció muy atractivo. Iba más allá del periodismo informativo, tratando de profundizar los temas. Por eso siempre tuve la orientación hacia el Periodismo de Investigación, aunque claro, no lo pude ejercer al principio porque, obviamente, los primeros trabajos que tenía demandaban mucho tiempo.

Situándonos en esa época en la que usted cursó en la universidad, ¿piensa que el periodismo debería hacer una autocrítica sobre su papel en la dictadura militar?

Sin lugar a duda, las grandes empresas periodísticas fueron cómplices de la dictadura militar. En la Argentina hay cien periodistas desaparecidos en ese período, es el gremio que, en forma proporcional, sufrió más víctimas en cuanto a desaparecidos, exiliados, torturados y demás. Por eso creo que hay que hacer una profunda autocrítica sobre esa situación. Aunque no le corresponde a todos los medios. Por ejemplo, *The Buenos Aires Herald*: pese a que era un diario que tenía una posición económica de derecha y apoyaba a Martínez de Hoz, durante la dirección de Roberto Cox fue el primero que empezó a publicar listas de desaparecidos. Pero también el terror que había en la Argentina llevó a que muchos periodistas decidieran exiliarse.

Ya en democracia, en 1991, usted publicó su primer libro: Operación Cóndor II. ¿Cómo fue la experiencia de realizar y publicar esa primera investigación?

En realidad fue una experiencia fascinante por varios motivos. Cuando entré a trabajar en *Clarín*, fue el primer momento en mi carrera en que tuve tiempo para poder hacer investigaciones. Trabajaba en la agencia NA (Noticias Argentinas), y la actividad era tan abrumadora que cuando salía tenía ganas de cualquier cosa menos de ponerme a pensar. A los pocos años de ser redactor en la Agencia pasé a ser jefe de Redacción, tenía que corregir todos los cables que salían, un trabajo muy pesado y bajo presión. Luego, en *Clarín* tuve la suerte de que María Seoane me invitara a escribir un libro, yo nunca me había imaginado escribir un libro aunque lo deseaba, y ponerlo dentro de una colección de jóvenes periodistas y libros de bolsillo. Uno de los temas que investigaba en el diario era el descubrimiento de la prensa de la destrucción del misil Cóndor II por parte de Menem. Entonces, lo llevé a un formato de libro, que me permitió terminar con mis miedos y aprender mucho de cómo llevar, también, las informaciones que uno podía descubrir. El libro es el mejor soporte para la investigación periodística.

A raíz de ese libro, ¿cuáles fueron las repercusiones políticas luego de que usted comprobó que el misil Cóndor II había sido mandado a desarmar por el presidente Menem a pedido expreso de la administración Bush en los Estados Unidos?

En realidad, eso lo sabían todos los medios. El aporte que hice fueron unos documentos de Naciones Unidas que revelaban que en Irak funcionó una planta de motores igual a la que estaba construida en la Argentina, en Falda del Carmen (Provincia de Córdoba). Era un proyecto internacional, en la Argentina se hizo la primera experiencia y algunos motores del misil Cóndor II fueron triangulados a Irak vía Egipto. Ese fue el granito de arena que aporté a esa investigación. Obviamente, sí fui muy crítico en la medida en que Menem, por su lineamiento automático, además de desmantelar el misil desarmó los equipos de científicos y técnicos que había, perdiéndose una materia gris importante que podría aplicarse en programas espaciales con fines pacíficos. Creo que fue un retroceso del doctor Menem. Por ese aporte recibí una de las primeras amenazas de mi vida, cuando empezó a llamarme una voz en árabe diciéndome que había pisado la cola de la víbora. También me mandaron una carta en árabe junto con un cuchillo. Hice una denuncia ante la policía, pero no se pudo descubrir nada y encima el juez se quedó con el cuchillo, que era un hermoso souvenir.

Pasemos a otra de las investigaciones que usted ha hecho, la de la venta de armas a Croacia y Ecuador. ¿Qué es lo que provoca que un periodista comience a investigar un hecho de semejante magnitud?

Yo hice muchas investigaciones, pero ésa fue el gran elefante de mi carrera. Cuando empecé a investigar, tenía en mi haber una formación universitaria, y acá en el diario una formación crítica basada en dudar de las informaciones oficiales. Ese día, cuando llegué a la Cancillería, tanto yo como otros periodistas que estaban presentes teníamos la versión, que había llegado vía las agencias internacionales y el diario *La República* de Lima, de que habría habido un desvío de armas argentinas a Ecuador, durante la guerra entre Ecuador y Perú, por la Cordillera del Cóndor. El Gobierno sacó un comunicado desmintiéndolo, pero yo desconfié de la versión. Vi al Embajador de Perú saliendo de la Cancillería con cara de enojado, y por mis fuentes supe que había dialogado con el canciller Guido Di Tella en una reunión de rutina. Y después otra fuente, ante mi presión y mi duda, me dijo que había una investigación interna para saber si era cierta o no esa versión. Al día siguiente, el resto de los diarios publicó: "el Gobierno desmiente categóricamente haber vendido armas a Ecuador". Y *Clarín* salió diciendo: "se abrió una investigación interna para determinar si es cierto que vendieron armas a Ecuador". A partir de ahí, mordí el tema como un perro de presa, e inicié una saga de notas con decretos secretos y dudando de todos los papeles que iba presentando el Gobierno, y de sus coartadas. Quince días más tarde, el doctor Moner Sanz, en base a la investigación publicada en *Clarín*, hizo una denuncia y se abrió la causa judicial que después llevó a Menem ante el juez y decidió que estuviera preso en el año 2001. Yo apliqué lo que aprendí en la universidad y en la práctica: buscar antecedentes en el archivo, tener hipótesis de trabajo, cruzar los datos y buscar las viudas del poder entre aquellas fuentes que están más dispuestas a hablar que otras. Son distintos recursos y herramientas que puse en práctica para mantener una investigación tan larga en el tiempo.

El caso de la venta de armas tuvo grandes resonancias locales e internacionales. Pero, ¿cuáles fueron las consecuencias inmediatas para su carrera?

Primero obtuve un reconocimiento internacional, el Premio Internacional de Periodismo Rey de España en noviembre de 1995. Eso fue lo que me hizo conocido en el resto de América latina y lo que dio credibilidad a mis investigaciones. Yo antes había publicado otras que no habían tenido la repercusión que tuvo esa en términos mediáticos y políticos. Y en *Clarín* me empezaron a dar más tiempo para los temas que yo quería investigar y a darme menos trabajo en cuanto a la cobertura diaria, ya que obviamente el principal insumo que se necesita para investigar es el tiempo.

¿Cuáles fueron las relaciones con el poder político en el momento en que usted realizaba la investigación y publicaba artículos en Clarín*?*

Tuve una enorme presión por parte del gobierno de Menem, de índole pública y privada. La pública consistía en decir que lo que publicaba *Clarín* era una patraña, que las armas estaban en Venezuela y en Panamá, refiriéndose a los decretos que había firmado, cuando en realidad las armas estaban en Ecuador y en Croacia, países que tenían embargos militares internacionales. Menem, por medio del Ministerio de Defensa, me inició un juicio por violación al secreto de Estado, porque publiqué un decreto secreto, el 103, donde había pistas sobre cómo había sido esta maniobra. Por eso estuve imputado en esa causa, tuve que ir y nombrar un abogado. Pero, al año, Menem me hizo un favor porque, para demostrar esta teoría de que yo soy un delincuente, levantó el secreto sobre todos los decretos presidenciales de venta de armas desde 1983, para decir: "Alfonsín también hizo lo mismo". Sin embargo, cuando uno leía los decretos de venta de armas durante el gobierno de Alfonsín, la mayoría de las transacciones eran de Gobierno a Gobierno, y eso no es un delito; uno puede estar en contra desde un punto de vista ético pero no es un delito. Como también se dio a conocer el decreto por el cual yo estaba imputado, el juez archivó la causa. Además, uno de los abogados de Palleros, el traficante de armas, me ofreció cincuenta mil dólares para que dejara de investigar, y tuve amenazas de muerte, pero nada grave.

¿Cuando un periodista recibe ese tipo de amenazas, cómo se hace para continuar la investigación?

Uno tiene que medir la gravedad. Si las amenazas persisten en el tiempo, si son varias personas, entonces hay que preocuparse. Yo me preocupé con la del Cóndor II. Pero con el caso de la venta de armas, no, ya que todo se redujo a una sola llamada telefónica en la que alguien dijo que habían contratado un asesino en Brasil para matarme, y que lo iban a mandar a Buenos Aires. Sólo para asustarme... Finalmente, nada pasó.

Usted ha dicho que el papel de un periodista de investigación no debe estar en el ámbito de la Justicia sino sólo en el de la denuncia. Pero al observar cómo funciona la Justicia en nuestro país, y al ver al ex presidente Menem libre, ¿qué siente el periodista que denunció su participación en la venta de armas a Croacia y Ecuador?

Nuestra función es señalar y denunciar un hecho irregular, nosotros no somos jueces ni fiscales, no tenemos las herramientas de los jueces: allanamiento, capacidad de tomar indagatoria bajo juramento, documentos originales. No podemos buscar una verdad jurídica. Podemos, sí, buscar una verdad periodística y señalar la maniobra. No estamos con capacidad para condenar, por eso yo nunca dije que Menem es un traficante de armas. Pero, obviamente, la cantidad de datos y de hechos que puse ya hablaban por sí mismos. Cuando Menem cayó preso me preguntaron: "¿Está contento?". No, no estoy contento, estoy satisfecho profesionalmente porque la mayoría de las cosas que publiqué eran ciertas. Sin embargo, el que lo metió preso fue el juez, no yo. Sólo puedo, como ciudadano, tratar de que haya una mejor relación entre la prensa y la Justicia, de mejorar la Justicia para que no haya impunidad, pero eso no es un problema de los periodistas, es un problema de la sociedad argentina en general. De todos modos, todavía hoy, en el año 2004, por esta causa Menem ha estado sobreseído, con sobreseimiento apelado, por lo cual no quiere volver de Chile a la Argentina. Pero su ex ministro de Defensa Erman González y otros cinco ex funcionarios están procesados y yendo a un juicio oral y público. Como se ve, también tuvo consecuencias políticas y jurídicas concretas, o sea que aportamos un granito de arena para desenmascarar a Menem y mostrar una de las tantas maniobras que hubo durante su Gobierno.

Al estar en contacto con casos como los que usted investigó, ¿se da alguna ocasión en que el periodista pierde esa imparcialidad necesaria para llevar a cabo sus investigaciones?

Existe la tentación de enamorarse de la hipótesis que se tiene y equivocarse. Ahí está la capacidad profesional de tomar distancia para no pasar a usar, por ejemplo, adjetivos. Si vos ves mis notas, en general no hay adjetivos, lo que busco son hechos comprobables. Ésa es la forma de mantener distancia. Lo importante cuando se lee una nota es decir: en qué fuentes está basada y qué documentación tiene, eso es lo que le da respaldo. No le da respaldo el adjetivo, sólo lo hace rimbombante. Así, uno distingue rápidamente cuándo un trabajo periodístico es serio y cuándo no.

En los Estados Unidos en 1974 una sola investigación periodística como la del Watergate terminó con la renuncia del presidente Richard Nixon. ¿Cómo explica usted que pese a investigaciones como las de la venta de armas, el caso IBM-Banco Nación, la mafia del oro (entre otras) en la Argentina, Carlos Menem haya terminado su mandato y tenido, inclusive, la posibilidad de volver a ser presidente en el 2003?

Esto es, obviamente, un problema de la Justicia, pero también es cierto que los delitos cometidos por los funcionarios, cuando los sobornos se pagan en efectivo y no quedan huellas como, por ejemplo, un cheque bancario, son difíciles de investigar. Y son más difíciles de investigar cuando los jueces no tienen voluntad política. Menem manejaba la Justicia... ¿quién iba a investigarlo mientras tuviera poder? En los Estados Unidos resultó porque, mal que bien, el sistema de la división de poderes funciona, y si Nixon no renunciaba el Congreso le iba pedir un juicio político, y tendría que dar explicaciones a la Justicia por haber mentido y obstruido el caso Watergate. Acá no existe un sistema republicano tan fuerte: ésa es la explicación por la cual Menem pudo presentarse. Además, y pese a que se demostró que tenía una cuenta en Suiza, el juez Oyarbide recién lo procesó mucho más tarde de la campaña electoral, y cuando la Cámara Federal de Apelaciones le ordenó procesarlo, porque durante la campaña le había dado la falta de méritos.

Y viendo la misma situación pero desde otro punto de vista, desde el de la sociedad, ¿cómo explica que, luego de obtener tantos datos que comprueban la corrupción de Menem, la sociedad haya podido llegar a votarlo como presidente en el 2003?

Bueno, fueron solamente el 24 por ciento de los votos, y él creía que iba a ganar con el 40. Me parece que hay un dilema. En Brasil había un gobernador que decía: "Robo pero hago obras". Hay gente para la que es más importante esa apariencia de administrar, de un líder fuerte para gobernar una situación de crisis. No olvidemos que la Argentina venía del derrumbe. Y además hay que pensar que había creado un sistema de poder, Menem estuvo en el poder diez años, más que Perón en forma continua, y eso significa una serie de lealtades políticas, económicas, financieras, había todo un establishment que andaba atrás de Menem o de López Murphy.

Usted ha incursionado en el Periodismo de Investigación en televisión con Investigación Santoro. *¿Cuáles son las diferencias más grandes que existen entre una investigación televisiva y una en gráfica?*

Primero voy a decir que mi programa de investigación por cable es muy modesto, porque el gran elemento que hay que tener es mucha plata. Por ejemplo, para mandar un camarógrafo, o hacer una guardia periodística durante horas. Necesitás pagar un estudio, y de decenas de horas sólamente editar dos o tres minutos. El modelo de la investigación periodística en televisión es *60 Minutos* de los Estados Unidos, donde hay tres o cuatro equipos que constantemente están produciendo notas e investigaciones, para salir una vez por semana. En la Argentina no hay ningún programa periodístico de televisión que pueda hacer eso. *Telenoche Investiga* ha hecho algunas buenas investigaciones periodísticas partiendo de la definición de Petra Secanella: que la investigación la haga el propio periodista, que haya un poder que la quiera ocultar y que sea un tema de interés público. Por ejemplo, la de Sergio Elguezábal sobre Mario de Marco Naón, que era el presidente del Instituto Nacional del Agua durante la gestión de María Julia Alsogaray, es una investigación periodística excelente y sin cámara oculta. Hay otras donde la cámara oculta es solamente un golpe, un campanazo, a diferencia del caso de "El país de María Julia" (nota de Elguezábal), donde había documentos por detrás, toda una búsqueda y no se veía ese tipo de ausencia. Fundamentalmente, hace falta tener mucha plata y varios equipos de investigación para que puedan producir, porque en la televisión necesitás imágenes. Yo puedo tener un documento, como los que publiqué en el tema de las armas sobre las coimas, pero mostrado en la pantalla es algo frío. En cambio, la confesión de una persona es algo caliente que puede llegar a tener *rating* y demás.

¿Piensa que la cámara oculta, como se ha usado en este último tiempo, contribuye a desprestigiar el Periodismo de Investigación en televisión?

Yo creo que es una cuestión ética y la ética es individual. Desde el punto de vista ético, no se puede utilizar la cámara oculta violando la intimidad de otra persona, salvo excepciones: cuando uno no pueda conseguir un dato por los métodos tradicionales de investigación. Hubo una investigación excelente de *Telenoche Investiga* acerca de la violencia sobre chicos discapacitados en un hogar, donde no había otra forma que no fuera ésa: que una periodista mintiera y dijera que era una enfermera trabajando los fines de semana con una cámara oculta encima. Porque los chicos salían sin ningún tipo de marca; las enfermeras que los golpeaban eran muy precavidas, y como los padres no podían ingresar en ese momento, entonces no había forma de registrarlo. Obviamente hay excepciones, pero cuando toda la nota se basa en la cámara oculta mi modesta opinión es que no hay que utilizarla.

¿Ha utilizado cámaras ocultas en sus investigaciones?

No, ni cámaras ni micrófonos ocultos.

En declaraciones recientes, Carlos Ávila, gerente de programación de América TV, sostuvo que la Argentina ya no necesita periodistas que investiguen la corrupción porque el Gobierno está cumpliendo ese papel. ¿El periodismo se ha transformado en un mero divulgador de informaciones oficiales?

La función del periodismo, además de informar, formar y entretener, es ser el perro guardián de la democracia. Es decir, tener mecanismos, como una investigación, para poner en tela de juicio las acciones del poder político, económico y financiero. Menem no nació de un zapallo, él y toda esa dirigencia son producto de una sociedad que toleraba la corrupción. Ahora, por más que haya cambiado el presidente, los empresarios son los mismos y la estructura también, sólo ha cambiado un poco el clima. Yo he hecho algunas notas sobre los fondos de campaña, y los de Kirchner no son fondos transparentes. La viuda del empresario pesquero asesinado en Puerto Madryn, Cacho Espinosa, dice que ella vio cuando su esposo pagaba sesenta mil pesos al Ministro de Planificación y a un secretario de Kirchner, lo cual no es ilegal. Pero cuando uno mira los informes de campaña esa plata no está registrada. Por lo tanto, debería ser investigado por la Justicia. Y lo pongo como ejemplo de que hay dudas y sospechas, que no es una garantía. Es un error de los empresarios pensar de esa forma, porque siempre sigue existiendo demanda para este tipo de cosas. *Clarín* publicó este año el tema de Giacomino, el Jefe de la Policía Federal que tuvo una enorme repercusión, la revista *TXT* publicó la confesión de Pontaquarto… Todos ejemplos que van en contra de esas teorías que dicen que ya no hace falta el Periodismo de Investigación.

A propósito de su desempeño como profesor universitario, ¿cómo evalúa usted las nuevas camadas de periodistas que vienen?

Dime quién fue tu profesor, dónde estudiaste y te diré quién eres. Desgraciadamente hubo un *boom* de estudiantes que quieren ser periodistas y han aparecido una serie de institutos que no tienen ni la cuadrícula ni profesores que estén realmente preparados. Entonces hay algunos estudiantes que vienen con unas falencias muy graves. Creo que el Ministerio de Educación debería revisar quiénes son realmente los que están habilitados para dar una carrera de grado y, más aún, una maestría en periodismo. Eso no quita que, por su cuenta, haya alumnos que sean autodidactas, que se preparen, se preocupen y que estén convencidos de que éste es el mejor oficio del mundo, como dice Gabriel García Márquez. Que la peleen, que puedan entrar a los medios privados, escribir libros. Es un hecho admirable cómo la Argentina, pese a la crisis, sigue publicando libros de investigación periodística, algo que no pasa en otros países de América latina. Esto habla de un gran entusiasmo y, sobre todo, de ganas de trabajar.

Buenos Aires, abril del 2004

"El periodista de investigación no cuenta, descubre"

Entrevista a Juan Miceli
Por María Victoria Gabás

Juan Miceli nació en Necochea en 1964. Se graduó como Licenciado en Relaciones Internacionales en la Universidad del Salvador. Fue coconductor de *Telenoche Investiga* y es profesor de la Maestría en Periodismo de Investigación de la USAL. Comenzó su carrera periodística en Cablevisión y América TV como cronista y en 1991 ingresó en Canal 13. Como periodista de *Telenoche* cubrió la guerra en El Líbano, la llegada de los restos del Che Guevara a Cuba, la muerte de Lady Di, la detención del general Augusto Pinochet en Londres y varias elecciones presidenciales en los Estados Unidos. Desde 1995 hasta 1997 integró el equipo de investigaciones de Canal 13 y realizó distintos trabajos relacionados, entre otros, con la prostitución infantil, documentos falsos, el neuropsiquiátrico Montes de Oca y la crotoxina. A partir de ese año encabezó *Telenoche a fondo*, una sección del noticiero dedicada a analizar en profundidad los acontecimientos del día. En el canal de veinticuatro horas de noticias de Artear, Todo Noticias (TN), condujo los programas *La Rosca* y *Kpzulla*, un ciclo de entrevistas por el que recibió el premio Fund TV en 1999. Fue colaborador de CNN para el programa *World Report*. Condujo *Cambio de aire* en las mañanas de Aspen Classic (FM 102.3). Recibió los premios Estímulo de TEA y Broadcasting por *Telenoche Investiga*. En la actualidad, conduce *En Síntesis*, el resumen informativo de la jornada de Canal 13 y el programa de cable *La mirada de los otros*, que se emite por la señal Magazine.

Usted es licenciado en Relaciones Internacionales. ¿Cómo llegó al periodismo?

Por casualidad y por necesidad un poco. Trabajaba en Cablevisión, muy cerca de la redacción, y empecé a interesarme y a colaborar. Pedí sumarme, me atrapó, me quedé, me fue bien y acá estoy.

¿Y al Periodismo de Investigación?

Estudié una carrera humanística, donde en un punto te da una formación muy buena. Y como yo siempre era de leer y de proponer cosas para investigar, me llamaron un día para ver si quería formar parte del equipo, y entré.

¿Cómo define el Periodismo de Investigación?

El Periodismo de Investigación está incluido en la definición de periodismo en general, que es la búsqueda de la verdad. En todo caso, el Periodismo de Investigación, como género, tiene algunas técnicas de aplicación que tienen que ver con el seguimiento de algunas fuentes. Pero, básicamente, consiste en tener el tiempo dentro de un medio de comunicación para hacer las investigaciones. Una clave de las investigaciones es el tiempo que se le dedica a un tema, que lo difiere justamente de los temas de actualidad. Pero es indispensable tener un presupuesto asignado, un área definida por un medio de comunicación, la voluntad de investigar y una buena selección de fuentes. El objetivo es buscar la verdad, y en el caso del Periodismo de Investigación, en general, es descubrir algo que suele estar tapado o que la gente no ve. En el periodismo de todos los días contás los hechos y en el Periodismo de Investigación contás algo que no está difundido todavía, y que descubre el periodista.

¿Cuál es el papel del Periodismo de Investigación en una sociedad democrática?

El Periodismo de Investigación resurgió también con la democracia ya que, por razones obvias, en una dictadura o en un régimen totalitario no se puede investigar. Está censurada toda la investigación y el periodismo en general. Por el contrario, la democracia permite que haya más investigación periodística.

¿Cómo surge un tema para una investigación periodística?

Una investigación tiene distintos orígenes. Hay mucho de olfato a veces, de un periodista que ve, escucha o lee en los diarios algo que le llama la atención. Algunas veces uno lee el diario y pasa por alto temas que tal vez a un periodista de investigación lo llevan a intuir que hay algo para investigar. También sirven las denuncias de particulares, o las encuestas que muchas veces marcan cuáles son los temas que le preocupan a la gente, que sirven para direccionar las áreas en las que uno debería investigar. Pero todo tiene que ver con una búsqueda, una curiosidad innata en el periodista.

¿Qué relación hay entre el trabajo de un periodista que investiga y un detective?

En el mejor sentido de la palabra, "detective" puede tener un ingrediente dentro de este menú. El trabajo del Periodismo de Investigación no es como la gente se imagina: la imagen del periodista con una lupa. El estereotipo no es así. Hoy se trabaja mucho con Internet, a veces también se trabaja con la colaboración de colegas en otros países. El trabajo de búsqueda de archivo es muy importante. Esa parte sería tal vez la más "detectivesca": husmear en los archivos y buscar hasta que encontrás el dato exacto.

¿Cuáles son las condiciones que determinan que el Periodismo de Investigación esté considerado como periodismo de denuncia?

El Periodismo de Investigación, de por sí, cuando publica algo está denunciando, no como un funcionario público sino como un periodista que denuncia un hecho comprobado. Y esa investigación puede, después, transformarse judicialmente en una denuncia. Pero las dificultades son muchas a la hora de encarar una investigación. Las más frecuentes son las trabas de los funcionarios públicos, los organismos oficiales, sobre todo en la Argentina, ya que no hay muchas estadísticas, y no hay muy buenos archivos. Esa es gente que pone trabas para evitar que se pueda investigar. Y las fuentes, en algunos casos, suelen tener miedo. Tenés que convencerlas, rebuscártela. De todos modos, nosotros nos manejamos constantemente con el *off the record*. La protección de la fuente es clave.

¿Qué complejidades presenta el uso de las fuentes y el manejo de la información en una investigación?

Lo más importante con el manejo de las fuentes es preservar la identidad. Nosotros más de una vez hemos sido convocados o llamados como testigos a juicios y nos piden revelar la fuente. En esas oportunidades sentís una presión del juez, que es importante, pero hay que estar firme y negarse siempre a darlas. También es importante chequear las fuentes, porque suelen ser personas interesadas en la finalidad, en la investigación. Alguien que viene a denunciar algo tiene generado un objetivo concreto que es denunciar a alguien por una venganza, por ejemplo. Hay que ser cuidadoso con la fuente para no ser manipulado por ella. Y con el manejo de la información sucede lo mismo, hay que tratar de que no nos vendan pescado podrido.

¿Qué discordancias existen entre el uso de la cámara oculta y el derecho a la privacidad y a la intimidad?

En realidad, en la Argentina no hay legislación sobre el uso de cámara oculta y nuestra autorregulación, subjetiva por cierto, es publicar hechos o grabaciones con cámara oculta en donde quede manifiesto el relato de un delito. La diferencia sería, para citar un caso famoso, en las horas que se filmaron de la entrevista con Giselle Rímolo. Había muchas partes de la grabación en donde ella hablaba de su vida privada con Soldán, y eso no se publicó porque a nosotros no nos interesaba su vida privada. Pero sí se publicó cuando ella en la cámara oculta decía que era licenciada en terapias alternativas. Porque ésa es la prueba de que ella dice que ejerce con títulos que no tiene. En todas las investigaciones, cuando grabamos con cámara oculta no nos metemos con la vida privada de esa persona. Si recibimos una llamada de alguien que nos dice que en un lugar se venden armas ilegales, en televisión probamos con una cámara oculta. Si en la grabación el tipo dice que se droga, que le gustan las minas o los tipos, que le es infiel a la mujer o que le gusta ir al casino (que sucede la mayoría de las veces, porque cuando alguien cuenta un delito cuenta cosas de su intimidad también) entonces todo eso no se publica. Sólo se publican las partes en las cuales existe la denuncia de un delito. Ahí suponemos que no estamos violando su intimidad o su privacidad, sino que estamos descubriendo un hecho que es, a lo mejor, hasta peligroso para el resto de la sociedad.

Cuéntenos si alguna vez sufrió amenazas por algún caso.

Por suerte no hubo ninguna grave. Insultos, *e-mails*, pero nada más.

¿Cuáles son sus miedos cuando emprende una investigación?

En el momento me entusiasmo mucho, me embalo, me juego con la investigación, me comprometo mucho con el denunciante, con la víctima. Después, cuando veo que está saliendo al aire, tomo conciencia y pienso con quién nos metimos, dónde nos metimos, pero sólo cuando lo veo en el aire.

¿Cómo se siente cuando finaliza la investigación y se descubre la trama de los hechos?

Yo nunca tuve nada personal con una persona investigada. Tampoco disfruto si los culpables van presos. Es más, a veces tenemos un dilema interno: "mirá lo que hicimos con este tipo", pero pensamos que él también hizo otras cosas. Las investigaciones han provocado, de hecho, muchas consecuencias: Rímolo está presa y todo comenzó con una investigación de *Telenoche Investiga*. Ella hizo cosas para estar donde está y a nosotros nos vino a ver gente perjudicada por ella, pero yo no tengo nada contra ella en lo personal.

¿Cuál es la diferencia entre una investigación periodística realizada para radio, para prensa escrita y para televisión?

En radio conozco muy poco de investigación. En gráfica se ve constantemente. Una muy buena investigación fue la de Daniel Santoro con lo de la venta de armas. También Jorge Urien Berri ha hecho muy buenas investigaciones para *La Nación* con el tema de la venta de armas; Santiago O' Donnell, también. En realidad, no veo grandes diferencias entre investigaciones para prensa escrita y televisión. Lo que sí ocurre a veces en gráfica, lo mismo que en televisión con el tema de la cámara oculta, es que lo que está en juego, más allá de la cámara o no, es el cambio de identidad de la persona, porque en gráfica muchas veces el periodista va y no dice que es periodista. Por ejemplo, va a un lugar que le dijeron que venden droga y no dice: "Soy de *Clarín*, ¿acá venden drogas?". El tipo va y dice: "Me dijeron que acá se puede conseguir algo, ¿vos sabés?", y no está diciendo quién es. Además, después lo escribe. Nosotros tenemos que grabarlo porque es televisión. Lo que está en juego ahí es el cambio de identidad, presentarse o no como periodista. Y muchas veces en gráfica también vemos que dicen, por ejemplo: "Este periodista se hizo pasar por médico para averiguar si era cierto que en ese hospital había tráfico de órganos". O sea, la sustitución de la identidad del periodista también se da en la gráfica. Ellos no tienen que andar con una cámara, ellos lo escriben después.

De todas formas, la televisión tiene más impacto en la sociedad por las imágenes...

Claro, porque lo ves. Seguro.

¿Y cómo condiciona la televisión la imagen periodística?

Siempre se trata de que lo visual sea atractivo. Igual, la cámara oculta es visualmente atractiva, porque es semejante a que uno esté espiando. Pero la calidad suele ser pésima. Lo que vale ahí es el testimonio, porque tiene un valor documental. Pero los colores son borrosos, la imagen a veces está mal. Lo que importa es el contenido, así que lo visual en las cámaras ocultas es relativo, está en un segundo plano, tiene otro peso. Tiene más valor periodístico que de imagen en sí.

¿Qué empresa periodística está dispuesta a mantener un departamento de investigación de hechos fuera de lo común, es decir, de temas no coyunturales?

Bueno, Canal 13... Te diría que casi todos los canales. América tiene, el 9 cada tanto tenía *Zona de investigación*, Telefé hizo un ensayo con un programa, aunque tiene una programación orientada para otro lado. Pero en general hay investigación. En Canal 13, particularmente, hay una vocación de investigar. Siempre se apostó a la investigación, y hubo programas y va a seguir habiendo, pero no sé exactamente qué pasa en otros medios.

Tal vez un hecho no coyuntural implica más tiempo y dinero del que están dispuestos a afrontar.

Sí, es una inversión, claro.

Se suele emparentar el Periodismo de Investigación con la Justicia. ¿Qué lleva a un periodista a prejuzgar o condenar adelantándose al fallo de la Justicia?

Primero, creo que nuestras pruebas son periodísticas, en ningún momento queremos ni nos interesa que nos pongan en el lugar de la Justicia porque no estamos preparados ni formados, y lo haríamos mal. Las nuestras son pruebas periodísticas: son dichos, son testimonios, testimonios de varias personas que denuncian a otra, documentos, imágenes, contamos una historia donde hay una denuncia. Pero nunca nos interesó ocupar el lugar de la Justicia.

¿Por qué cree que para algunas personas las investigaciones periodísticas son un equivalente de la Justicia que falla?

Eso es un error. Lo que pasa es que hay una confusión en la sociedad. Como en este país la Justicia anda mal, entonces la gente cree que es así, pero ése es un cambalache interno de nuestro país, porque digamos que si vos vivís en Suiza por más que la Justicia sea brillante un periodista tiene que investigar igual. A lo mejor allá no tienen esa confusión porque la Justicia funciona bien. Ahora, la confusión acá es porque los políticos son una cosa, la Justicia es otra, los sindicalistas, los periodistas... Es un lío.

¿Cuál cree usted que es la función de la prensa en la sociedad?

Contar la verdad, ése es el objetivo y la obsesión de todo periodista. Contar la verdad. Y ni bien terminaste de contarla, empezar a sospechar sobre otra y estar siempre contando los hechos lo más ajustadamente posible. Los fenómenos cotidianos, desde el clima hasta un choque, pasando por la Casa de Gobierno. Pero siempre reflejando la verdad con fidelidad. La función social de la prensa es la sospecha, la curiosidad, el compromiso con la verdad.

¿En qué se funda la ética en el Periodismo de Investigación?

Respecto del uso de la cámara oculta, yo tengo la posición de mostrar los hechos, como dijimos antes. Sobre esto no hay legislación, no está regulado. Frente a una denuncia uno no puede ser tan ingenuo de pensar que te van a contar un delito si vos vas y te presentás como periodista. Por eso creo que es lícito cuando alguien abiertamente está cometiendo una estafa, por ejemplo, desenmascararlo. Después la Justicia verá si va preso o no va preso, pero que la sociedad sepa, porque es una información valiosa. Vuelvo al caso Rímolo: esta mujer podía perjudicar la salud de otros, me parece una información importante que la sociedad merece saber. Y la ética tiene que ver con la ética de uno en la vida, no hay una ética para el periodismo, para la medicina, pero hay una ética de vida. Y eso lo vas viendo en cada investigación. Por ejemplo, si denuncian que un tipo está estafando a vecinos con una rifa, y luego vamos a investigar y comprobamos que en realidad no es tan así la denuncia, entonces no corresponde. La ética pasa por ahí, por ser honesto y responder a esos valores.

¿Qué límites hay a la hora de investigar un caso, por parte de la empresa o el propio periodista?

Los límites son, en el Periodismo de Investigación, la obtención de las pruebas. Nosotros no podíamos decir: "se dice que Grassi abusa de chicos". Tiene que estar la prueba, que son los chicos haciendo la denuncia y contándolo. Entonces el límite es no difamar o manchar a alguien porque sí. Muchas veces las pruebas no estaban y las investigaciones no salían al aire. Si se maneja información muy pesada, en esos casos podés tener un juicio. Y ponés en juego tu credibilidad. Canal 13 no necesita hacer lío. *Telenoche Investiga*, por suerte, siempre tuvo buen *rating*, no hacía falta buscar un escándalo.

¿Y alguna vez alguna investigación no salió al aire?

Sí, muchas. La limitación es que no tenés la prueba para respaldar la denuncia, como te dije.

*¿Qué opina sobre la existencia de
un tribunal de ética en el periodismo?*

No estoy de acuerdo. Porque,
¿quién lo formaría? (risas).

¿Qué caso de Telenoche Investiga *le
generó más repulsión?*

Uno que hicimos hace unos años
sobre prostitución infantil. Fue terri-
ble, intolerable, no se podía ver.
Otros fueron: maltrato a mayores, y
uno de la Colonia Montes de Oca.
Muy duros...

¿Y el que más le impactó?

Uno que fue de una realización muy compleja. La búsqueda de un
avión de la Fuerza Aérea Argentina que cayó en Costa Rica. Impre-
sionante. Nos metimos en la selva, un laburo duro. Otro que hicimos
en las minas de río Turbio en Santa Cruz. Nos metimos ocho kilómetros bajo tierra. En esos hubo que poner el cuerpo, fueron bravos. Y de
Grassi. Aunque creo que ese caso impactó muchísimo en la sociedad,
sobre todo porque despertó una polémica. Por primera vez algunos
dudaron de *Telenoche Investiga*. La verdad es que en algún punto resultó bárbaro, porque fue una prueba para nosotros bancarse una denuncia tan fuerte. Mucha gente la había recibido y no se animaban a
tomarla y, a pesar de los riesgos que implicaba denunciar a una persona con una imagen popular, para nosotros era más importante contar la denuncia.

Buenos Aires, abril de 2004

"En realidad, todo periodismo es de investigación"

Entrevista a Román Lejtman

Por Florencia Codagnone

Román Letjman nació en Buenos Aires en 1959. Se graduó como Abogado en la Universidad de Buenos Aires y se inició en el periodismo siendo muy joven. Trabajó en las revistas *Siete Días* y *Cambio 16* (España) y en el diario *Página/12*. En 1993 ganó el Premio Rey de España por su investigación sobre las relaciones entre el narcotráfico y el gobierno de Menem. Ese mismo año publicó el libro *Narcogate*, una investigación referida a las relaciones entre el presidente Carlos Saúl Menem y el lavado de dinero y el narcotráfico. En cable y en América TV produjo y condujo *Agenda Secreta*, programa por el que recibió el premio Martín Fierro. Fue director del semanario *Tres Puntos*. Actualmente, dirige y edita importantes documentales, entre los que se destacan "El Proceso", "Santiago ensangrentada", "Malvinas: 20 años" y "ESMA: Museo de la Memoria". Es conductor del programa de radio *Jaque Mate* en Radio Aspen.

¿Qué es el Periodismo de Investigación?

En realidad todo el periodismo es de investigación, porque para publicar una nota o hacer un reportaje o cubrir un acontecimiento tenés que ir con una base previa. Para entrevistar a un tipo antes ibas al archivo y pedías el sobre de ese tipo, te lo leías todo, hacías un resumen y sabías qué te iba a contestar ante las preguntas. Entonces vos le cambiabas las preguntas, para tener un reportaje de verdad y no algo prehecho. Ahora entrás en Google, ponés el nombre del tipo, te salen dos mil ochocientas notas y ahí más o menos lo tenés encarado. Suponé que hoy se festeja el día de la Armada y va a ir Kirchner a hacer un discurso. ¿Vos sabés qué pasó con la Armada, con la ESMA, lo que planteó Godoy? Eso implica que investigues antes el tema para entender bien cuál va a ser el discurso de Godoy y el de Kirchner, y así sucesivamente. O sea que siempre hay una investigación previa. La diferencia básica con esto que rotulamos Periodismo de Investigación es que el trabajo te lleva más tiempo y los temas son más complicados, pero nada más que eso. Vos no podés hacer una nota sobre un presidente que está involucrado en el tráfico de armas si no tenés algo sólido. Y eso requiere de mucho tiempo, es muy complicado. Quizás te pasás dos meses laburando (en) un dato y después no hay nada y lo tenés que dejar, lo cual implica manejar bien el tema de la frustración, la presión de tu jefe que te puso dos meses a laburar y no te tuvo para sacar la edición cotidiana... El hecho de que cuando vas de vuelta con una investigación tu jefe no sabe si dártela o no porque estuviste dos meses laburando y no trajiste nada. Es guita para el medio... El tema este del Periodismo de Investigación es que tratás quizás temas más complicados, durante más tiempo y el resultado es incierto, ¿entendés? Porque si te digo que vayas a cubrir lo de Godoy y vos sabés que es Dársena Norte, Godoy, y que van a estar todos de blanco, van a tocar la marcha y va a hablar, y vos lo investigaste antes, entonces vas a tener un contexto de por qué dijeron tal o cual cosa, o por qué no estuvieron los retirados (por ejemplo, porque le están facturando a Godoy que hizo la autocrítica, y porque sacó el retrato de Massera del edificio de la Armada). Y punto: tenés la nota. Ahora venís y decís: "yo sé que uno de los trescientos tres tipos que rajó Arslanian el sábado está involucrado en un caso de narcotráfico". Yo te voy a decir: "Bueno, ¿estás seguro? ¿Vale la pena? Sí. Bueno laburá, traeme algo el miércoles. Vos decís que para el miércoles no llegás, porque tu fuente... Bueno, yo quiero publicar el domingo, te guardo una doble para el domingo. El miércoles me tenés que contar algo. Entonces resulta que me contás algo el miércoles, y el viernes tu fuente, que era un tipo en actividad, es enviado a investigar otro caso, lejos, en Trenque Lauquen, y cagaste. Entonces yo el domingo no tengo nota, le digo "boludo, estuviste laburando toda la semana y no tengo una nota, ¿qué hago, pongo una foto tuya?". Éste es el tema del Periodismo de Investigación.

¿Cómo empieza una investigación en periodismo?

Mirá, lo básico es tener una fuente en quien confiar, dentro de lo relativo que son las fuentes, y a partir de ahí juntar información y sumarle más información. No hay secretos, es buena fuente, y laburar quince horas por día. Hay quien dice que no, que es toda una técnica... Vos tenés que tener buena fuente y laburar mucho, ésa es la clave, no hay más que eso.

¿Cuál creés que es el medio más propicio para desarrollar el Periodismo de Investigación?

Los tres medios, la gráfica, la radio y la tele, los tres medios están bien. Lo que pasa es que hay que entender la lógica del formato. En el medio gráfico tenés que contar una historia donde esté el sujeto, el verbo y el predicado, en la radio necesitás el testimonio y en la tele, las imágenes. Todo para que cierre bien. Obviamente, lo importante es la data, pero corresponde editar de acuerdo con el medio. Muchas veces se hace Periodismo de Investigación en la tele que resulta un embole porque no se entendió que lo que prima allí es la imagen, y que detrás de la imagen está el locutor hablando. Si todo esto no se entiende, la mejor investigación se cae a pedazos. En los tres medios lo podés hacer bien.

¿Cómo es el Periodismo de Investigación en radio?

El Periodismo de Investigación en radio consiste en contar cosas, y a aquellos que aparecen perjudicados por los personajes que desnudás, o al propio perjudicado, hay que hacerles una nota para que expliquen su punto de vista, demarcar la contradicción. Ésa es la clave.

Por ejemplo, si en campos inundados de la provincia de Córdoba hacen canales clandestinos para que el agua baje y se vaya, y resulta que baja a otro campo en la provincia de Buenos Aires, entonces, ¿qué hacés? Contás que el canal clandestino existe, cuándo lo hicieron, contás que el agua en el campo en el que hicieron el canal clandestino no está más, que al vecino de al lado le cayó el agua, que el cordobés ahora puede cultivar soja y que el de la provincia de Buenos Aires tiene todo el campo inundado. Fuiste al campo, lo viste, el agua te llega hasta la cintura, las vacas flotan, los peones se fueron a vender tortas fritas en el casco porque en el campo no tienen laburo, y después hablás con el dueño del campo que hizo el canal, con el dueño del campo que sufrió la inundación y con el capo del "Servicio de Canales Inundados" del Gobierno de la Provincia, y ahí tenés la investigación hecha. No siempre la investigación es de droga, prostitución, armas o dinero falsificado. La investigación puede ser sobre cualquier cosa. Es muy amplio.

¿Cuáles son los hechos o las ideas que te predisponen para iniciar una investigación?

Con el laburo uno se da cuenta de que es un tema de olfato, es inconsciente. Te dan un dato y enseguida te das cuenta de si vale la pena seguirlo o no. Imaginate que estás en Washington y tenés una fuente en la oficina de reclutamiento del personal civil que ayuda a los marines en Bagdad. Entonces el tipo te invita a tomar una cerveza en Dupont Circle, que es un lugar muy lindo, en el corazón de Washington, a las doce de la noche, y el tipo te dice: "vos sabés que tengo una amiga que llegó de Bagdad, que sacó una foto en una cárcel que muestra a veinte iraquíes uno arriba del otro, en bolas". ¿Vos estás seguro? Me dice "sí, yo vi la foto y es una cosa espeluznante". ¿Te produjo algo o no? Vos decís "qué hago...". "Mirá, la mina está muy asustada, a las cuatro de la mañana nos espera en Maryland en un motel, hay que ir a las cuatro de la mañana, alumbrar dos veces la puerta del motel y que Dios nos ayude. ¿Querés venir?" Vos llegás a las cuatro de la mañana y la mina te muestra en una cámara digital un cuadrito. "Empiece a ver las fotos, chequee si esto es cierto o no, yo le voy a contar todo, después usted chequee". "No no, contame todo porque si yo te chequeo se van a dar cuenta de que alguien trajo las fotos, pero necesito las fotos." "Bueno, yo a las diez de la mañana se las mando por

Internet." "No, no, las quiero ahora." "Pero acá no hay ningún locutorio abierto." "Las cargamos en mi celular y yo las mando por e-mail a mi sitio de Internet." "Está bien." Entonces la mina saca el chip de su cámara y la pone en el chip del celular (obviamente esto en la Argentina todavía no existe). Vos mandás el mail, la mina está tres horas contándote las historias, vos ya chequeaste, la despertaste a tu mujer, le decís "¿te podés fijar si hay un mail a nombre de ACME?". Tu señora lo abre y vos le decís que no diga nada por teléfono. ¿Hay una foto? Sí. ¿Es la foto de dos cachorritos caminando por Central Park? Sí. Bueno, gracias. Plum. Y ahí arrancó, y, ¿qué fue? Una fuente que conseguís en un lugar ridículo, en una oficina de reclutamiento, que hasta ese momento lo único que te daba era cuántos reclutaban y cuánto les estaban pagando por mes.

¿Nunca viene un medio a proponerle a un periodista una investigación, o siempre es al revés?

No, el medio también. El medio tiene su propia información y a lo mejor no confía en los periodistas, o tiene mucho laburo cotidiano y te contrata, y vos hacés una investigación sólo para ese medio.

¿Qué pasa cuando el periodista tiene información sobre un hecho grave y no tiene forma de probarlo?

No lo puede publicar. Si no lo tenés probado, no escribas. No hay especulaciones porque el Periodismo de Investigación, a diferencia de otras especializaciones del periodismo, se basa en la fuente, y hacia fuera, en la credibilidad. En esta historia, si te creen sin la foto, igual podés escribir porque te creen. Con la foto sos noticia mundial. Un ejemplo: el periodista va a verlo a su jefe del *New Yorker* y le dice "tengo esto". Y el jefe le cree. ¿Por qué le cree? Porque este tipo que investigó se llama Hertz, y en 1968 descubrió la matanza de Mill. Y era el Pulitzer. Entonces, si lo trae Hertz, es verdad. Algunos medios le están pegando a Hertz porque la nota que publica hoy en tapa el *New Yorker* no cita nombres y cuenta una historia increíble. El tipo cuenta cosas terribles y vos, ¿le creés? Sí, le creés porque es Hertz. Si es Pizarro no le creés... Pizarro... ¿Le creés a Pizarro vos? En una de esas lo que dice es cierto, pero no le creés.

Entonces es muy importante que el periodista que hace una investigación sea conocido.

No conocido, creíble, porque, ¿vos alguna vez le viste la cara a Daniel Santoro? Vos llamás y decís "¿conocés a Daniel Santoro?" No. Daniel Santoro fue el que investigó el tráfico de armas. Y vos decís "Daniel Santoro – tráfico de armas". Ahhh. Sí, es creíble más que conocido. Es eso.

Siendo abogado, ¿cómo creés que el Periodismo de Investigación colabora con la Justicia?

Hay un tema clave: nunca tenés que pensar que con tu investigación estás cumpliendo con un mandato de transformación de la sociedad, o que vas a hacer Justicia, porque lo único que hacemos nosotros es informar. La Justicia la hacen los jueces y los fiscales. No podés ponerte en ese rol porque, si después en la investigación no pasa nada, la sociedad te factura a vos porque prometiste y no pasó nada. Yo lo único que te puedo decir como periodista es "está pasando esto", y que los jueces lo investiguen. Si los jueces no aprovecharon la información, que se hagan cargo los jueces. Porque además la Justicia tiene que ver con un tema de evidencia y de prueba. Puedo publicar veinte historias, pero si ellos no las pueden probar en los términos de la Justicia y no del periodismo, que es otro rango, ¿qué podés hacer? En el caso este de Washington yo tengo la fuente, me contó el hecho y le creo, pero la fuente no va a ir a declarar a la Justicia. Y me dijo que la foto saliera en el diario, pero no la puedo llevar a la Justicia porque con una investigación tecnológica pueden descubrir dónde la sacaron (y por el chip podés saber dónde la compraron porque tiene un número de serie). Más aún, por la fecha podés saber quién la sacó porque, ¿cuántos había en esa cárcel ese día? Cuando escribís y publicás tenés que cuidarte mucho de no dejar rastros de la fuente. Porque la fuente es lo más importante que tenés. Se te puede complicar por dos cosas: porque mandaste en cana a una fuente, y porque la fuente le dice a las otras fuentes: "no le cuentes porque cuenta". No sólo tenés que ser creíble con el que te lee o te escucha o te mira, sino con la fuente que te da la información.

¿Hay alguna diferencia entre la investigación que realiza el periodismo y la investigación que puede realizar un investigador cualquiera?

Sí, un investigador cualquiera agarra a un tipo y lo caga a trompadas y le dice "contame lo que tenés". Vos no podés pegarle a nadie, y además no serviría. Podés pegarle a alguien pero... ahí hay una diferencia.

¿En el método?

En la ética. Un investigador privado te pincha el teléfono, yo no lo pincharía. Sí utilizaría la información de alguien que se lo pinchó, porque me sirve como indicio. Pero no cometería ninguna irregularidad. Si viene un tipo que en nombre de la Cancillería está siguiendo a un presunto responsable de Al Qaeda y te da el expediente, tenés una noticia. Pero no le pincharías el teléfono.

Entonces, ¿cuáles son los límites del Periodismo de Investigación?

Uno no puede armar un decálogo de los límites. Tiene que ver con tu ética profesional. Tu ética profesional respecto de cómo vas a investigar o hasta dónde vas a ir es distinta de la que puede tener Mauro Viale. No está escrito, te sale de tu formación ideológica y de cómo vos mirás el mundo. Todos nos hemos comido primicias, a ustedes les va a pasar. Pero ¿sabés qué bien que te sentís? Porque en definitiva si no lo publicás hoy, lo publicás mañana, y si alguien lo publicó antes que vos, la ventaja que vas a tener hacia adelante es que a él al día siguiente con el diario "le envuelven el pescado". Y tu diario va a durar un día más. En definitiva, es lo mismo. Nada cambia y vos te sentís bien, no cagaste a nadie.

¿Cuál fue la investigación periodística más importante que realizaste?

Depende de las épocas. Depende de los momentos. Hubo una época en que viajaba mucho. Di vueltas por millones de lados, y eso me producía placer... En una época yo estaba atrás de un tipo que se llamaba Al Kassar, y pude entrar a Siria justo con una gira de Menem. Ahora todo es muy fácil desde las comunicaciones, pero pensá que esto ocurrió hace diez años y yo sabía que iba a tener quilombo en Siria por el mismo tema. Llevé una *laptop*, y en el diario un capo de tecnología me hizo un *messenger*. ¿Entendés lo que te digo? ¡Hace diez años, maravilloso! A las diez de la noche enchufaba la *laptop* en la línea... Los periodistas que estaban conmigo le tenían que entregar las notas al conserje del hotel Sheraton en Damasco para que a su vez las viera un comisario político del régimen. Y yo tenía la computadora. Entonces, ¿qué hacía? Escribía cualquier pelotudez y se la daba al conserje, el conserje me las chequeaba, las firmaba y yo las mandaba por fax al diario, que obviamente nunca las publicaba. Publicaba las cosas de color, las boludeces, para que pudiera darle algo, para decir "sí, publiquen esto". Tenía un *messenger*: te mando la nota.

¿Adónde llegaban los mensajes que mandabas por messenger*?*

¡A la computadora de Ernesto Tiffemberg! Y a la sala de computación del diario. Cada periodista tenía un traductor, que en realidad era el que te seguía para informar después adónde ibas. Entonces mi traductor me dice una tarde: ¿usted qué va a hacer? No, yo estoy cansado, me voy a dormir la siesta. Un día antes de que llegara Menem, me dice: "¿A qué hora quiere que lo pase a buscar?" Pase a buscarme a las seis así veo el soko, quiero hacer una nota de color. Yo había conocido a un pibe que era venezolano que estaba buscando petróleo en una asociación que hacía Venezuela con Siria. Le dije "mirá, yo tengo que viajar a Yabrud porque quiero probar que Monser Al Kassar es pariente político de Menem. Bueno, ningún problema. Sí, pero no sé un carajo, no puedo hablar farsí, no puedo hablar nada. Me repite: ningún problema. Entonces me pasa a buscar a las tres por mi habitación. De Damasco a Yabrud hay cien kilómetros, ciento veinte, vamos con su auto. Yo voy a Yabrud, confirmo lo de Al Kassar y además me cuenta una historia maravillosa: cuando Menem llegara a Yabrud iban a sacrificar ovejas al paso de su auto. Iban a matar ovejas y las iban a desangrar a medida que Menem fuera pasando. Era una noticia espectacular a los ojos de Occidente. Escribí una doble página sobre el dato de que Al Kassar era familiar de Menem, y una nota en la impar sobre esto del sacrificio. ¡Se armó un quilombo! No sólo conmigo sino con los otros diarios, porque los otros diarios estaban pintados. Y esto lo pude hacer porque yo mandaba la información por el *messenger*. Yo escribía y lo mandaba.

*O sea que, además de las fuentes, otro
aliado es la tecnología...*

La tecnología ahora es maravillosa.
Lo que pasa es que te caga los viajes, porque cuando viajaba mucho le decía a Ernesto (a Tiffenberg) "che, tengo un dato
en Berlín, me tengo que ir a Berlín a buscar el expediente". ¿Qué te iba a decir?
Bueno, andá a Berlín. Ahora te dicen que
no, que te lo manden por e-mail... Es lindo viajar, pero el beneficio del e-mail es
que accedés más rápido a la información.
Suponé este ejemplo: te vas esta noche a
Berlín, llegás mañana hecho mierda, los
tribunales ya cerraron, tenés que esperar otro día, tu fuente tiene que
hacer la fotocopia del expediente, vos ahí te sentás a escribir, perdiste
tres días. En cambio, te lo mandan todo por e-mail, entrás a cortar y
pegar, traducís rápido y al otro día ya sale la nota.

Buenos Aires, abril de 2004

"El único límite debe ser la excelencia de la prueba"

Entrevista a Miriam Lewin
Por Patricia Ortiz

Miriam Lewin nació en la ciudad de Buenos Aires en 1957. Estudió Economía y Periodismo en diversos centros académicos del país y del extranjero. Sus comienzos en el mundo de la comunicación llegaron de la mano de la literatura infantil. Posteriormente, trabajó en las revistas *Crisis*, *Señales* y *Delitos y Castigos*. En 1992, se incorporó a *Telenoche*, el noticiero de Canal 13, para el que cubrió acontecimientos locales e internacionales en Estados Unidos, Italia, Israel, Canadá, Rusia, Polonia, Francia, Italia y Alemania. A partir de 1997 se sumó al equipo de *Telenoche Investiga*, en el que desarrolló tareas de investigación periodística de amplia repercusión en el país. En 2003, pasó a conducir y producir *Puntodoc*, el programa de Periodismo de Investigación que se transmite por América TV.

¿Cuándo comenzaste a realizar investigaciones periodísticas?

Me enganché con la investigación periodística cuando comencé a trabajar en el año 1991 en una revista llamada *Delitos y Castigos,* cuya temática era policial y literaria. Contaba casos policiales antiguos que se investigaban, se entrevistaba a los protagonistas que habían quedado vivos en esa época y luego esta investigación se la entregaban a un escritor que realizaba una novela corta sobre ese caso policial y luego se publicaba en forma de revista. En la parte de atrás de la revista se publicaban las mejores entrevistas de la investigación. Hicimos el caso Penjerek, el caso Oriel Bryan, el caso Monzón y el de los chicos Shocklender. Todos muy interesantes y en cuyo desarrollo participaron escritores como Sergio Sinai, Ana María Shúa y Antonio Dal Masetto, quienes se entusiasmaron con el proyecto. Era bueno escribir la novela corta. A partir de ese momento me empecé a entusiasmar con la investigación, pero más firmemente cuando entré a *Telenoche Investiga* en 1997.

¿Antes de empezar con la novela corta, dónde trabajaba?

Empecé a escribir en revistas para niños como *Jardincito Cosmic* y *Billiken,* y después colaboré con *Somos* y *Para Ti,* en Editorial Atlántida. Trabajé en la revista *Crisis* en su última época, colaboré con la revista *Interview* de España, con el diario *La Prensa,* y aproximadamente en marzo de 1992 me llamaron de Canal 13. No tenía experiencia ni en televisión ni en radio, sólo en gráfica.

¿Por qué cree que la llamaron?

Fue una selección. Me presenté. Éramos unas ciento veinte personas aproximadamente. Quedó una terna e hicimos prueba de cámara. La selección comenzó en diciembre de 1991 y en marzo comencé a trabajar. Dejé Atlántida. Sin ninguna experiencia comencé en *Telenoche Investiga.*

¿Cuál fue el primer trabajo de investigación en la televisión?

Al principio fui cronista de noticiero. En 1993 empezó TN y también trabajaba para ellos. De alguna manera como cronista me fogueé.

Cubría desde protestas vecinales, choques y accidentes hasta conferencias de prensa políticas y campañas electorales. Hasta que en 1993 empecé con viajes internacionales. En ese año viajé a Rusia dos veces. Luego estuve cubriendo diferentes temas y situaciones en Israel, Alemania, Estados Unidos, Inglaterra. Era la época del uno a uno (un peso igual a un dólar) y los canales estaban más dispuestos a invertir en viajes. Eso me hizo bastante ejecutiva.

¿Qué determinó ese cambio?

No viajábamos con productor, de manera que lo que hacíamos era llegar a un lugar de conflicto político y social y trabajar sobre la propia agenda del día, con la barrera del idioma, claro. Había que conseguir estar en el lugar donde ocurría lo más importante de la jornada. Luego lo editaba y lo enviaba por satélite.

¿Se considera una persona arriesgada?

No sé... (Se detiene y disminuye la intensidad de su voz.) No sé si la palabra es "arriesgada". No...

¿Quizás muy valiente?

No. No tengo un nivel de valentía mayor que el del resto de la gente. No me considero una persona valiente o más arriesgada que otras.

¿Para ser periodista de investigación se debe tener un espíritu de riesgo que difiera del de los demás?

Supongo que sí. Me imagino que más que falta de temor tiene que ver con tener determinadas pautas morales y características personales que tienen que ver con una cierta rigidez.

¿En qué sentido?

Lo digo desde este lugar y de esta manera me hago una autocrítica. Es una actitud del tipo: las cosas son así y no hay discusión, esto está bien y esto está mal. Hay cosas que no acepto ni para mí ni para mis amigos ni para nadie. Entonces, si se transgreden esos límites, en ese sentido soy bastante dura e intransigente. (Miriam marca cada una de sus palabras con un movimiento de su mano, que expresa corporalmente que es una manera de establecer una frontera.)

¿Si tuviese que investigar a un amigo, o conocido o alguien que le cae simpático, lo protegería?

No tengo ese tipo de lealtad. Si ese amigo pasó ciertos límites y está perjudicando a una o varias personas en situación de debilidad, no tengo ese tipo de lealtades. No sé si está bien o mal. Es lo que siento.

¿No habría límites en ese sentido?

No.

¿Qué compromiso considera que tiene con la sociedad por hacer Periodismo de Investigación?

Cada uno lo interpreta de diferente manera. Hay periodistas que tienen un compromiso con la sociedad, que hay determinada política económica que tienen que defender y orientan su prédica en ese sentido. Mi compromiso es con los más débiles. Es decir, preservarlos del daño o postergación de los poderosos. Entiendo que es una forma personal de interpretar. La función social del periodista existe, pero cada uno lo interpreta de diversas maneras. Si no, no existirían los Bernardo Neustadt, los Hadad, los Grondona, y por otro lado los Aliverti. Tiene que ver con la ideología de cada periodista. No tengo la misma ideología de quienes hacen marketing con el periodismo, y entonces me muevo de forma diferente. El móvil de estos periodistas que mencioné es el marketing de una determinada política económica, y se convierten en empresarios.

¿Hoy se hace difícil mantener la ideología en los multimedios, si convenimos en que bajan determinada línea de investigación o actuación?

Tuve la suerte de trabajar en un medio como *Telenoche Investiga,* en donde el único límite era la excelencia de la prueba. Si conseguíamos una prueba irrefutable, la investigación iba al aire. Pero a veces me preguntaban por qué no investigaba al grupo Clarín. La pregunta me parecía ingenua porque era ¡quien me pagaba el sueldo! No existe la libertad de prensa absoluta. Existen medios que están en manos privadas y que no van a permitir que alguien se inmiscuya en sus intereses y en los de sus amigos. Esto existe, pero nunca tuve problemas. Es algo que hay que tener en cuenta para analizar cuando se es periodista de investigación. Esto ocurre en todos los países. Pensar que no se puede ejercer la investigación porque el medio pertenece a determinadas empresas no es correcto.

¿Sólo ocurre en los multimedios?

No. Sucede también en la FM del barrio. Si desde un programa alguien se va a oponer al dueño de la señal por un negocio, creo que no va la relación. Donde trabajo ahora, en Cuatro Cabezas, no nos llega la presión del canal. Quizás se resuelva en otro sector.

¿Cuáles son los criterios de selección de las investigaciones?

Que sea un tema interesante e importante y que implique un gran número de personas. Si es un caso aislado debe marcar una tendencia en lo social. Por ejemplo, el primer caso que hice en *Telenoche Investiga* fue el de una abuela que estaba cambiando a su nieta por cocaína. Tuve muchas dudas en publicar ese caso, porque provenía de un caso particular, de una patología de una mujer, y empecé a entrevistar a profesionales. Un psiquiatra me explicó que cuando una persona entra en la droga, toda la familia entra en esa maquinaria económica de la familia que se dedica a la venta. En ese momento la nena era una pieza más, porque la abuela era la puntera y veía amenazada su posición en el barrio. Su nieta tenía cuatro años y no podía esperar mucho más porque ya no tendría mercadería para cambiar. Decidió usarla para obtener droga. Me pareció una advertencia que iba más allá de lo impactante del caso. Era una señal de alerta. La mujer era adicta. El mensaje era: "miren cómo se deteriora el grupo humano y los vínculos familiares". El psiquiatra me explicó que no era un tema individual sino que involucraba a más. Seleccionamos los casos en función de ese interés.

¿Qué valor agregado representa al trabajo del investigador los casos que involucran grupos pesados, policías o, particularmente, el caso Padre Grassi?

Supongo que viviría más tranquila si fuese secretaria trilingüe o algo por el estilo. Siempre me preocupó la justicia: no el sistema judicial. Por eso milité en los años setenta, y estuve desaparecida. Tiene que ver con un compromiso social que va más allá de un trabajo. Me lo tomo de otra manera, no lo hago por un sueldo. Es una vocación.

Usted escribió el libro Ese Infierno. *¿Qué relación tiene con el hecho de haber estado desaparecida?*

Es raro decirlo... Aún no puedo desprenderme de esa parte de mi vida... Me daba la sensación de que era necesario que alguien contara cómo se había vivido dentro de la Escuela de Mecánica de la Armada. Me parecían peligrosas ciertas idealizaciones que tenían ciertos jóvenes de la figura del "desaparecido". Y para que los que estaban encarando una militancia política, o de alguna manera se preocupaban por lo social, pensaran que la generación que los precedió era de bronce y no de carne y hueso. Era peligroso porque se iba a caer en un nivel de autoexigencia tan alto que cualquier empresa iba a estar destinada al fracaso. Lo que quería era que se tome conciencia de que haber sobrevivido una vez no nos hacía inmortales. No fueron todos valientes los que precedieron a la generación de un pibe de veinte años. No fuimos todos perfectos, valientes, diferentes. ¡Y podíamos morirnos en cualquier momento! Y lo que habíamos vivido allí teníamos que dejarlo como testimonio histórico. Por otra parte, en el momento en que escribí el libro había vuelto a las primeras planas de los diarios el tema de los derechos humanos. Era el año 1998. También se actualizó el tema del robo de bebés, y muchos militares habían vuelto a la cárcel. Por un lado, estaba la responsabilidad histórica y por otro, la política. Quería contarles los errores que tuvimos, lo que padecimos y cómo éramos realmente. Cómo nos plantamos frente a la tortura, frente a la traición. ¿Qué consideramos traición y qué es colaboración? Porque ¡sí hubo relaciones "amoroso sexuales" entre prisioneras y secuestradores! Esto es explicable en todos los campos de concentración del mundo. Ocurrió entre los nazis, y también en la segunda guerra con los japoneses.

¿Cuánto tiempo estuvo desaparecida?

Dos años. Entendí que debíamos bajar a la realidad. Hubo muchos errores pero éramos de carne y hueso. Teníamos que contarlo. Hubo gestos de temor entre otros sobrevivientes, pero nosotros pensamos que veinticinco años después había llegado el momento de decir la verdad. Y el que quisiera entenderlo lo haría y quien no, no lo haría. No se puede cambiar la realidad y lo contamos. Contamos que dentro del campo de concentración no había blancos ni negros, sino que había grises. Todos tuvimos que hacer concesiones. ¡Todos! En todos los campos de concentración del mundo.

¿No le importa ser presentadora estrella?

No me gusta, no me halaga, no es lo quiero hacer. Hubo muchos conductores de Periodismo de Investigación que no ponían un dedo en la nota. Yo intento producir todas las notas, pero es difícil dentro de la cantidad que hay en el programa. Intento entonces estar en las que requieren más precisión, o más mecanismo de relojería. Estoy hasta último momento leyendo el último expediente judicial, el último papel. Después, si tengo que sentarme y presentar lo hago, pero no me enloquece. A la gente le interesa la carnadura del programa, que es una investigación muy estructurada, y si la persona que presenta sabe hablar con sujeto y predicado ¡mucho mejor! Esto no ocurre siempre en televisión, lamentablemente.

¿Alguna vez se sintió discriminada por ser mujer?

No. Salvo que algún productor diga que es mejor que una nota sensible la haga Miriam, porque es una nota sensible, y los hombres son duros. No. Considero que soy sensible cuando estoy entrevistando y dura cuando se necesita. Me niego al estereotipo. Soy bastante versátil. No me resigno al pensamiento cerrado de que las mujeres hacemos sólo notas de salud, de educación y familia, y los hombres temas de corrupción.

En esa versatilidad de carácter que tiene o debe tener un periodista de investigación intuitivo y sagaz, ¿cuál es la característica de personalidad que destaca en usted?

Perseverancia. No me canso nunca. Si tengo que dejar un tema en un rinconcito del escritorio y esperar a que el denunciante tome coraje y acerque la información, lo hago. A veces siento que debo alejarme un tiempo porque la gente se asusta. De repente no quiere exponerse, duda; bueno, ése es el momento en que dejo la investigación a un lado. O quizás hay algún papel que no aparece y lo necesitamos. Lo dejo y vuelvo a intentar, o estoy atenta y de repente en el contestador aparece la voz de la persona que lo tiene de casualidad, y ¡bienvenido!

¿Ocurrió con la investigación del Padre Grassi?

Sí. Fue una investigación larga y trabajosa porque la mayor parte de las personas que habían trabajado con él creía que era muy peligroso y poderoso, que los iba a destruir. Pensaban que era indestructible y que tenía vínculos con el poder. Los chicos decían que sólo eran chicos de la calle y que él se codeaba con el poder político de Menem y Cavallo. Además salía en televisión. Los hacía sentir disminuidos; estaban aterrorizados porque pensaban que los aniquilaría con la mirada.

¿Qué siente ahora que está por ser llevado a juicio?

¡Bien, muy bien! Me hace sentir que sirvió porque luego hubo otras denuncias. El año pasado investigamos a otro cura abusador que fue denunciado por otro cura y por una laica consagrada, que estaban enfrente de la iglesia. Cuando escuché sus declaraciones, sentí que no estaba todo perdido. Más aún, me sentí reconciliada con la Iglesia en cierta forma. Alguien se puso de lado de las víctimas. Cuando vi la valentía y decisión de esa gente me sentí feliz. Ese espíritu corporativo de la Iglesia había sido quebrado con la acusación a los curas pedófilos.

¿En qué tipo de casos se expondría más de lo que lo ha hecho hasta ahora?

Me encantaría hacer cámaras ocultas. En la Argentina no puedo. Me fascina la situación de fingir ser otra persona y entrevistar al malo. Hacer un personaje y generar una situación que se convierta en prueba. Mi idea es ser alguien diferente. Ver cómo sale en otro país.

¿Cómo si fuese una actriz?

No, ¡haciendo cámara oculta!

Pero el personaje se debe preparar con antelación para interpretar a alguien, ¿verdad?

Sí. Hay que investigar bien los puntos débiles y fuertes. Lo ideal es encontrar a una persona cercana al investigado para saber qué hace, qué quiere, cuáles son las preferencias y cuáles no. Ese trabajo no lo puedo hacer aquí. Una vez hice de prostituta, pero estaba temblando. En ese momento había un video en TN, porque había sido detenido Alderete, ¡y yo lo estaba anunciando, mi voz se iba a reconocer! Esas situaciones podría hacerlas en Brasil, o Chile... pero aquí no.

¿Cuál fue la investigación que más satisfacciones le produjo?

El caso del Padre Grassi. Me trajo alegría y también sufrimientos.

¿Cómo se preparó psicológicamente para ese caso tan mediático y fuerte?

Fue fuerte, pero nadie puede calcular de antemano el resultado; nadie está preparado para semejante repercusión y para tanta exposición mediática en *Ámbito Financiero*, Radio 10, Canal 9... Fue tremendo.

¿Y la de "papito Ramini"?

No me trajo satisfacción porque salieron libres de culpa y cargo, pero la de Vicente Serio, sí, porque empezará el segundo juicio por cohecho y están involucrados jefes de calle de todas las comisarías y funcionarios municipales. Y la de prostitución infantil en Roque Sáenz Peña, y la de Puerto Madryn. En ambas fueron condenados los proxenetas que prostituían a su hija de catorce años. En realidad busco castigo, pero el tema de la cárcel no me gusta.

¿Por qué?

Quizás por mi experiencia personal. No me pone contenta.

¿Y qué castigo le daría al Padre Grassi?

Que deje de ser sacerdote, que no tenga contacto con niños e internación en una clínica psiquiátrica de por vida, para atender su pedofilia.

¿Qué diferencia existe entre la Argentina y el resto de los países de Latinoamérica en relación con la retribución del periodista de investigación?

No hay plata que pueda pagar la exposición, la dedicación, ni el compromiso. Es algo que uno no hace por su empleador. No lo hice por Cuatro Cabezas, o por América. Lo hago porque siento que tengo una vocación.

¿En qué casos se debe emplear la cámara oculta?

Tiene que reflejar lo que no se puede reflejar de otra manera. Evidentemente, si el periodista va y le dice a un coimero: "usted pagó tanto dinero" o se le dice a Menem "usted robó", es lógico que lo negarán, pero si vamos a un recinto donde se está confesando determinado ilícito es otra cosa. En el caso de "papito Ramini", él dijo que estaba borracho. Eso se determinará en Tribunales. En el caso de la investigación de *Puntodoc* que abordó el tema de la prostitución en menores se pudo ver que está tan metida en los habitantes, que uno entra en un lugar y lo afirma. Si no, ¿cómo le va a dar de comer a sus hijos? Era tan normal que hablaban en cámara abierta. Pero en otros casos es difícil. La cámara oculta descubre situaciones "muy ocultas".

En las favelas de Río de Janeiro un periodista fue amenazado para que no avanzara en la filmación de fiestas sexuales que se llevaban a cabo con menores. Lo hizo y lo mataron. ¿Hasta qué punto se arriesgaría en función de conseguir una primicia final?

Conozco el caso. Nunca tuve que lamentar que la gente que tuviera a mi cargo sufriera algún traspié. En el momento cercano a ser descubierto con cámara oculta se puso en funcionamiento un mecanismo de protección para cuidarlos. Creo que hay que generar una situación de control extremado. El periodista brasileño no hizo caso a las amenazas. Algunos piensan que van con un walkman y no con una cámara oculta. Hay que sentar condiciones de uso racional de un arma como ésa.

¿En qué caso ha tenido amenazas?

En el caso Grassi. Hubo hostigamientos a los testigos y mucha presión.

¿Qué autores literarios prefiere?

Mis preferidos de toda la vida son Chejov, Shakespeare, Edgar Allan Poe, Norman Mailer. Carlos Fuentes es un autor latinoamericano que me gusta.

¿Y autoras mujeres?

Marguerite de Yourcenar, Ángeles Mastretta. Luego leo mucho que tenga que ver con mi trabajo.

¿Prefiere trabajar con hombres o con mujeres?

Es igual. No tengo dificultades. A veces los hombres tienen reticencias a trabajar con mujeres. Otros las prefieren. Es muy difícil que explote o tenga una actitud autoritaria. A mí me gusta coordinar. Pero no soy autoritaria. Cuando necesito algo de otra persona, lo digo claramente y no en forma agresiva. Prefiero explicar la importancia de su trabajo, porque es importante tener material de sobra, para tener pruebas suficientes.

Si tiene un grupo de investigación periodística bajo su conducción, ¿qué es lo que no le perdona a un colega o integrante?

Que sea autoindulgente. Si ponemos la lupa sobre el comportamiento de otras personas, no podemos darnos el lujo de decir: "Y bueno, con esto ya está". No acepto ese tipo de comportamiento. En nuestro trabajo debemos buscar la prueba y no relativizar el hecho de no encontrarla. Hay que insistir. Otra forma de ser autoindulgente es adornar una situación para vender la nota.

¿A qué periodistas admira?

A la iraní Cristian Amapour. La cadena CNN se enfrentó con ella en el Pentágono. Decían que en el año 1996 Saddan Hussein no había entrado con los kurdos. En realidad había violado la zona de exclusión. Cristian no había constatado la presencia de un solo iraquí en la zona. Ella se animó a discutir la línea editorial del multimedios y sostuvo su argumento. Me gusta cómo monologa Jorge Lanata o cómo entrevista Ernesto Tenembaum. En gráfica me gusta Horacio Verbitsky y el desaparecido Rodolfo Walsh.

¿Para armar una estrategia de investigación utiliza su parte cerebral o la creativa?

Las dos.

¿Cómo utiliza la idea del "Cuarto Poder" para lograr lo que quiere?

De ningún modo. La gente pierde la dimensión de lo que es más importante. Soy una mujer sin tráfico de influencias.

Buenos Aires, abril de 2004

"Lo fundamental es ser el mejor de los narradores"

Entrevista a Rolando Graña
Por Florencia Codagnone
y Alejandro Cúpula

Rolando Graña nació en Buenos Aires en 1960. Se graduó como Licenciado en Letras en la Universidad de Buenos Aires. Trabajó en la revista *El Porteño* y en el diario *Página/12*. Fue profesor adjunto en Teoría de la Comunicación y profesor titular en Taller de Orientación de Periodismo en la UBA. Realizó trabajos para la Secretaría de Cultura de la Nación, y dos cortos para la CNN y Canal 13: *AMIA sin respuesta* y *ESMA, el día del juicio*. Fue corresponsal en Argentina de la revista española *Ajo Blanco* y de la cadena norteamericana *CNN* para Sudamérica. Recibió el premio Rey de España 2000 en Televisión por la serie *Ladrones, Hijos* y *Moscú*. En televisión abierta, condujo *Puntodoc, Pabellón 5, Informe Central*. Actualmente se desempeña como conductor de *Código Penal* en América TV y de *A brillar mi amor* en FM La Mega.

¿Qué es el Periodismo de Investigación?

Creo que lo que podemos definir en la Argentina como Periodismo de Investigación no es sólo la primicia. El Periodismo de Investigación supone varios ítem. Uno es un trabajo intensivo de abordaje del problema: tomar un tema y a partir de esa primera punta ir profundizando hasta darle una extensión y una envergadura que lo conviertan en un relato con componentes fuertes de revelación. Esto supone, además, no sólo producir contenidos en función de lo que otras fuentes te dan sino tener un mecanismo de chequeo propio, lo cual es fundamental para el Periodismo de Investigación. No sólamente necesito que alguien venga y me diga que un tipo es un ladrón sino que tengo que encontrar además elementos objetivos, independientes o documentales que demuestren que ese tipo, por lo menos, tiene que dar una buena explicación sobre el cargo que se le imputa. Yo le agrego una obsesión: una cosa es el Periodismo de Investigación y otra cosa es un expediente judicial. Quiero decir que ahí hay un componente formal valioso por el cual el tipo que se dedica al Periodismo de Investigación tiene que ser el mejor de los narradores, porque de lo contrario no es posible convertir en una historia interesante algo que puede estar plagado de tecnicismos.

¿Por ejemplo?

Verbitsky y Bonasso. Cuando leo las notas de Verbitsky –o los libros, sobre todo–, encuentro un tipo de periodismo de fuerte componente de investigación pero demasiado permeable al lenguaje técnico, mientras que en algunos libros de Bonasso encuentro similar calidad de Periodismo de Investigación pero con un mayor cuidado sobre la estética del relato. En *Puntodoc*, por ejemplo, me cansé de rechazar historias porque eran demasiado técnicas. Porque cuando uno tiene que hacer Periodismo de Investigación en televisión hay un componente formal que se incrementa. Hay una mayor tiranía del tiempo, una mayor dependencia de cómo contás, necesitás muchos más elementos fílmicos y dramáticos que puedan sostener esa historia. A veces me pasaba que venía alguien y me decía "hay una historia de un tipo que se robó no sé qué cosa". Entonces yo hacía algunas preguntas: "¿Hay papeles, es relevante lo que se robó?".

¿Cómo decidís qué es relevante para llevar a un medio nacional y a la televisión?

Se trata de un principio básico del periodismo: para que algo sea noticia no sólo tiene que ser nuevo sino que, además, tiene que ser relevante y traducible del idioma policial básico o del idioma jurídico a un buen relato. Y aunque pudiera ser traducido, ¿puede ser contado en televisión? Yo siempre cito el ejemplo de la venta ilegal de armas a Croacia y Ecuador (sin duda una de las grandes historias periodísticas de los últimos años). Esa gran causa que inaugura Daniel Santoro (y por la que después le dan el premio Rey de España), ¿podía haber sido hecha para televisión? Lo podría haber hecho Lanata, que se para y habla, pero con mi estilo de hacer televisión no hubiera podido, porque no me habría dado el presupuesto. ¿Iba a ir a Croacia a buscar las armas?¿Iba a ir a Ecuador? ¿Las encontrás? ¿Quién te las va a mostrar? Era una nota para la gráfica.

¿Cómo se resuelven estos problemas?

El año pasado, en *Informe Central* hicimos una investigación sobre una empresa que se llamaba Canteras Brandsen, que a mi parecer es la que precipita que Pontaquarto salga a hablar. Juntamos datos. Nos llegaron grabaciones (que no estaban en la causa AMIA) que demostraban que Telleldín había cobrado. Yo me dediqué en los últimos años (casi en un laburo sistemático desde que tomé contacto con Claudio Lifschitz, que era un prosecretario que trabajaba en el juzgado de Galeano) a analizar el gran montaje que había en la investigación de la causa AMIA. Cuando tomé contacto con Lifschitz descubrí que habían montado una mentira. Todavía no logré develar para qué pero veía que la causa AMIA había ido hacia un callejón sin salida. Yo quería descubrir por qué. Tiempo después conseguí los videos en donde se veía a Telleldín negociando con Galeano y, por último –y esto fue el jaque mate para la causa AMIA–, conseguí las llamadas que no estaban incorporadas a la causa, donde se escuchaba a la mujer de Telleldín negociar con un agente de la SIDE cómo le iban a pagar los 400.000 dólares. Nosotros teníamos el nombre del agente que llevó la plata: Ismael García. Cuando esto se difunde, el Tribunal Oral incorpora las grabaciones de *Informe Central* y el juez Bonadío lo arrincona a Galeano y le saca la causa... que es lo que deberían haber hecho desde un principio. Ismael García resultó ser socio de una empresa que se llamaba Canteras Brandsen...

Y dijiste ¡bingo!...

Por esas cosas de la memoria me pregunté: ¿Brandsen no era la empresa de los sobornos en el Senado? Había una empresa denunciada por un anónimo que decía que a través de Canteras Brandsen se habían pagado los sobornos en el Senado. Con esta intuición le digo a un productor: "Revisá la causa del Senado". Era Canteras Brandsen. Con una segunda intuición le digo: "Vas a ver que Canteras Brandsen es una empresa fantasma de la SIDE, averiguá el domicilio legal y mandamos una cámara oculta". Ahí empieza el Periodismo de Investigación. A mí me dan el dato, me dan la llamada de la SIDE. La intuición me hace juntar ese dato con la causa de los sobornos en el Senado. Y la segunda intuición me dice: es una empresa fantasma. A partir de ahí empecé la investigación. Buscamos los estatutos de Canteras Brandsen, buscamos la declaración del agente García, buscamos el domicilio legal de Canteras Brandsen, de las oficinas y del domicilio de explotación. ¡Todo trucho! Canteras Brandsen no existía. Cuando fuimos a Canteras Brandsen, en realidad era un descampado con una tosquera. Llevamos una cámara oculta y una cámara abierta. Cuando levantamos la cámara abierta apareció un patrullero y nos echaron a patadas. Efectivamente, dijimos: "¡Bingo!, es una empresa trucha".

Y a partir de allí, ¿qué hicieron?

Cuando revisamos el estatuto, Canteras Brandsen tenía dos socios, uno era el agente García y el otro era Juan Cruchaga, el hijo de Melchor Cruchaga. Entonces dije: "Si es una empresa de la SIDE y uno es de la SIDE, el otro tiene que ser de la SIDE". Melchor Cruchaga había sido presidente de la Comisión Bicameral que investigaba los atentados a la AMIA. En la televisión digo: "¿Cómo resulta que el tipo que presidía la Comisión Bicameral que investigaba los atentados a la AMIA es el padre de un tipo que integra una empresa evidentemente fantasma de la SIDE?". Hay que sumar dos más dos y decir que Cruchaga también colaboraba para la SIDE y que todos estaban al tanto de lo que pasaba. Ahí se ven claros los mecanismos de una buena investigación. A partir de un dato y un par de intuiciones empieza el trabajo, el trabajo de verificación y chequeo. Otra cosa importante es que no siempre las investigaciones periodísticas traen consecuencias judiciales. La verdad jurídica es una cosa y la verdad histórica es otra. Uno puede avanzar sobre cuestiones que son evidentes para la opinión pública y que tienen un valor de cura, como saber que las coimas en el Senado se pagaron, aunque no vaya a tener consecuencias jurídicas.

¿No siempre la Justicia es una herramienta de ayuda o de complemento?

A mí la justicia me frega. Yo no trabajo para Tribunales, yo trabajo para la opinión pública. Es más, mis experiencias con cosas evidentes en la Justicia fueron lamentables. Me cansé de denunciar a policías que protegen a secuestradores y que están trabajando todavía. Me cansé de mostrar cámaras ocultas con tipos cometiendo delitos. Una vez conseguimos una cámara oculta con un tipo encargando un crimen, y ahí está, suelto.

¿Cuál creés que es la importancia de la cámara oculta en el Periodismo de Investigación?

Fundamental, porque es lapidaria. Si no está malversada o tergiversada, resuelve e instala la discusión desde otro lugar. Ya no se tiene que discutir si hizo o no hizo, si dijo o no dijo. Entonces, todo lo que en la reconstrucción judicial tiene que hacerse a través de testigos (que nunca están), la cámara oculta lo borra y pasa a otro casillero. Por ejemplo, todos saben que en la calle Libertad compran estéreos robados. La policía nunca encuentra los estéreos robados... Nosotros fuimos con una cámara oculta con un pibe que tenía un estéreo trucho y le dijo, a propósito: "Me lo acabo de robar, no tiene sangre". Y se lo compraron. La policía, ¿qué va a seguir diciendo? ¿Que no saben de dónde provienen los estéreos? ¿Va a haber alguna consecuencia judicial? Ninguna. ¿Deberían investigar? Deberían. No lo van a hacer. Yo se lo mostré a la gente. Después, el problema es el descrédito de las instituciones.

Antes dijiste que te han llegado historias que no se pueden contar en televisión, ¿cuál es la solución?

No sé cuál es la solución... Elegir un segmento de esa historia que sea el más presentable, el más interesante, contarlo por radio o por gráfica. Yo hace meses que estoy dando vueltas para contar la historia del escándalo del fideicomiso del Banco Provincia, que es la mayor estafa que hubo en el Estado argentino en los últimos quince años. Se afanaron 1.200 millones de dólares. Pero... ¿cómo hago para contarlo? Hay presos que quieren hablar, que son los Sarlenga de Duhalde. A uno lo tengo grabado, pero es un embole. Imposible de explicar los préstamos... Todavía no le encontré la vuelta.

¿Los tres medios (gráfica, radio y televisión) sirven para divulgar el Periodismo de Investigación?

Sí, a veces se da una sinergia, con lo cual, cuando se descubre un continente en materia de Periodismo de Investigación (como puede ser la causa armas), cada uno va aportando. Cuando se debe armar un relato, hay que prestarle especial atención a lo que se está contando. Tengo un ejemplo: en *Puntodoc*, a fines del año 2000 (ya se había ido Menem), yo consigo los papeles de la DEA que demostraban que Menem y Yabrán habían tenido un expediente en la DEA. No tuve acceso al contenido del expediente pero lo que está claro es que, si la DEA investigó a Menem y abrió un *file*, es porque lo consideraba sospechoso de narcotráfico o de narcolavado. Esto lo decía, además, el propio delegado de la DEA. ¡Midió tres puntos de *rating*! ¿Por qué? Porque eran todos papeles... No era una historia para televisión. Después eso lo retomó Bonasso, lo retomó *La Nación*, y siempre se hablaba del archivo de la DEA a nombre de Menem. Menem no contestó, ni siquiera dijo que era una campaña en su contra, nada. Los papeles estaban en una causa judicial en la Argentina. Bagnasco me dice: "son", la DEA me dice: "son"; yo además los tenía con todos los sellitos, los colores, las tachaduras... todo. Por mucho menos que esto, en cualquier país serio hubieran hecho una investigación. La DEA, la principal agencia antidrogas del mundo, tiene un archivo sobre esto. La Justicia, de oficio, tendría que haber pedido el contenido de esos archivos para saber si uno tenía un presidente narcotraficante o narcolavador. ¡Tres puntos de *rating*!

¿Por qué creés que en la década de los 90 se da un auge del Periodismo de Investigación, sobre todo en el medio televisivo?

Bueno, en los tiempos en que la política era más seria, cuando el peso de la oposición era un poco más serio, el valor de la investigación pasaba por el Parlamento. En la Argentina hubo comisiones parlamentarias célebres que investigaron. La Conadep, si bien no fue una comisión parlamentaria, investigó los crímenes de la dictadura. El problema es que las instituciones dejaron de investigar. En los tiempos de Alfonsín, por ejemplo, todavía existía la Fiscalía Nacional de Investigaciones Administrativas, que era la que daba a conocer los delitos de los funcionarios. El menemismo niega y anula el valor independiente de la Corte Suprema, sube a nueve el número de sus miembros y se garantiza una mayoría propia. Va cambiando y moviendo a todos los jueces federales, logra ganar un Parlamento edicto. Como si esto fuera poco, obtura todos los mecanismos de contralor del Estado (la Auditoría General, la Secretaría de Investigaciones Administrativas) y pone gente que no molestaba. Si todas estas bocas se cierran, por algún lugar tiene que salir. El lugar por donde salió fue el periodismo.

Entonces, ¿el periodismo tiene que tener una función social de denuncia?

El periodismo es una actividad laxa que no tiene que tener una función social. A veces denuncia... Lo que pasa es que, al no ser una actividad reglada institucionalmente, se va adaptando a lo que hay. Es muy fácil decir en el papel: "El periodismo tiene que tener tal función...", pero nosotros dependemos del cotejo de la gente, de sus necesidades, de lo que la gente quiere escuchar o no. Hay cosas que las hice para la historia, sabiendo que me iba a ir para el carajo.

¿Cuál es la investigación que considerás más exitosa en tu carrera?

¿Cómo medir el éxito? Si el éxito es que alguien vaya preso o que pase algo, creo que la investigación más difícil y patriótica en la que colaboré fue desmontar la mentira de la investigación de la causa AMIA. Ojalá hubiera podido colaborar en su esclarecimiento. También hay pequeñas maldades. En *Puntodoc* colaboramos para que De la Sota no fuera presidente. Cuando estaba por lanzar su candidatura, yo fui a Córdoba y descubrí sus escándalos de corrupción y eso derivó en dos cosas: primero, en que De la Sota no fuera candidato y, después, en que Luis Juez se convirtiera en intendente de Córdoba. Nosotros siempre jugamos con muchas cartas. Eso forma parte del Periodismo de Investigación. Cuando vas a decir algo hay tener algo con que jugar.

¿Cuánto pueden limitar la investigación los intereses económicos de un medio?

He tenido bastantes problemas. Hay un mecanismo elemental en el Periodismo de Investigación por el cual si uno denuncia a una persona, debe preguntarle al denunciado cuál es su versión de los hechos por más contundentes que sean las pruebas. En la Argentina, el Periodismo de Investigación está reglado por una ley que dice que cuanto más poderosa es la persona denunciada, más se debe diferir su derecho a réplica. Por ejemplo, nos enteramos de la historia de una mujer que deliberadamente atropelló a un tipo en un embotellamiento en el puente Zárate-Brazo Largo. A causa del accidente: el pibe quedó cuadripléjico. Mariano Grondona se enteró de esta historia y mandó un móvil a Mar del Plata. Ahí estaba el pobre cuadripléjico con las luces prendidas, listo para hablar. Lo anunciaron en un bloque y nunca salió. ¿Quién lo había atropellado? La esposa de uno de los directivos de Techint. Cuando vinieron y nos contaron que Grondona había levantado el móvil, hicimos una cámara oculta y enganchamos a la mujer manejando (obviamente no podía hacerlo). La empresa se enteró al aire quién era la culpable. Nosotros hicimos la nota como si fuera una señora cualquiera hasta que en el piso yo digo: "Esta señora, Techint...", y prendí el lanzallama. Al otro día el gerente de publicidad me dice: "Sos un hijo de puta, ¡cómo me cagaste!". Le dije: "Tus intereses no son mis intereses. Vos por arreglar por Techint ibas a cobrar una comisión, yo no. Además, hubiera sido una canallada". Ese punto termina siendo un cruce muy complicado. Por eso, yo opto por dar un mayor derecho a réplica cuanto mayor sea la importancia del entrevistado (salvo que sean políticos). Pero, en general, no vienen a contestarme a mí. Van a lo de Majul, que no les pregunta nada.

*¿Cuáles son los elementos clave que no deben faltar en un programa
de investigación periodística?*

Tiene que haber mucho atractivo en el relato. Siempre digo que lo
poco que puedo haber aportado en estos años de hacer televisión no
tiene que ver con las investigaciones ni con el contenido sino con la
manera de contar. *Puntodoc* no era sólo un programa de investigación, era un programa de relatos. *Pabellón 5* no era un programa de
entrevistas, era un programa de relatos. Y *Código Penal* no es un programa de noticias policiales, es un programa de relatos. La manera de
contar es lo que hace el setenta por ciento del laburo.

Entonces, ¿qué relación se establece entre la literatura y el periodismo?

Yo soy licenciado en Letras. Mis maestros en el periodismo fueron grandes escritores: Osvaldo Soriano, Eduardo Galeano, Juan Gel-
man (trabajé al lado de Juan en *Página/12*). Tuve la suerte de hacer
periodismo al lado de grandes escritores. Eso me enseñó a utilizar la
palabra de una manera y a pensar de otra.

Ahora que hablás de Página/12*... De ese diario salieron muchos periodistas de investigación, ¿hay alguna razón en especial?*

No, yo creo que tiene que ver con una renovación generacional.
Página/12 fue el diario que encarnó esa renovación. Muchos de los
periodistas que ahora rondamos los cuarenta tuvimos la oportunidad,
cuando éramos muy jóvenes, de trabajar sin censura, sin condicionamientos. Todos tenemos más o menos la misma edad: Lanata, Zlotog-
wiazda, Tenembaun, Sietecase, Kollman y yo...

¿Hay algo por lo que un periodista se predispone a la investigación?

Yo elegí el Periodismo de Investigación como una manera de contar buenas historias. Había aprendido a escribir y descubrí, tras trabajar diez años en la CNN, que no se estaba utilizando todo el potencial
para contar historias en televisión. Lo que hice fue aplicar lo que había aprendido en CNN a la televisión argentina. Nada más que eso.
Después fui encontrando mi propio estilo. En CNN me puteaban porque no me podían cortar las notas. "Por algo será –les decía–, debe

ser porque es buena, porque no las hago con las planillas". El año pasado pensé que había una saturación de investigaciones, me fui de *Puntodoc* porque estaba harto. Había que cambiar un montón de cosas, pero en Cuatro Cabezas no compartían eso, querían seguir haciendo el mismo programa. Entonces me fui, seguimos siendo amigos, pero yo estaba harto. Les dije: "Muchachos, yo creo que hay que sacar al locutor, hacer las notas más en crudo, darle más temperatura al programa, contar otras historias". Me miraron con cara de banca y dije "Bueno, chau".

Buenos Aires, abril de 2004

Epílogo

Periodismo de Investigación y democracia

Por Gustavo Martínez Pandiani

Luego del exhaustivo análisis emprendido por los coautores de la presente obra, se impone reflexionar acerca del papel que el Periodismo de Investigación tiene en la actualidad en el marco del sistema democrático. Teniendo en cuenta que el propio surgimiento de la disciplina se vincula con la necesidad de reforzar los mecanismos de control de los poderes políticos y económicos, no resulta sorprendente el elevado protagonismo público que han adquirido los investigadores periodísticos en las sociedades modernas.

De hecho, el teórico equilibrio de los tres poderes del Estado (Ejecutivo, Legislativo y Judicial) parece depender en la práctica republicana de la existencia de un "cuarto poder" que garantice la independencia interna de la tríada estatal. En este marco, el Periodismo de Investigación ha sido capaz de ocupar una serie de roles que no se detienen en la clásica actitud de esperar que la información llegue al medio y publicarla. Por el contrario, ha avanzado en la construcción de una impronta inquieta y proactiva que lo impulsa a salir a buscar la información allí donde –no por casualidad– permanece oculta.

De este modo los periodistas de investigación son hoy, a la vez, controladores de los poderes formales e informales, transmisores de la voz cívica y protectores de los derechos de la comunidad y de sus integrantes. Incluso, en muchos casos, su nivel de prestigio y reconocimiento públicos supera significativamente el de los representantes electos o designados de la democracia, sean éstos presidentes, ministros, legisladores o jueces.

Cierto es también que la tarea de estos hombres de prensa en defensa de un sistema político más cristalino y confiable no está exenta de obstáculos y riesgos múltiples. En los Estados Unidos, cuna de la especialidad investigativa, preocupa la fuerte presión a la que comenzaron a ser sometidos los periodistas a partir del atentado a las Torres Gemelas. Recientemente, el Poder Judicial estadounidense ha amenazado a Mathew Cooper del *Time* y a otros colegas suyos con encarcelarlos si continúan negándose a develar sus fuentes de información. ¿Será que el 11-S marca un punto de inflexión en la práctica del Periodismo de Investigación? ¿Será que, así como se han impuesto nuevos obstáculos para los pasajeros en los aeropuertos, se han instaurado nuevas presiones "de Estado" para los investigadores periodísticos?

Mientras tanto, en América latina, los periodistas de investigación siguen afrontando trabas menos sofisticadas pero más peligrosas. En algunos países y en muchas provincias, amenazas, despidos, secuestros y asesinatos conforman escenarios laborales más habituales de lo que se cree. Allí, a las enormes presiones políticas y corporativas, los hombres de prensa que osan inmiscuirse en los asuntos oscuros del poder deben sumar fundados temores por su integridad física.

No obstante, el "efecto democratizador" del Periodismo de Investigación no elimina la existencia de una serie de efectos distorsivos que se generan en su seno, cuando no es ejercido con plena conciencia de sus limitaciones. En particular, es notorio cómo cierta versión televisiva del género viene produciendo consecuencias poco recomendables para la salud cívica de las naciones. En este sentido, el sociólogo Heriberto Muraro ha llegado a denunciar que el Periodismo de Investigación puede transformarse en una "plaga" de las "videopolis" contemporáneas.

La primera de ellas es la transformación del ciudadano en un mero telespectador que acepta, sin mayores cuestionamientos, que su participación social y política se mide en "horas de televisión". La falacia del "tele-ciudadano" no sólo limita su nivel de involucramiento real sino que, además, lo lleva a buscar respuestas en lugares no siempre apropiados para brindarle soluciones concretas y, especialmente, perdurables.

En segundo término, la lógica del espectáculo imperante en el medio audiovisual hace que, en ocasiones, la promesa del impacto emotivo desplace el suministro de información efectivamente trascendente para la población. Las reglas de juego del *showbusiness* de la televisión (sensacionalismo, puesta en escena, enfoque anecdótico, etc.) no siempre resultan compatibles con las exigencias de profundidad y respaldo documental de la investigación periodística.

La tercera, y quizás más grave, consecuencia de una distorsionada práctica del Periodismo de Investigación es la usurpación por parte de los hombres de prensa de funciones que no les son propias en el marco del sistema republicano de gobierno. Desde el punto de vista jurídico, los investigadores periodísticos no poseen la capacidad acusatoria de los fiscales ni la capacidad condenatoria de los jueces. Sin embargo, en su afán por develar hechos de corrupción suelen excederse en su indiscutible capacidad denunciatoria, instaurando así una suerte de "justicia mediática". El espíritu crítico y desafiante de estos profesionales es esencial para el funcionamiento de la democracia, pero también es importante que en su labor no esgriman atribuciones que no poseen.

En definitiva, la relación entre prensa y Justicia se encuentra en estos días repleta de confusión. La mimetización entre periodistas y jueces es tan frecuente como recíproca. El caso argentino es particularmente alarmante: como sucede en cualquier familia en crisis, la usurpación de funciones está a la orden del día. Tal vez sea oportuno preguntarse de quién es la principal responsabilidad entonces: ¿del padre abandónico (políticos, legisladores y jueces) o del padrastro que sobreactúa (periodistas)?

La respuesta final debe hallarse en la naturaleza de los poderes en juego. Si quienes ocupan los cargos en cuestión tomaran conciencia de sus derechos y obligaciones, las problemáticas superposiciones tenderían a desaparecer. La Justicia, como poder instituido, debe poseer una lógica procesal que le permita abordar la complejidad de los asuntos que dirime. Por su parte, los medios, como poder libre, deben aplicar una lógica de la exposición que tienda a hacer comunicable la información para la opinión pública. En general, los mayores desaciertos se dan cuando las lógicas de ambos actores se entremezclan en sus pretensiones.

A lo largo de este libro, hemos establecido con contundencia el muy valioso aporte que este género realiza a la organización social. Su contribución a la transparencia de los asuntos públicos y privados le ha valido el merecido mote de "perro guardián" de la democracia. La más reciente incursión de la especialidad en la televisión y su adaptación a los parámetros periodísticos de dicho medio le imponen nuevos desafíos en el plano de la calidad informativa. Evitemos que el perro guardián muerda a su dueño.

Referencias bibliográficas

ADEPA, *Seminario "Poder Judicial y Prensa".* Buenos Aires, Asociación de Entidades Periodísticas Argentinas, 1995.

ALADRO VICO, Eva, "La recepción de la noticia", Universidad Complutense de Madrid, 1998. En http://www.ucm.es/info/per3/cic2art9.htm.

ALBARRÁN DE ALBA, Gerardo, *Diferencias en el periodismo de investigación en Estados Unidos y Latinoamérica.* Sala de Prensa, N° 32, Año III, vol. 2, enero 2001, en www.saladeprensa.org.

ALBERDI, Juan Bautista, *La República Argentina consolidada.* Buenos Aires, La Facultad, 1920.

ANTOS, Valeria, "Derecho a la intimidad y a la confidencialidad de la información médica y genética. Breve acercamiento a la realidad comparada". *El Derecho.* Diario de Jurisprudencia y Doctrina, N° 10.207, Buenos Aires, 5 de marzo de 2001.

BADENI, Gregorio, "El secreto profesional del periodista". Rev. *Jurisprudencia Argentina*, Buenos Aires, T. III, 1991.

BALLESTER, Eliel, "El secreto de las fuentes de noticias". Rev. *Jurisprudencia Argentina*, Buenos Aires, T. V., 1966.

BARROSO GARCÍA, Jaime, *Introducción a la realización televisiva.* Instituto Oficial de Radio y Televisión, Madrid, 1989.

BELIZ, Gustavo, y ZULETA PUCEIRO, Enrique, *La cultura profesional del periodismo argentino. Hacia un índice riesgo-país en materia de libertad de prensa.* Cuadernos Australes de Comunicación, Buenos Aires, 1998.

BIDART CAMPOS, Germán J., *Tratado Elemental de Derecho Constitucional Argentino.* EDIAR, Buenos Aires, 1989.

BOURDIEU, Pierre, *Sobre la televisión.* Editorial Anagrama, Barcelona, 1997.

BRETON, Philippe, *La utopía de la Comunicación. El mito de la aldea global.* Ediciones Nueva Visión, Buenos Aires, 2000.

CAMINOS MARCET, José María, *Periodismo de investigación. Teoría y práctica.* Editorial Síntesis, Madrid, 1997.

CAMPS, Sibila, y PAZOS, Luis, *Justicia y Televisión. La televisión dicta sentencia.* Editorial Perfil, Buenos Aires, 1999.

CAMPS, Sibila, y PAZOS, Luis, *Así se hace periodismo.* Ed. Paidós, Buenos Aires, 1997.

CARRANZA, Torres, Luis, *Hábeas Data: la protección jurídica de los datos personales*. Alveroni Ediciones, Córdoba, 2001.

CASAL, Fran, *Evolución histórica del periodismo de investigación*. En http://personales.ya.com/fcasal/archivos/PDI.txt.

CASARETTO, Jorge y otros, *La Iglesia y la comunicación ante el tercer milenio: Primer Congreso de Comunicadores Católicos*. Paulinas, Buenos Aires, 1997.

CATUCCI, Silvina, *Libertad de prensa*. Ediar, Buenos Aires, 1995.

CEBRIAN HERREROS, Mariano, *Introducción al lenguaje de la televisión*. Editorial Pirámide, Madrid, 1978.

COHEN, Bruce, *Introducción a la sociología*. McGraw Hill, Bogotá, 1980.

DE CARRERAS SERRA, Lluís. *Régimen jurídico de la información. Periodistas y medios de Comunicación*. Ariel Derecho, Editorial Ariel S.A., Barcelona, marzo de 1996.

DE SOLA POOL, Ithiel, y SHULMAN, T., "News men's Fantasies, Audiences and Newswriting", en Dexter, L. A. y White, D. M., *People, Society and Mass Communications*, The Free Press, Nueva York, 1964.

DELLAMEA, Amalia B., *El discurso informativo, Géneros periodísticos*. Fundación Universidad a Distancia "Hernandarias", Buenos Aires, 1994.

DESANTES GUANTER, José María, "Legislación Española sobre los medios de comunicación social", en *La Iglesia y los medios de comunicación social, ponencias de la XXIX Asamblea Episcopal Española*. Ediciones Paulinas, Madrid, 1978.

DESANTES GUANTER, José María, *La función de informar*. Editorial Universidad de Navarra, Pamplona, 1976.

DIEZHANDINO NIETO, María Pilar, "Hacia un periodismo de clarificación, orientación, utilidad y servicio", *Signo y Pensamiento, Sala de Redacción*, Volumen XVI, N° 30. Santafé de Bogotá, primer semestre de 1997.

DILLON, John, "Career Values as Predictor of the Perceived Role of Media". *Journalism Quaterly*, 1990.

EKMEKDJIAN, Miguel Ángel, y CALOGERO PIZZOLO (h.), *Derecho a la información, reforma constitucional y libertad de expresión. Nuevos aspectos*, 2ª edición. Depalma, Santafé de Bogotá, 1996.

EMERY, Miguel Ángel. *Propiedad Intelectual. Ley 11.723. Comentada, anotada y concordada con los tratados internacionales*. Edit. Astrea, Buenos Aires, 1999.

ENTEL, Alicia (comp.), *Periodistas: entre el protagonismo y el riesgo*. Paidós, Buenos Aires, 1997.

ESCRIBANO, José Claudio, "Invitación al cuestionamiento". *La Nación*, Buenos Aires, 20 de setiembre de 1998.

FAUS BELAU, Ángel, *La ciencia periodística de Otto Groth*. Instituto de Periodismo de la Universidad de Navarra, Pamplona, 1966.

FAYT, Carlos S., *La Corte Suprema y sus 198 sentencias sobre Comunicación y Periodismo. Estrategias de la Prensa ante el riesgo de extinción*. Edic. La Ley, Buenos Aires, 2001.

FAYT, Carlos, "La omnipotencia de la prensa". *Revista del Instituto de Ciencias políticas*, Vol. XI. Universidad del Museo Social Argentino, Buenos Aires, 1994.

FERNÁNDEZ LÓPEZ, Juan Manuel, *El derecho a la privacidad y su frontera en los demás derechos humanos*. XX Conferencia Internacional de Autoridades de Protección de Datos (1998), editado por la Agencia de Protección de Datos, Madrid, 1999.

FERNÁNDEZ-MIRANDA CAMPOAMOR, Alfonso, *El secreto profesional de los informadores*. Tecnos, Madrid, 1990.

FERRÉS, Joan, *Televisión subliminal*. Ediciones Paidós, Barcelona, 1999.

FERRÉS, Joan, *Televisión y educación*. Ediciones Paidós, Barcelona, 1994.

FONTÁN BALESTRA, Carlos, *Derecho Penal. Parte Especial*, 5ª edición. Abeledo-Perrot, Buenos Aires, 1972.

FRAGA, Rosendo (compilador), *Autopercepción del Periodismo en la Argentina*. Ediciones de Belgrano, Buenos Aires, 1997.

FUNDACIÓN KONRAD ADENAUER, *Periodismo de investigación en la lucha contra la corrupción*. Fundación Konrad Adenauer, Buenos Aires, 1996.

FUNDACIÓN PODER CIUDADANO, *Jueces y periodistas. Cómo se informa y cómo se juzga*. Fundación Poder Ciudadano, Buenos Aires, 1996.

GAINES, William, *Periodismo investigativo. Para prensa y televisión*. Tercer Mundo Editores, Bogotá, 1996.

GARCÍA SAN MIGUEL RODRÍGUEZ-ARANGO, Luis. *Estudios sobre el derecho a la intimidad*. Tecnos-Universidad Alcalá de Henares, Madrid, 1992.

GOBELLO, José, "La libertad de prensa". Rev. *Nuevas propuestas*, N° 20, p. 16. UCSE, Santiago del Estero, 1996.

GONZÁLEZ REQUENA, Jesús, *El discurso televisivo: espectáculo de la posmodernidad*. Ediciones Paidós, Barcelona, 1991.

GORRITI, Gustavo, *Verdades tácticas y estratégicas*. En www.saladeprensa.org.

GOULDNER, A. W., *La dialéctica de la ideología y la tecnología*. Alianza, Madrid, 1978.

GOZAÍNI, Osvaldo Alfredo, *Hábeas Data. Protección de Datos Personales. Doctrina y Jurisprudencia*. Rubinzal-Culzoni Editores, Buenos Aires, septiembre de 2001.

HABERMAS, Jürgen, *Historia y Crítica de la opinión pública*. Trad. de Antoni Domenech, Ediciones de Gustavo Gili, Barcelona, 1994.

HERRERO TEJEDOR, Fernando, *Honor, intimidad y propia imagen*. Edic. COLEX, Buenos Aires, 1994.

HVISTENDAHL, K., "Un dilema ético: la responsabilidad por la noticia autogenerada". En AA.VV., *La prensa y la ética*. Eudeba, Buenos Aires, 1981.

JANOWITZ, Morris, *The Profesion at Soldier*. Free Press, Glencoe, 1960.

KLEIN, Darío, *El papel del periodismo de investigación en la sociedad democrática*, www.saladeprensa.org.

LARRONDA, Antonio, y SOLARI, Pablo, *Periodismo de Investigación*. Serie La Comunicación (XXI), en: http://www.chasque.net/frontpage/relacion/ 0109/periodismo.htm#comunicacion.

LINARES QUINTANA, Segundo V., *El derecho de réplica y la libertad institucional de prensa*. ADEPA, Buenos Aires, 1993.

LINARES QUINTANA, Segundo V., *Tratado de interpretación Constitucional*. Abeledo-Perrot, Buenos Aires, 1996.

LÓPEZ, Manuel, *Cómo se fabrican las noticias. Fuentes, selección y planificación*. Barcelona, Paidós, 1995.

MARCUSE, Herbert, *El hombre unidimensional*. Editorial Joaquín Mortiz, México, 1968.

MARTINET, André, *La lingüística. Guía Alfabética*. Anagrama, Barcelona, 1975.

MARTÍNEZ ALBERTOS, José Luis, *Curso General de Redacción Periodística*. Editorial Mitre, Barcelona, 1983.

MARTÍNEZ ALBERTOS, José Luis, *La noticia y los comunicadores públicos*. Ediciones Pirámide, Madrid, 1978.

MARTÍNEZ PANDIANI, Gustavo D., *Homo Zapping. Política, Mentiras y Video*. Ugerman Editor, Buenos Aires, 2004.

MAYER, Jorge, *El derecho público de prensa*. Imprenta de la Universidad, Buenos Aires, 1944.

MCQUAIL, Denis, *Influencia y efectos de los medios masivos*. En Curran, James, Michael Gurevitch y Janet Woollacof, *Sociedad y comunicación de masas*. Fondo de Cultura Económico, México, 1987.

MCQUAIL, Denis, *La acción de los medios, Los medios de comunicación y el interés público*. Amorrortu editores, Buenos Aires, 1998.

MESA, Rossana, "Ética en el periodismo actual: realidad o utopía", en "Éxito del XVI Congreso organizado por INTERCOM 'Ética y Técnicas', Candela", *Revista Iberolusoamericana de la Comunicación*, auspiciada por la Asociación Uruguaya de Investigadores de la Comunicación, octubre de 1993 a enero de 1994.

MEYER, Philip, *Periodismo de Precisión*. Editorial Bosch, Madrid, 1978.

MONTEAGUDO, Bernardo de, *Escritos*. Honorable Senado de la Nación, Buenos Aires, 1989.

MORAGAS SPÁ, Miquel de, *Sociología de la comunicación de masas*. Vol. II. *Estructura, funciones y efectos*. Gustavo Gili, Barcelona, 1994.

MORENO, Mariano, *Escritos*. Estrada, Buenos Aires, 1956.

NOVOA MONREAL, Enrique, *Derecho a la vida privada y libertad de información*. Edic. Siglo XXI, Madrid, 1981.

NUGENT, Guillermo, "La opinión como punto de partida y de llegada". *Perfiles de la comunicación*, N° 5, Lima, julio de 1993.

PELLET LASTRA, *Libertad de expresión*. Abeledo Perrot, Buenos Aires, 1973.

PORTO, Ricardo. *Los riesgos jurídicos del periodismo*. Depalma, Buenos Aires, 1997.

PRADERA, Javier, "La extraña pareja. Notas para un debate sobre la cláusula de conciencia y el secreto profesional". En Cebrián, Juan Luis, *El secreto profesional de los periodistas*. Centro de estudios constitucionales, Madrid, 1994.

QUESADA, Montserrat, citada en *Periodismo de investigación. Teoría y práctica,* Caminos, Marcet J. M., Editorial Síntesis, Madrid, 1998.

QUESADA, Montserrat, *Periodismo de investigación o el derecho a denunciar*. Editorial CIMS, Barcelona, 1997.

RAMONET, Ignacio, *Comunicación contra información*. En www.saladeprensa.org.

RANNEY, Austin, *Channels of power*. Basic Books Inc, New York, 1983.

REIG, Ramón, *Periodismo de investigación y pseudoperiodismo. Realidades, deseos y falacias*. Libertarias, Madrid, 2000.

REYES, Gerardo, *Periodismo de investigación*. Trillas, México, 1996.

RIVERS, William, y MATHEWS, Cleeve, *La ética en los Medios de Comunicación*, 2ª edición. Gernika, México, 1992.

RODRIGO ALSINA, Miquel, *La construcción de la noticia*. Paidós Comunicación, Barcelona, 1993.

RODRÍGUEZ, Pepe, *Periodismo de Investigación. Técnicas y estrategias*. Ediciones Paidós, Barcelona, 1994.

SABINO, Carlos A., *El proceso de investigación*. Humanitas, Buenos Aires, 1993.

SAN MARTÍN, Eduardo, *El periodismo de investigación, garantía de supervivencia de la prensa escrita*. Curso de iniciación periodística, Madrid, 1984.

SANABRIA MARTÍN, Francisco, *Radiotelevisión, Comunicación y Cultura*, Madrid, 1974.

SARLO, Beatriz, *Escenas de la vida posmoderna*. Editorial Ariel, Buenos Aires, 1994.

SARLO, Beatriz, *Instantáneas. Medios, ciudad y costumbres en el fin de siglo.* Editorial Ariel, Buenos Aires, 1996.

SCHUMMUHL, Robert (editor), *The responsabilities of journalism.* University of Notre Dame, Notre Dame, 1984.

SECANELLA, Petra, *Periodismo de Investigación.* Editorial Tecnos, Madrid, 1996.

SINOPOLI, Daniel, "Tiempo de iluminaciones. Para una epistemología de la Comunicación Social", *Signos Universitarios, 40° aniversario, Humanidades I,* Revista de la Universidad del Salvador, Año XV, N° 29, enero/junio de 1996.

SINOPOLI, Daniel, *Opinión pública y consumos culturales. Reconocimiento de las estrategias persuasivas.* Editorial Docencia, Buenos Aires, 1997.

STRENTZ, Herbert, *Periodistas y fuentes informativas.* Marymar, Buenos Aires, 1983.

TORRE, Alfredo, *La negociación periodística,* 2003. En www.saladeprensa.org.

TORRE, Alfredo, *Un abordaje científico y sistémico del periodismo investigativo,* 2003. En www.perio.unlp.edu.ar/pinvestigacion.

TUNSTALL, Jeremy, *Journalists at Work: Specialist Correspondents, the News Organizations, News Sources and Competitors-Colleagues.* Constable, Londres, 1971.

VALBUENA DE LA FUENTE, Felicísimo, "La presión de la vida cotidiana sobre el concepto de información periodística". Universidad Complutense de Madrid, Madrid, 1998, http://www.ucm.es/info/per3/cic/cic2ar12.ht.

VENTÍN PEREIRA, José Augusto, "La mímesis aristotélica y la ciencia periodística pura", *Famecos, Mídia, Cultura e Tecnologia,* Faculdade dos Meios de Comunicacacão Social. Pontifícia Universidade Católica do Rio Grande do Sul, Porto Alegre, julio de 1998.

VERBITSKY, Horacio, *Un mundo sin periodistas.* Editorial Planeta, Buenos Aires, 1997.

VILCHES, Lorenzo, *La televisión. Los efectos del bien y el mal,* Paidós, Barcelona, 1996.

VOCES Y CULTURAS, "Una experiencia de periodismo de investigación". *Voces y Culturas, Revista de Comunicación,* N° 7, primer semestre de 1995.

WAINERMAN, Catalina, *La trastienda de la investigación.* Ediciones de Belgrano, Buenos Aires, 1997.

WIÑAZKI, Miguel (comp.), *Puro periodismo.* Ediciones de Belgrano, Buenos Aires, 2000.

ZAFFORE, Jorge. *Información social: derecho y regulación.* Depalma, Buenos Aires, 2000.

ZANNONI, Eduardo, y BÍSCARO, Beatriz R., *Responsabilidad de los medios de prensa*. Astrea, Buenos Aires, 1993.

ZEGERS ARIZTIA, Cristián, *El diario como institución*. Editorial Universitaria, Santiago de Chile, 1988.

ZUNZUNEGUI, Santos, *Mirar la imagen*, Servicio Editorial Universidad del País Vasco, San Sebastián, 1984.

www.ingramcontent.com/pod-product-compliance
Lightning Source LLC
Chambersburg PA
CBHW071211240726
48654CB00009B/738